ROGER DOMMERGUE

IL SILENZIO DI HEIDEGGER
E
IL SEGRETO DELLA TRAGEDIA EBRAICA

Roger-Guy Polacco de Menasce
(1924-2013)

Roger Dommergue è stato un professore di filosofia franco-lussemburghese noto per le sue posizioni controverse sull'Olocausto. Dommergue ha sostenuto le teorie revisioniste dell'Olocausto, mettendo in dubbio il numero delle vittime ebree e sostenendo che le camere a gas naziste fossero un mito. Ha tenuto conferenze e interviste in cui ha negato la portata dei crimini commessi dal regime nazista durante la Seconda Guerra Mondiale.

IL SILENZIO DI HEIDEGGER
E IL SEGRETO DELLA TRAGEDIA EBRAICA

Le silence de Heidegger et le secret de la tragédie juive
1994

Tradotto e pubblicato da
OMNIA VERITAS LTD

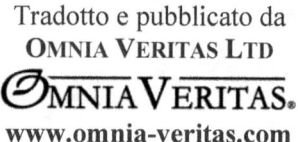

www.omnia-veritas.com

© Omnia Veritas Limited – 2025

Tutti i diritti riservati. Nessuna parte di questa pubblicazione può essere riprodotta con qualsiasi mezzo senza la previa autorizzazione dell'editore. Il codice della proprietà intellettuale vieta le copie o le riproduzioni per uso collettivo. Qualsiasi rappresentazione o riproduzione totale o parziale con qualsiasi mezzo, senza il consenso dell'editore, dell'autore o dei loro successori, è illegale e costituisce una violazione punita dagli articoli del Codice della proprietà intellettuale.

AUSCHWITZ: IL SILENZIO DI HEIDEGGER 11
CHI ERA HITLER? 42

   Punto di dettaglio, certamente 52
   Viva la democrazia! 53

IL FALSO CHE DICE LA VERITÀ 59
IL NAZISMO NON DEVE ESSERE BANALIZZATO, MADAME SIMONE VEIL? 69

   MA L'ABBIAMO RESO COMUNE... 69

NOTA FONDAMENTALE 79
OLTRE L'ANTISEMITISMO 80

   LA CHIAVE DELLA TRAGEDIA EBRAICA: LA CIRCONCISIONE DELL'OTTAVO GIORNO E IL MEDIOEVO. 80

     Un tipico esempio degli anni '90 degli effetti della circoncisione dell $^{8°}$ giorno:
     Il finanziere SOROS. 88
     La Costituzione è più importante della nazione 95
     Il consumo per amore del consumo è un valore in sé 95
     L'unico valore che regna è quello del denaro 96

LA VERITÀ SU RAZZA E RAZZISMO 98

   IL RAZZISMO DELLO PSEUDO-ANTIRAZZISMO 98

IL MARESCIALLO IN "1984 103

   Ubu re circonciso! 103

DOPO IL TENTATIVO DI ASSASSINIO DEL PROFESSOR FAURISSON: 109

   IL MITO E IL DOGMA *DEI 6 MILIONI DI CAMERE A GAS* O LA REALTÀ? PR FAURISSON NEMICO PUBBLICO N°1 O EROE INTERNAZIONALE DEL XX SECOLO? 109

     I principali argomenti psicologici 109
     Aritmetica e prove tecniche 111
     Tecnica aritmetica psicologica 114

IL MITO DELLA PRODUZIONE INDEFINITA E LA CANNIBALIZZAZIONE DELLA NATURA 115

   La sovrappopolazione nel Terzo Mondo è un disastro 118

STATISTICHE ONU 120

   IL MITO DEL PROGRESSO 120

   Il vero progresso deve essere la perfetta simbiosi di quattro prospettive: 121

IL SUICIDIO GLOBALE GIUDEO-CARTESIANO 125
IL MARXISMO, CHE HA UCCISO E UCCIDERÀ DI NUOVO 128
TOLLERANZA, TOLLERANZA! 135
MUSICA CHE UCCIDE. 137
IL DOTTOR A. CARREL E LA MANIA DI RIBATTEZZARE LE STRADE CON IL SUO NOME 145
IL SORPRENDENTE CHURCHILL 148

Sionismo contro bolscevismo, una lotta per l'anima del popolo ebraico Di Rt,
Hon. WINSTON CHURCHILL *149*
**SAGGIO SU GIUDEO-CRISTIANESIMO, GIUDEO-CARTESIANESIMO E
DOGMA DELL'OLOCAUSTO** **156**
CASO TOUVIER **167**

   Lettera a Maître Trémollet de Villers (avvocato di Paul Touvier) *169*
   Caso Touvier: lettera al Presidente della Corte d'Appello di Versailles *179*
   Cosa avrebbe dovuto dire Touvier Perché ho scelto il Maresciallo *180*

LETTERA AL CARDINALE LUSTIGER, ARCIVESCOVO DI PARIGI **183**
FOLLIA E GENIO **186**

   Memoria... *193*
   La mente del genio è gerarchica *193*
   Logica e ragione *194*
   Perdita volontaria dell'attenzione... *196*
   Intelligenza.. *196*
   Idoneità al lavoro.. *197*
   I vari deficit di attenzione nel folle *197*
   Perdita di forza di volontà... *198*
   Perdita del senso morale... *199*
   Perdita delle elaborazioni psicologiche superiori................................... *199*
   Astrazioni.. *200*
   Discriminazione di valori astratti *202*
   Nozione di identità *203*
   Sintesi.. *208*
   I mali della scienza moderna... *212*
   La scienza moderna non ha freni e non ha una fine in vista................... *216*
   E Freud? *219*
   Attenzione, forza di volontà e senso morale degli scienziati moderni..... *222*

  Ruolo psicologico delle cosiddette endocrine organiche.................... 227

   Surrenali: *227*
   Ghiandola pituitaria: *227*
   Tiroide: *227*
   Genitali interni:.. *227*

COSA SIGNIFICA ESSERE FASCISTI? **230**
IL MONDO DI DOMANI **233**
IMPERATORE UBU **236**
HAI DETTO ANTISEMITA? NO? **240**

  L'ultima sintesi della geopolitica degli ultimi millenni 240
  Altri titoli 253

*Ai filosofi ebrei
presenti al programma televisivo "Oceaniques
su Heidegger*

AUSCHWITZ: IL SILENZIO DI HEIDEGGER

Signori,

Questa lunga presentazione è motivata dalla preoccupazione di una verità sintetica. Ve la consegno senza alcuna speranza di una risposta intelligente ed esauriente. A parte Simone Weil, Bernard Lazare, Bergson e qualche altro ebreo, non ho mai incontrato un ebreo intellettualmente onesto. Non vedo altro che le loro bugie e la loro malafede che trasudano ovunque. Vorrei non essere tra gli ebrei, una rara eccezione capace di probità e di sintesi

Ho seguito i suoi due programmi "Oceaniques", radicalmente incentrati non su Heidegger, ma sul suo SILENZIO.

Porre la questione del silenzio di Heidegger è di per sé inconscio e lo spiegherò nel modo più chiaro possibile.

Nessuno di voi presenti a questa trasmissione ha messo in dubbio per un attimo la superiore intelligenza di Heidegger. Allora perché questa pausa? Perché è rimasto in silenzio dal 1945 fino alla sua morte senza che la ragione profonda del suo silenzio fosse perfettamente integrata nella coerenza della sua intelligenza?

Il suo silenzio è perfettamente coeso. Sarebbe mio se l'inquietante mentalità psicotica, paranoica e megalomane dei miei simili non mi facesse venire voglia di urlare...

Quando Glucksman parla della "sua vocazione a contemplare la verità", *è sicuro che si tratti della verità? Mi starebbe seguendo per manifestare la sua vocazione?*

Tutto ciò che segue è stato sottoposto all'implacabile setaccio della verifica e del Niagara delle prove da nove. Sono quindi pronto a rispondere a tutte le domande, a fornire documenti, tecnici e prove, tutti reperibili negli archivi del famoso processo Zündel in Canada. Va ricordato che questo processo ha dimostrato in modo inconfutabile il complotto tra il bolscevismo e i banchieri ebrei negli Stati Uniti, e ha distrutto il mito dell'Olocausto, in particolare attraverso elementari considerazioni aritmetiche e tecniche, e le conclusioni schiaccianti del rapporto Leuchter, confermate dalla controperizia effettuata dagli stessi sterminazionisti. Leuchter, ingegnere americano e specialista in gasazioni con acido cianidrico negli Stati Uniti, dimostrò che nessuna esecuzione con gas aveva mai avuto luogo ad Auschwitz, Birkenau o Majdanek...

Glucksman dice di apprezzare tutte le manifestazioni di intelligenza! Infatti! Non etichetterà come stupido tutto ciò che non rientra nell'alone lusinghiero della sua soggettività? Peggio ancora, non risponderà, come fanno da secoli i miei congeneri, forti del loro potere finanziario e politico? Temo di sì: la verità è bollata come insulto, come idiozia, come nazismo. È persino punibile per legge e questo è quanto...

L'unico rimprovero mosso a Hitler e ripetuto all'infinito, amplificato, martellato, orchestrato anche nei film più popolari, e questo a partire da pochi anni dopo la fine della Seconda Guerra Mondiale, è il cosiddetto olocausto di 6 milioni di ebrei nelle camere a gas a ciclone B. Auschwitz, ecco tutto.

Tuttavia, non si parla mai delle decine di milioni di altre vittime della guerra, delle decine di milioni di vittime del bolscevismo o delle decine e decine di milioni di vittime DOPO la fine della guerra. Torneremo su questo punto più avanti.

Ma che cosa sappiamo oggi di questo problema, se siamo onesti e se lo abbiamo studiato dal 1979, quando il caso FAURISSON è venuto alla luce per la prima volta?

Sappiamo che:

Il dogma dei "*6 milioni di camere a gas*" è consolidato come il dogma della Redenzione. Chi potrebbe litigare con un professore universitario che rivela che Pol Pot ha massacrato 2 milioni di esseri umani invece di 4? (lo stesso Pol Pot che, mentre scrivo, è ancora vivo e vegeto e che la coscienza internazionale non ha portato davanti a un tribunale di Norimberga degno di lui).

PERSONA.

Perché mai annunciare l'ECCELLENTE NOTIZIA che non ci sono state 6 milioni di vittime ebree e nessuna gassazione Cyclon B, se non per il delousing, dovrebbe essere una cattiva notizia da sanzionare da parte della giustizia?

Chi si scandalizzerebbe se fossimo informati che I CARCERI CONCENTRATI BOURREAUX E SOVIETI (Frenkel, Yagoda,

Kaganovitch, Rappaport, Jejoff, Abramovici, Firine, Ouritski, Sorenson, Bermann, Apetter et al.) hanno sterminato solo 30 milioni di persone sotto lo stalinismo invece di 60 milioni come è scritto??
PERSONA.

In 5000 anni di storia, questo caso è unico: illustra il fenomeno secolare della geremiade. Tutti coloro che danno prova di questa succosa mistificazione vengono incriminati e condannati.

Paul Rassinier, deputato socialista e insegnante di storia, internato per anni nei campi di concentramento tedeschi, uscito con un peso di 30 kg e morto a causa dell'internamento, è stato perseguito per i libri che ha scritto alla ricerca di una verità che non gli ha portato altro che guai. Come deputato socialista, internato e insegnante laico, non aveva nulla da guadagnare da questa eroica dimostrazione di verità, e i suoi libri sono immersi nella TOTALE COSPIRAZIONE DEL SILENZIO IN NOME DELLA LIBERTÀ DEMOCRATICA DI ESPRESSIONE...

Il professor FAURISSON, che ha studiato il problema per vent'anni e che si è imbattuto per caso in questa bufala, è stato condannato su, anche se la giuria "non ha mai contestato la serietà del suo lavoro nel dibattito con gli specialisti e il pubblico"...

HENRI ROQUES, la cui tesi sul rapporto GERSTEIN è stata annullata. Un incidente senza precedenti, unico nella storia. E questo nonostante il fatto che il più noto storico dei media, oggi ministro socialista, Alain Decaux, avesse pubblicamente attestato l'eccellenza di questo lavoro! Inoltre, questa tesi avrebbe potuto essere perfettamente inutile, dal momento che il rapporto GERSTEIN è stato respinto al processo di NUREMBERG. La tesi è comunque utile, poiché per mezzo secolo abbiamo potuto contare su un documento dichiarato privo di valore da un tribunale di cui ci viene costantemente ribadita l'infallibilità!

Tutti sospettano che i giudici di un tribunale costituito esclusivamente dagli Alleati e che non aveva affatto il CARATTERE INTERNAZIONALE di cui si pretende di rivestirsi, non avrebbero chiesto di meglio che utilizzare questo rapporto, se avessero potuto. Ma era così grottesco che hanno dovuto rinunciarvi!

ERNST ZUNDEL, il cui processo ha fatto scalpore in Canada, fino a quando l'ordine dei media non ha fatto sprofondare la vicenda in un plumbeo silenzio.

Non solo è stato distrutto il mito dell'Olocausto e sono stati ridicolizzati i "grandi specialisti" (arrivando a rivendicare una "licenza poetica"), ma è stato dimostrato in modo inconfutabile che dal 1917 e senza interruzioni i finanziatori ebrei americani hanno finanziato il bolscevismo.

Nonostante la notevole pubblicità che questo processo ha generato in Canada, nei media europei non si è sentita una sola parola: I NOSTRI SIMILI HANNO UN CONTROLLO TOTALE SULLA STAMPA.

Le ANNALES RÉVISIONNISTES vengono sequestrate in nome della libertà di espressione democratica, senza dubbio. Nessun diritto di replica per il professor Faurisson, insultato nel programma della Polac.

Nel frattempo, nello stesso giorno, 70.000 giovani democraticamente zombificati si spogliano delle mutande per imitare un'ignobile sgualdrina della pseudo-canzone, una sorta di residuo ignorante, infantile e osceno... mentre la pornografia, la droga e la musica patogena e criminogena si diffondono MOLTO DEMOCRATICAMENTE.

DA QUANDO LA DEMOCRAZIA NON CONSENTE LA LIBERA ESPRESSIONE E LA RISPOSTA E LE PROVE CHE DISTRUGGONO OGNI MENZOGNA?

Faurisson esige, implora, che gli si ponga davanti un esercito di contraddittori e un pubblico enorme: PUÒ ASPETTARE A LUNGO.

Un giorno verrà approvata una legge orwelliana contro di lui "per crimini di pensiero". È stata infatti approvata di nascosto qualche tempo dopo la stesura di questo libro. È la legge FABIUS GAYSSOT. Questa legge stalinista porta il nome di un ebreo e di un comunista - non è una coincidenza! Possiamo discutere con i revisionisti, ma non con loro", disse un ebreo, dimostrando così la sua perfetta buona fede e la sua luminosa probità intellettuale.

Qualcuno mi mostri in 5000 anni di Giudeo-Cristianesimo un solo bugiardo che pretenda di parlare pubblicamente di fronte a un numero illimitato di contraddittori!!!! Va notato di passaggio che ogni essere umano normale è fondamentalmente un revisionista. Un essere umano ha il dovere di mettere in discussione tutto ciò che offende il suo cuore o la sua ragione e che assume la veste ufficiale di dogma o postulato. Tutto il resto è zombismo.

La malafede, l'odio, le menzogne, le persecuzioni, i gas lacrimogeni, i tentativi di assassinio dimostrano senza ombra di dubbio che Faurisson ha ragione ancor prima di studiare gli aspetti aritmetici e tecnici del problema. Per di più, gli viene dato del "nazista", un riflesso sistematico verso chiunque metta il minimo dubbio sulla veridicità del sacrosanto mito *dei 6 milioni di camere a gas!*

Eppure tutti sanno che Faurisson è un uomo di sinistra, antinazista e membro dell'Unione degli Atei, che proclama la sua democrazia ma non ha il coraggio di difenderla... assolutezza *di mille-nove-cento-quattro anni* conferita al dogma *dei 6 milioni di camere a gas* è la prova psicologica inconfutabile della sua impostura. Se Faurisson avesse torto, è da molto tempo che qualcuno si è organizzato per dimostrarglielo di fronte all'enorme pubblico che pretende: la televisione sarebbe stata il mezzo ideale per permettergli di esprimersi in modo esauriente e poi dimostrare la sua impostura.

Purtroppo questo è stato fatto alla televisione di Lugano a tutto vantaggio di Faurisson, e *Storia Illustrata* ha aperto le sue pagine a lui...

L'aspetto aritmetico-tecnico è ancora più convincente.

6 milioni (o anche 4 milioni, supponendo che 2 milioni di ebrei siano morti a causa della guerra, cosa inesatta) rappresentano un Paese come la Svizzera. Furono sterminati in massa nel 1943-44 in 7 campi di concentramento. Conosciamo il numero esatto di crematori ancora in uso e il tempo necessario per cremare un cadavere. In realtà, i crematori avanzati non furono installati fino alla fine del 1943, come conferma lo stesso storico dello sterminio Georges Wellers.

Ciò significa che la cremazione è diventata tecnicamente perfetta solo a partire da questa data. Prima di allora, le cremazioni globali di massa sarebbero state incomplete e avrebbero scatenato epidemie di tifo in tutta Europa. Inoltre, se facciamo funzionare i crematori dei 7 campi in base alla durata nota della cremazione dell'Olocausto (meno di 2 anni) e alla durata nota della cremazione individuale, il risultato è che i crematori sono ancora in funzione nell'anno 2030! Sappiamo perfettamente come funzionano questi forni e qual è il loro scopo. Erano assolutamente indispensabili per prevenire epidemie di tifo, peste, colera e altre malattie endemiche nei campi di concentramento.

D'ALTRA PARTE, NON ESISTE UNA CAMERA A GAS A CICLONE B IN GRADO DI STERMINARE 1.000 O 2.000 PERSONE ALLA VOLTA.

A questo proposito, è divertente visitare la camera a gas di Struthof, in Alsazia, dove l'acido cianidrico veniva sprigionato liberamente dopo la gasazione, attraverso un semplice camino a meno di cento metri dalla residenza del comandante! La camera stessa aveva una superficie di pochi metri quadrati.

Citiamo una frase chiave usata dagli sterminatori: "dopo la gassazione, abbiamo aperto la porta, le vittime, ancora palpitanti, sono cadute tra le nostre braccia e noi abbiamo portato via i cadaveri...

"Questo è assurdo perché ci vogliono 20 ore di ventilazione e 5 maschere antigas effettuare un'operazione del genere. Tutti possono informarsi, come ho fatto io, sulla camera a gas ad acido cianidrico utilizzata negli Stati Uniti per giustiziare UN condannato. La sua incredibile complessità, le notevoli precauzioni da prendere quando si gasa un condannato, dimostrano in modo inconfutabile che gasare 2.000 persone alla volta con questo gas è TECNICAMENTE INEVITABILE.

Il fatto che il piccolo sito di Struthof, in Alsazia, sia stato scambiato per mezzo secolo per una camera a gas passerà alla storia come un esempio dell'ingenuità delle masse, che credono a qualsiasi cosa purché sia riportata da un giornale o dalla televisione...

Lo stesso vale per l'intera storia, che è un problema tecnico di aritmetica a livello di certificato di scuola primaria. È certo che se un alunno di questo livello ricevesse il problema e lo risolvesse secondo le affermazioni della propaganda ufficiale, otterrebbe uno zero sul suo compito.

Nel 1949, al processo della DEGESH, l'azienda che produceva il Cyclon B, l'amministratore delegato dell'azienda, il dottor Héli, e il fisico, il dottor Ra, affermarono che la gasazione nelle condizioni descritte era IMPOSSIBILE E IMPENSABILE! Nessuno ci parla mai di questo processo, così come nessuno ci dice che il rapporto Gerstein, su cui Roques basava la sua tesi, fu contestato al processo di Norimberga! Un noto giornale ebraico americano, l'AMERICAN JEWISH YEAR BOOK, ci dice nel suo n° 43 a pagina 666 (!) che nell'Europa occupata dai tedeschi nel 1941 c'erano 3.300.000 ebrei! Quanti sono partiti per la Spagna da quella data! Quante migliaia sono state protette nella Zona Libera, come tutta la mia famiglia? Quante centinaia di migliaia sono state ritrovate sotto il proprio nome o sotto falso nome! Faurisson stima che le vittime di Auschwitz siano state 150.000, tutte le etnie messe insieme.

Questo è ciò che mi hanno detto tutte le persone ragionevoli che conoscono questi problemi.

Possiamo ammirare la coscienza degli sterminazionisti in questo estratto di Le Monde del 22.11.1979: "Ognuno è libero di immaginare o sognare che questi eventi mostruosi non abbiano avuto luogo. Purtroppo sono accaduti e nessuno può negarne l'esistenza senza offendere la verità. Non dobbiamo chiederci come sia stato tecnicamente possibile un tale omicidio di massa, È STATO TECNICAMENTE POSSIBILE PERCHÉ È AVVENUTO (!!!).

Questo è il punto di partenza per qualsiasi indagine storica sull'argomento. È nostro dovere ribadire questa verità in modo molto semplice: NON C'È, NON CI PUÒ ESSERE ALCUN DIBATTITO SUI FUOCHI A GAS" Quale voto sarebbe stato dato a un saggio di francese di uno studente che avesse seguito un simile ragionamento? Come può essere pubblicato un testo così assurdo?

È tipico del XX secolo accettare il ridicolo in qualsiasi pubblicazione, mentre non lo si accetterebbe in una copia di una sesta classe. Non ho sentito dire di recente che "l'istinto materno non esiste"? Bisogna vedere la stretta dialettica che porta a tale assurdità. Condurrà la maternità agli stessi gulag della logica smantellata del marxismo...

È stato proprio questo il punto di partenza dell'indagine storica del professor Faurisson, quando si è imbattuto nel tema presentato ai suoi studenti in un corso sulla ricerca della verità storica.

Avrebbe potuto scegliere un altro argomento, ma si parlava così tanto di questo che lo scelse. Fu durante lo studio che il gatto fu scoperto e lui si strozzò. È comprensibile che una doccia del genere gli abbia fatto venire voglia di dire la verità...

Dopo 20 anni di lavoro, scoprì che non erano mai esistite camere a gas per 2.000 persone. Tutto ciò che scoprì furono le minuscole camere di delocalizzazione che utilizzavano il ciclone B!

All'affermazione ingenua, illogica, stupefacentemente concreta, infantile e paranoica, la cui assurdità è sotto gli occhi di tutti. ("Non ci provi nemmeno, è così e basta! La signora Paschoud, giornalista e insegnante di storia, risponde: "Le camere a gas sono esistite, e così sia! Vorrei che qualcuno mi spiegasse perché, negli ultimi 20 anni, si è cercato in tutti i modi di danneggiare i revisionisti nella loro vita professionale o privata, quando sarebbe stato così facile metterli a tacere una volta per tutte producendo una sola delle innumerevoli prove inconfutabili di cui continuiamo a sentir parlare...

"Madame Paschoud ha pagato a caro prezzo la sua sincerità e il suo coraggio! Queste frasi di elementare buon senso sono perfettamente in linea con il folle testo pubblicato da Le Monde e che abbiamo appena citato.

Chi dice che al colloquio del 1983 tenutosi alla Sorbona contro Faurisson, (E IN SUA ASSENZA!!!) Raymond Aron fu costretto ad ammettere che non c'era NESSUNA EVIDENZA, NESSUN DOCUMENTO SCRITTO, NESSUNA TRACCIA che stabilisse la realtà delle camere a gas omicide. ANCHE SE TUTTI I CREMATORI SONO ANCORA LÌ.

In realtà, ci sono molti più indizi sugli extraterrestri che sulla realtà delle camere a gas, che porrebbero un problema finanziario e tecnico insolubile per 2.000 persone. Non abbiamo visto l'apice della grotesquerie del 1984: "una federazione di giornalisti con 2.000 membri (tra cui l'Équipe!) esorta il governo a mettere a tacere il professor Faurisson IN NOME DEI DIRITTI UMANI E DELLA LIBERTÀ DEMOCRATICA DI ESPRESSIONE (sic!)". NESSUNA LIBERTÀ DI ESPRESSIONE DEMOCRATICA IN NOME DELLA LIBERTÀ DI ESPRESSIONE...

Date la stampa, la polizia e i tribunali al signor Lévy e al suo assistente signor Homais, e non saranno più così ridicoli, e questo è il XX secolo...

Meglio ancora. In nome della libertà di pensiero, gli alunni delle scuole secondarie non saranno protetti da vestiti trasandati, musica criminogena, droghe, suicidi, disoccupazione, pornografia o incitamento alla dissolutezza fin dalla più tenera età, attraverso i preservativi, MA SARANNO TENUTI A UN CORSO DI ISTRUZIONE CIVICA ANTIREVISIONISTA.

L'idiota che osa dire che 2.000 persone non possono essere state gassate con il ciclone B nelle camere a gas e che non possono esserci stati 6.000.000 di ebrei nell'Europa occupata non otterrà mai il diploma di maturità. Da qualsiasi punto di vista lo si guardi, il problema è quello delle bugie.

Sei milioni di persone gassate nel crematorio hanno lasciato migliaia di tonnellate di ceneri che non sono scomparse completamente. Un centinaio di campioni di pochi centimetri cubici analizzati avrebbero rivelato la presenza di acido cianidrico.

Non ho mai sentito parlare di analisi di questo tipo.

Punto di vista: pensavo che la libertà avesse tutti i significati. Ma la libertà ha un solo significato, ed è la DITTATURA ASSOLUTA DEI MIEI CONGENERATI, una dittatura tanto più spregevole perché si nasconde dietro il mantello di una pseudo-democrazia che in realtà non è altro che una CRIPTODITTATURA IMPLACABILE.

Anche supponendo che Faurisson abbia torto (e non ce l'ha, visto che abbiamo tutte le prove dell'impostura di cui il comportamento psicologico nei suoi confronti è di gran lunga la prova più importante), non c'è nulla di sbagliato o di scandaloso nella sua tesi; ESPRIME OTTIME NOTIZIE che non toccano nulla della sofferenza fin troppo reale di coloro che hanno sopportato il dolore dei campi. C'è QUALCUNO che ha sentito il bisogno di lamentarsi dei milioni di persone sterminate da un nemico scomparso mezzo secolo fa? Bisogna essere un dottore in psicologia per capire che un simile comportamento è psicopatologico, oltre che un bisogno piuttosto spregevole e tipico di garantire le fondamenta di una fantastica truffa politica e finanziaria? Ma come dice Faurisson, "se veniamo a sapere che 6 milioni di vittime ebree non sono state gassate, dovremmo dirlo o nasconderlo?

Una domanda pertinente! I nostri congeneri non vogliono che Faurisson si esprima, che sia contraddetto da ovvie realtà tecniche e aritmetiche...

Faurisson e coloro che vogliono che egli goda della sua libertà democratica di espressione sono accusati di antisemitismo.

L'antisemitismo è altrove. Era nell'URSS, che gli ebrei trovavano insopportabile. Non si sono presi il tempo di denunciare l'antisemitismo del regime: tutto ciò che volevano era andarsene il prima possibile.

Inoltre, e questa è una cosa enorme, sono praticamente gli unici che possono lasciare l'URSS. La schiavitù sovietica è un bene per tutti gli altri.

Il 90% degli immigrati sovietici negli USA sono ebrei! Punto di dettaglio! Il comunismo sovietico è crollato. Questo crollo è stato calcolato dalla finanza ebraica, che vuole introdurre l'economia di mercato in Russia. Se questo crollo non fosse stato deliberato, non sarebbe avvenuto perché l'URSS aveva l'esercito più forte al mondo...

Devo ricordarvi cosa prevedono i DIRITTI UMANI?

Ci si chiede se si tratta di diritti umani, che vengono violati ovunque, o di diritti esclusivi degli ebrei... Nessuno dovrebbe essere molestato per le sue opinioni. La libera comunicazione pensieri e opinioni è uno dei diritti umani più preziosi...

Se questi diritti sono abusati dai finanzieri ebrei totalitari, dai pornografi alla Benezareff, dalla musica che uccide di Gurgi-Lazarus, dal marxismo sterminatore, dal freudianesimo abulico e pornografico, dai signori della droga, dalla mafia, dagli accaparratori parassitari e dai froci, NON CI SONO PER NESSUN RICERCATORE O INSEGNANTE CHE ABBIA QUALCOSA DA DIRE.

Faurisson ha il diritto di parlare e tutti hanno il diritto di contraddirlo con FATTI PRECISI, EVIDENZE, STUDI PROFONDI, ANALISI PROFONDE, ESAMI ESAUSTIVI.

Tutto il resto è totalitarismo ben peggiore di quello di Hitler, perché il suo autoritarismo ha portato all'ordine, agli ideali e alla virilità, mentre l'altro ha portato alla decomposizione purulenta dell'intera umanità...

Si affianca a quello di Kaganovitch e alla fine lo condurrà ad esso. Gli ebrei saranno costretti (questo testo è stato scritto UN ANNO prima della legge Fabius-Gayssot, quindi il futuro) a far approvare dai burattini politici da loro manovrati una legge totalitaria, radicalmente antidemocratica, che condannerà al carcere e alle multe chi oserà mettere in discussione il sacrosanto dogma concreto dei *6 milioni di stanze a gas*. Ho scritto a PIERRE VIDAL-NAQUET, più di un anno prima della promulgazione di questa legge INEVITABILE sulla curva dell'isteria ebraica.

UBU, CIRCONCISO E NON EBREO, È IL RE DI QUESTO UNIVERSO ORWELLIANO.

Nessuno può negare che l'olocausto sia diventato una vera e propria religione e che il rogo democratico minacci il malintenzionato.

Jacob Timmerman, storico ebreo, afferma: "Molti ebrei sono sciocccati dal modo in cui l'Olocausto viene sfruttato dalla diaspora.

Si vergognano persino che l'Olocausto sia diventato una religione civile per gli ebrei negli Stati Uniti. Leon A. Jick, un altro storico ebreo, commenta: "La battuta devastante secondo cui non esiste un business come quello della Shoa è, va detto, una verità incontrovertibile".

Non passa settimana senza che il pubblico venga esortato a "non dimenticare mai". Ci sono proiezioni di film ponderosi, trasmissioni semplicistiche e una caccia odiosa e psicotica ai "criminali di guerra", vecchietti invalidi di ottant'anni, di un regime morto da 50 anni. I popolari film d'avventura e d'azione sono pieni di riferimenti ai malvagi tedeschi e ai luridi nazisti, sempre ritratti come brutali torturatori. Ah, se pensiamo a come si sono comportati i russi in Europa! Un comportamento orribile, mentre i tedeschi, soldati o ufficiali, cedevano il posto alle signore della metropolitana!

Si parla di Oradour-sur-Glane, un caso unico in Francia, ma non si parla mai del CONTESTO di questa vicenda: soldati tedeschi mutilati dalla resistenza, un ufficiale superiore con gli occhi cavati, e il lungo tempo che i tedeschi diedero ai colpevoli per denunciarsi prima della giusta rappresaglia messa in atto dagli alsaziani! La parola "rappresaglia" non è stata inventata dai tedeschi e nessun generale di nessun esercito avrebbe accettato una simile atrocità. Non furono forse gli spregevoli torturatori dei soldati tedeschi che, non denunciandosi, divennero i VERI ASSASSINI DEGLI ABITANTI DELL'ORACOLO?

Se solo sapessimo dei crimini di guerra degli Alleati! Se solo i giovani sapessero come, anche dopo il 1945, russi e americani hanno violentato e massacrato ogni comunità tedesca in Europa...

MENTRE UN UFFICIALE TEDESCO CHE STUPRAVA IN UN PAESE NEMICO VENIVA IMMEDIATAMENTE MESSO A MORTE.

Questa era la legge. Non ho mai sentito di un ufficiale tedesco che abbia stuprato in territorio nemico. È stata scoperta la fossa comune di KOURAPATY, nella periferia nord di Minsk, contenente circa 250.000 cadaveri. Sono morti tra il 1937 e il 1941, fucilati dalle truppe della N.K.V.D..

Non è detto che i media ne parlino tutti i giorni: non erano ebrei! E non parliamo dei corsi di insegnamento unilaterali, delle ipocrite apparizioni di marionette politiche ai sacri eventi di culto dell'olocausto.

Dobbiamo fare riferimento al "vile seme del bestiame" dello Zohar per capire che le vittime ebree sono più preziose di altre.

Esistono negli Stati Uniti memoriali, centri di studio e cerimonie universitarie per le decine di milioni di vittime degli ebrei KAGANOVITCH, APPETER, OURITSKI, FRENKEL, YAGODA, JEJOFF E CONSORZI?

Eppure i 6 milioni di Hitler, anche se veri, sono ampiamente superati! Che razza di aritmetica è quella che sostiene che 6 milioni sono maggiori di 60 milioni?

Dobbiamo ricordarvi i crimini di massa commessi dai sovietici contro ucraini, baltici, ceceni, coreani e molti altri? Il genocidio ucraino ha fatto 6-8 milioni di vittime reali.

Dovremmo forse dimenticare le centinaia di migliaia di donne, bambini e civili disarmati uccisi dall'Armata Rossa nel 1945 nelle province della Germania orientale? I russi bianchi che si unirono all'esercito tedesco contro il bolscevismo e che, avendo avuto l'ingenuità di credere che sarebbero stati accolti in patria, furono giustiziati a colpi di mitragliatrice mentre tornavano a casa...

Infine vogliono farci credere all'assurda equazione: REVISIONISMO= ANTISEMITISMO.

Vorrebbero farci credere che il revisionismo storico, che è perfettamente normale (ogni storico degno di questo nome è un REVISIONISTA PERMANENTE), è CONTRARIO ALLA DEMOCRAZIA.

Un postulato curioso che equivale a sostenere l'opposto: DEMOCRAZIA = NON RIVISITAZIONE.

Questo è il massimo dell'assurdità e della stupidità, perché equivale a dire che: il revisionismo è contrario ai temi del giudaismo internazionale!

C.Q.F.D.: Nessuno può contraddirlo!

Ahi, ahi, ahi, chi dice questo segue le orme del peggior antisemitismo, che dall'Action Française a Hitler afferma senza ambiguità che:

LA DEMOCRAZIA E L'UMANESIMO MASSONICO SONO CREAZIONI EBRAICHE AL SERVIZIO ESCLUSIVO DEGLI EBREI.

L'Action Française ha persino dichiarato senza mezzi termini che ciò si estendeva a tutte le istituzioni, compresi l'istruzione e il sistema giudiziario.

Me lo hanno detto in tanti, anche se sono democratici, citando come esempi le leggi Pléven e Marchandeau, rafforzate dall'incongruo assolutismo della recente legge Gayssot, che per me era facile da prevedere.

Il disprezzo per la legge è stato evidente nel processo Barbie.

Era stato condannato a morte nel 1954 e non poteva essere condannato nuovamente per un reato simile. Ha beneficiato della prescrizione perché sono trascorsi 34 anni dalla sua condanna e ci vorrebbe un legalismo totalitario per eliminare la prescrizione. In quanto boliviano, non poteva essere processato in Francia a meno che non fosse stato debitamente estradato. Ma è stato rapito dopo alcuni incredibili sotterfugi, tra cui minacce finanziarie al governo boliviano! Una farsa legale, un circo pseudo-legale legalizzato, un disprezzo assoluto per i magistrati e la loro coscienza, un disprezzo per la GIUSTIZIA.

Perché non incriminare domani un ottuagenario francese che ha avuto la sfortuna di seguire la Chiesa e il Maresciallo?

Tutto è possibile nella dittatura dell'orrore che stiamo vivendo a livello internazionale. Queste righe sono state scritte circa 15-20 mesi prima del processo Touvier.

Così, come previsto, abbiamo assistito a questo circo della giustizia e dei media. Inaudito, mentre il mondo giace nella putrescente decomposizione del CARTESIMO GIUDIZIARIO, un uomo sfortunato che aveva optato per 'ultimo regime pulito della Francia viene accusato.

E tutto questo mentre milioni di persone sono strangolate dalla disoccupazione, distrutte dall'annientamento di tutti i valori che fanno e preservano l'uomo... E questo 50 anni dopo. Torneremo su questo argomento più avanti...

Per quanto riguarda Barbie, se si fosse comportato come un ufficiale francese, avrebbe senza dubbio avuto diritto agli onori statuari, o almeno agli onori urbani. Ma il suo processo solleva questioni spinose. Barbie, condannato in anticipo, non aveva nulla da perdere. Sapeva tutto aspetti più sgradevoli della Resistenza, che avrebbe potuto disonorare: non disse nulla. Avrebbe potuto fare un processo implacabile al mezzo secolo ebraico, giustificando la sua opzione hitleriana: non ha detto NULLA. AVREBBE POTUTO SCHIACCIARE IL PRETORIO E TRIONFARE IN MODO SUPREMO E COMUNQUE ESSERE CONDANNATO: NON HA FATTO NULLA.

Ha tenuto la bocca chiusa! Perché avrebbe dovuto farlo?

Non era lui stesso parte di un circo accuratamente architettato per mistificare le masse in cui ruggisce l'antisemitismo?

Questi circhi in stile Barbie e Touvier non distrarranno le masse dal loro acuto malcontento per la disoccupazione, né dall'antisemitismo che questo tipo di spettacolo esacerba, checché ne pensi la paranoia ebraica...

Sia come sia, la politica perseguita contro Faurisson, se continuerà - E L'ISTERIA DEI MIEI CONGENERATI LA FARÀ CONTINUARE - rivendicherà le peggiori affermazioni antisemite dell'estrema destra, e SONO LE PERSONE DI SINISTRA A RILANCIARE QUESTE DIMOSTRAZIONI...!

Si dimentica troppo spesso che Hitler voleva scambiare tutti gli ebrei d'Europa con un numero ragionevole di camion. Furono i governi ebraici in Inghilterra e negli Stati Uniti a preferire i camion ai nostri compagni ebrei, che sarebbero stati molto più utili per loro come martiri inflazionati nei campi. La cosa spiacevole è che la cifra di 6 milioni è un'assurdità aritmetica. In Jours de France, Bloch-Dassault ha sottolineato che la vita nei campi tedeschi non era peggiore di quella nei Gulag, gestiti da una cinquantina di ebrei, le cui fotografie si possono vedere nel volume II di Arcipelago Gulag di Solzhenitsyn, e che furono responsabili di decine di milioni di massacri.

Nessuno contesta questo fatto, nemmeno gli storici comunisti! Cito solo per dovere di cronaca le decine di milioni di persone sterminate nella rivoluzione del 1917, senza dimenticare lo zar e la sua famiglia, una rivoluzione in cui tutte le squadre di governo e tutti i finanziatori che hanno sovvenzionato questo regime delizioso per lo sviluppo umano erano ebrei.

È bene ripeterlo: queste decine e decine di milioni di persone massacrate sono numericamente inferiori ai 6 milioni, ANCHE VERI, con cui le nostre stanche orecchie sono costantemente bombardate dai media? E queste persone non sono state sterminate perché detenevano tutte le leve della finanza, della speculazione parassitaria, dei sistemi e delle ideologie suicide, ma perché erano coraggiosi cittadini russi anticomunisti...

Non c'è bisogno che i media parlino ogni giorno di queste decine di milioni di persone, non c'è bisogno che l'"alta coscienza internazionale" se ne occupi, non c'è bisogno di fare un film intitolato "SUPERHOLOCAUST": non erano ebrei!

Quindi non sono più importanti dei boat people, dei biafrani, degli eritrei, dei palestinesi, dei cristiani in Libano...

Per il mondo intero, invece, fu notte e nebbia eterne, quelle che morirono di fame e tifo durante i 3 mesi in cui la Germania stava crollando. Dimentichiamo di dire che, a seguito dei bombardamenti alleati, la situazione era la stessa nelle principali città tedesche ridotte in cenere. I civili vi morivano come mosche e un singolo bombardamento poteva fare dalle 150.000 alle 200.000 vittime.

Di queste città martirizzate non ci sono foto di bambini che muoiono tra le rovine o sotto le macerie. C'erano, invece, foto dei campi da ogni angolazione, con didascalie che non avevano nulla a che fare con la realtà: poiché i bombardamenti alleati rendevano impossibile sfamare gli internati, era inevitabile che morissero di fame! Chi può credere per un momento che i tedeschi, vedendo arrivare la loro sconfitta, abbiano potuto lasciare dietro di sé un'immagine così marchiata?

Abbiamo immagini simili degli orrori dei gulag?

Non è forse ovvio che gli scheletri viventi che ci vengono mostrati nelle fotografie e nei film non hanno nulla a che fare con le camere a gas? Come possiamo non vedere che la carestia e il tifo sono la causa di queste immagini angoscianti?

LA MESSINSCENA DEI 6 MILIONI DI CAMERE A GAS È DECISAMENTE PALESE: È PSICOLOGICA, È ARITMETICA, È TECNICA.

Ammesso che i "*6 milioni di ebrei gassati*" siano veri. Cosa troviamo nel mondo liberalsocialista completamente "accerchiato"?

Non uso volutamente il termine "giudeo" perché TUTTO CIÒ CHE RESTA DEL MONDO MODERNO È ERETICO E CRIMINALE PRIMA DELLA THORA.

L'uso del termine ebreo è un abuso semantico. La parola ha un solo significato, religioso. Agli ebrei si può solo rimproverare il loro silenzio di fronte alle malefatte di questi impostori che non sono affatto ebrei: sono la "setta internazionale della circoncisione atea e speculativa dell'ottavo giorno". Torneremo su questo punto più avanti.

Vediamo alcuni dettagli:

1. Tutti i Paesi sono soggetti alla feroce dittatura del dollaro e schiacciati da debiti enormi e impagabili. La rovina internazionale è alle porte e sarà definitiva quando l'egemonia dei banchieri e dei loro scagnozzi tecnocratici si realizzerà con trattati pretestuosi come quelli descritti nei falsi PROTOCOLLI DEI SAGGI DI ZIONE. Questi trattati di tipo MAASTRICHT, il G.A.T.T.[1] e quelli che seguiranno, avranno l'effetto di uccidere definitivamente la classe contadina e ridurre l'Europa alla disoccupazione. Hitler, come il maresciallo Pétain, erano fondamentalmente contrari a questo

---

[1] In seguito diventerà l'Organizzazione mondiale del commercio.

sistema suicida che distruggeva totalmente l'uomo tradizionale in equilibrio con una natura non dominata.

Era contro il liberalismo, che inquinava il suolo, i corpi e le anime, così come era contro il bolscevismo, che sterminava decine di milioni di esseri umani, riducendo tutti gli esseri viventi al rango di elementari unità statistiche matricolari. È QUI CHE RISIEDONO LE VERE CAUSE DELLA GUERRA DEL 1939-1945, E NON ALTROVE.

Tutto il resto, e su questo torneremo, è solo un pretesto per giocare alle masse, che saranno condotte al massacro da 60 milioni di persone.

2. La disoccupazione è un flagello globale. Il Club di Roma di Rockfeller prevede che presto ci sarà un miliardo di disoccupati nel mondo. Sia Hitler che i Marshall eliminarono la disoccupazione in entrambi i Paesi incoraggiando il tasso di natalità, che in Germania era eccezionale.

3. Siti, suolo, foreste, acqua, specie animali e vegetali vengono distrutti dall'industria e dalla chimicizzazione. 5000 laghi sono biologicamente morti in Canada, 2000 in Svezia. Le foreste stanno scomparendo, divorate dalla pubblicità e da mostruose schede elettorali. L'acido delle automobili e delle fabbriche fa il resto.

Il Reno era da poco un fiume morto e il Mediterraneo è terribilmente inquinato. L'industria esiste solo grazie a una finanza RADICAMENTE CIRCOSTANTE.

Non esistono finanzieri come Warburg (che nel 1914-18 finanziò contemporaneamente gli Alleati, i Tedeschi e la Rivoluzione bolscevica), Hammer (che nel 1941 possedeva da solo tanto petrolio quanto le 3 potenze dell'Asse), Soros (che ha destabilizzato una moneta con una telefonata), Bronfmann, predicatore dell'Olocausto, re dell'alcol e proprietario di 3 miliardi e 600 milioni di dollari, che non siano "circoncisi l'8° giorno". Quelli che non lo sono hanno, a ben vedere, un "raggio d'azione" irrisorio.

4. Lo sfruttamento dell'energia atomica minaccia l'umanità di morte.

Bombe atomiche, Chernobyl, danni genetici, rifiuti che non possono essere neutralizzati o stoccati.

Nessuno nega l'importanza dei fisici Einstein e Oppenheimer nello sviluppo della bomba atomica, né quella di S.T. Cohen nello sviluppo della bomba al neutrone.

La filosofa Irène Fernandez, nel programma FR3 del 15 febbraio 1988, ci ha informato che Hitler rifiutò di usare la bomba atomica per motivi umanitari. L'avrebbe usata come deterrente, il che avrebbe evitato Hiroshima e Nagasaki!

La stampa ha recentemente rivelato che la ricerca atomica nazista era inesistente.

Tutto ciò è in linea con il progetto di trattato presentato da Hitler all'Inghilterra e agli Stati Uniti, in base al quale le popolazioni civili non sarebbero state bombardate in caso di guerra. Questo trattato fu respinto!

È ASSURDO INSINUARE CHE TALI SPECULAZIONI SIANO DI COMPETENZA DELL'INTELLETTO, QUANDO IN REALTÀ SONO DI COMPETENZA DEI DONI SPECULATIVI, CHE SONO UNA COSA COMPLETAMENTE DIVERSA. La scienza e la finanza, prive di autorità spirituale, NON PENSANO.

5. Non c'è quasi più acqua potabile.

Ma Hitler era estremamente preoccupato per l'ecologia. Era ben consapevole dei pericoli dell'eccessiva industrializzazione, che fu costretto ad a causa dei pericoli della guerra.

Ha dovuto affrontare la situazione economica.

La pillola di Djérassi e Aron Blum (alias Beaulieu), l'aborto di Simone Veil e Rockefeller (con le sue vere e proprie fabbriche di aborti), la pornografia di Bénézareff, la musica patogena e criminogena di Gurgi-Lazarus, con i suoi cantanti infantili, regnano in tutto il cosiddetto Occidente, grottescamente democratico.

Questo niagara suicida del pianeta avviene IN NOME DELLA LIBERTÀ, e nessuno ride: lo zombismo regna, comatoso e apparentemente irreversibile.

Ma un professore universitario non ha il diritto di esprimere i risultati di una ricerca tranquillizzante (la cui realtà dovrebbe fare la gioia di tutti) perché l'argomento dispiace alla circoncisocrazia globalista!! La libertà, la curiosa libertà, esiste solo per i finanzieri bolscevichi, per gli abortisti in pillole, per i fisici suicidi, per i pornografi, per i chimici alimentari e terapeutici e, in generale, per tutti gli inquinatori circoncisi e i goys che li seguono...

6. **Il FREUDISMO**, le cui realtà fisiologiche e in particolare endocrinologiche dimostrano la sua falsità e perversione, attacca la famiglia, abolisce, pornografa, deflora i nostri sentimenti più sacri, il rispetto per i genitori, le madri, i bambini e la loro innocenza.

Perché Freud non è mai riuscito a capire che l'uomo normale non è libero dalla sua famosa "libido", ma che essa è strettamente inquadrata in un insieme di regole di condotta e di pensiero che non le permettono di invadere le sfere nobili dell'esistenza: la famiglia, lo spirito di sacrificio e di amore che la anima, la conoscenza, il pensiero...

7. **Il marxismo** si sta diffondendo come i tentacoli di una piovra in tutto il pianeta. L'istruzione è ormai un terreno fertile per i consumatori-elettori che sono spesso ignoranti, a volte analfabeti o analfabeti, tossicodipendenti, clienti di discoteche, delinquenti e decerebrati tagliatori di vestiti...

Sotto la dolce maschera della neutralità e della tolleranza, il secolarismo ha da tempo sbarrato tutte le vie di accesso allo Spirito. Ho visto questa caduta verticale in quarant'anni di istruzione secondaria e superiore. Il secolarismo ha consegnato i bambini allo zombismo, al fanatismo rivoluzionario e all'ateismo. Questo è un ateismo non militante, indifferente, il vero ateismo dell'australopiteco o dello scimpanzé. L'ateismo militante è una religione fanatica, una partecipazione negativa al Sacro. Non si nega ciò che non esiste, non si esprime nulla. Il vero ateo non esprime nulla: il concetto di Dio gli è estraneo. L'ateo è un ribelle contro Dio. Purtroppo, al livello della sua intelligenza, ha buone ragioni per giustificarsi. Non c'è neutralità sul sito, che produce delinquenti di ogni tipo, dai tossicodipendenti ai politici da strapazzo, e gli insegnanti distillano il Santo Vangelo di Karl Marx e le fantasie freudiane.

Anche i film che mostriamo ai bambini, compresi i cartoni animati, non sono altro che esempi e incoraggiamenti alla violenza. La televisione inculca la superiorità del criminale ornato di tutte le virtù, vittima della società (è vero che li produce in serie).

I suoni frenetici e isterici di Michael Jackson e Madona, che promuovono il vandalismo e l'omicidio, vengono dati in pasto a una gioventù suicida, zombificata, senza ideali e senza speranza...

L'incitamento alla dissolutezza è ora opera degli stessi ministri circoncisi. Attraverso l'uso insidioso dell'AIDS e dei preservativi. Anche nelle scuole secondarie AI GIOVANI NON VIENE MAI DETTO CHE L'AMORE È L'UNICO MODO PER PREVENIRE L'AIDS.

E LA FEDELTÀ DELLA COPPIA. Non viene mai detto loro che la totale assenza di preoccupazioni sessuali prima dei diciotto anni è una regola assoluta. Se non viene rispettata, porterà a squilibri neuro-endocrini, spesso a uno stato di amorfismo leguminoso, degenerazione, abulia e, naturalmente, al PIACERE DI ESSERE SUGGERITO SPECIALMENTE DAI MEDIA. In breve, la disintegrazione fisica e psicologica.

Questo non impedirà a uno di questi degenerati naturalmente dotati di talento matematico di laurearsi al Politecnico e diventare... uno dei nostri ministri, schiavo di tutti i Maastricht...

L'omosessualità è diventata una virtù e non esitiamo a inculcare l'idea che chi non ha avuto la fortuna di nascere invertito (cioè malato di ghiandola!) è colpevole!

Vengono incoraggiati i vestiti scadenti. I nostri scolari sembrano sacchi di patate colorate, spesso diventano sorta di barboni, con jeans con i buchi alle ginocchia, e si insegna loro a essere ignoranti o a vergognarsi dell'eleganza...

Ovunque l'istruzione diventa un alibi per diffondere il messaggio della droga, della delinquenza, della pederastia, della pornografia e del terrorismo.

I libri di testo scolastici completano questa spregevole opera di distruzione: manicheismo politico, masochismo razziale antifrancese, condanna degli storici che cercano di guardare più da vicino le realtà della storia.

Soprattutto, ovviamente, se parliamo del SACRO MITO DEI 6 MILIONI DI CAMERE A GAS! L'85% dei tossicodipendenti sono giovani tra i 16 e i 25 anni. È interessante notare che l'80% dei crimini è commesso da extracomunitari, di cui una percentuale molto alta è costituita da africani.

Non l'abolizione della pena di morte, ma la PENA DI MORTE GENERALIZZATA PER INNOCENTI E POLIZIOTTI.

Eppure il 65% dei francesi l'ha rifiutata!

La maggior parte degli stupratori e degli assassini di bambini e bambine sono recidivi. Negli Stati Uniti, la recidiva degli assassini rilasciati è un problema enorme. In uno Stato che non ha la pena di morte, 72 agenti di polizia sono stati uccisi da gangster in un solo anno!

QUESTO È CIÒ CHE SI CHIAMA ABOLIZIONE DELLA PENA DI MORTE! La pena di morte non agisce come deterrente", ci dicono stupidamente i turificatori del sacro sistema della democrazia. Non è questo il problema: si tratta di epurare la società da persone particolarmente pericolose. I concetti di vendetta e giustizia non c'entrano nulla: non si possono lasciare in vita persone che potrebbero stuprare e uccidere tuo figlio in qualsiasi momento!

E come si può dire che la pena di morte non è un deterrente?

Come si potrebbe dirottare un aereo con 200 passeggeri con una piccola pistola se la pena di morte non fosse un deterrente?

Ci affidiamo allo specioso alibi delle statistiche, "quest'arte ufficiale della menzogna" come diceva Marc Blancpain. Ma da quando le statistiche ci vietano di pensare?

Hitler non avrebbe mai tollerato l'ombra di uno solo di questi orrori. Che libertà vietare il professor Faurisson e permettere la pornografia, gli assassini di vecchie signore, gli stupratori e gli assassini di bambine, i cantanti ignoranti e regressivi che fanno togliere i pantaloni a 70.000 zombie giudeo-cartesiani...!!

Il totalitarismo pseudo-giudaico assumerà proporzioni tentacolari: tutti i paesi occidentali sotto circoncisione approveranno una legge che proibirà a chiunque di esprimere il minimo dubbio sui *6 milioni di persone gassate* ad Auschwitz, pena il carcere. *Il Brave New World* di Huxley e 1984 di George Orwell saranno superati!

Tremate anche voi, ottuagenari tedeschi che avete cercato di condurre il vostro Paese fuori dal marciume di Weimar e l'Europa fuori dall'abietta degenerazione giudeo-cartesiana in cui, congelati, stiamo sopravvivendo alla fine del XX secolo. Domani, l'isteria "ebraica" vi cercherà nelle profondità del Sudamerica, in qualche remoto villaggio, per giudicarvi con il forte squillo di una tromba mediatica...

8. La droga si sta diffondendo liberamente, come ci ha rivelato la televisione, anche se è "ebraica" nella sua essenza, ed è gestita dall'Alta Finanza, la cui identità non è chiara a nessuno.

Mi è stato detto in una loggia, quando ero un massone ingenuo, che un fornitore di droga europeo era intoccabile perché aveva un rango ministeriale! La demonocrazia è una bella cosa!

Stavo pensando a quando un maresciallo di Francia, compagno di Giovanna d'Arco, fu impiccato e bruciato pubblicamente per pedofilia e omicidio di bambini.

Strana giustizia democratica dove tutti sono uguali, ma dove, come diceva Coluche, "gli ebrei sono più uguali degli altri"...

Armand Hammer Jr. e i suoi soci (che hanno finanziato il bolscevismo dal 1917, insieme a Warburg, Sasoon, Loeb, ecc.), che hanno creato il Partito Comunista negli Stati Uniti e non sono mai stati interrogati durante l'era Macarthy, non saranno mai impiccati per questo crimine supremo, che ha causato la morte di decine di milioni di persone. I GRANDI CRIMINALI NON SONO NELLE PRIGIONI MA NELLA SOCIETÀ LIBERALE, ha detto Carrel.

A volte sequestriamo un po' di eroina per dare l'impressione di fare qualcosa, ma l'essenza stessa di questa pseudo-democrazia rende impossibile perseguire una politica efficace per sradicare i re della droga e della produzione di droga.

Stanno persino organizzando dei paesi che ne traggano profitto, in modo da rendere irreversibile il processo di morte.

Eppure basterebbe che due fornitori di droga internazionali o addirittura nazionali venissero impiccati pubblicamente a Place de la Concorde in NOME DEI DIRITTI UMANI E DEI CITTADINI, e la questione sarebbe risolta.

Le signore anziane potrebbero andare a fare la spesa senza rischiare la vita e le madri non sarebbero più preoccupate per le loro bambine o i loro bambini.

Luigi XVI è stato decapitato sulla Place de la Concorde, ma un grande spacciatore di droga non vi sarà impiccato! In questa breve frase sta il simbolo della mistificazione della massa mondiale, che ha portato a due e probabilmente tre guerre mondiali, all'inquinamento diffuso di anime e corpi, a una degenerazione senza precedenti affogata in salsa socialpornografica.

9. La delinquenza è in aumento. Come potrebbe essere altrimenti tra giovani privi di basi spirituali e morali, nutriti di suoni isterici che portano al crimine, alla droga o al suicidio. In queste condizioni, la rottura delle coppie e l'infelicità dei figli non possono che aumentare in progressione geometrica.

A New York, la città più "circoncisa" del mondo, ci sono 600.000 tossicodipendenti REVERTED. Il che significa che questa cifra può essere raddoppiata.

Il suicidio è il secondo killer di bambini e adolescenti, dopo la dea meccanica, a cui ogni anno vengono offerti in olocausto migliaia di giovani...

PUNTI DI DETTAGLIO.

Chi oserebbe affermare che Hitler abbia tollerato qualcuno di questi crimini?

È LÌ, E IN NESSUN ALTRO LUOGO, CHE SI TROVANO. GLI IMMENSI CRIMINI DI LÈSE-HUMANITÉ E NON NELLA RICERCA ISTERICA E PARANOICA DI PSEUDO CRIMINALI DI GUERRA CHE HANNO FATTO DI TUTTO PER IMPEDIRLI!!

QUESTI CRIMINI SONO TUTTI CAUSATI DAL SISTEMA LIBERAL-SOCIALISTA, SOROS-MARXISTA.

10. Uno scrittore, Yann Moncomble, pubblica un libro intitolato LES RESPONSABLES DE LA TROISIRE Guerre MONDIALE.

Incriminato da coloro che aveva accusato (possiamo solo indovinare chi), è stato rilasciato al primo processo e in appello!

Il che dimostra che esiste ancora un residuo di giustizia, che alla fine verrà distrutto.

11. La medicina chimica, con i suoi effetti iatrogeni e teratogeni, regna su tutto il pianeta, con progressi molto concreti nella chirurgia, che viene utilizzata per gli abomini più spaventosi (furto di organi di bambini dai paesi del Terzo Mondo, traffico spaventoso di trapianti, ecc, traffico e esperimenti su bambini "non

nati" (vedi "Bébés au feu"-Apostolat des éditions, rue du Four 75006 Parigi).

La degenerazione biologica sta diventando abominevole da contemplare, come la sovrappopolazione incontrollata, che ha portato COUSTEAU a dire saggiamente che 300.000 persone dovrebbero scomparire ogni giorno per ripristinare l'equilibrio del pianeta.

LA POPOLAZIONE MONDIALE È CRESCIUTA QUANTITATIVAMENTE MA È SCOMPARSA QUALITATIVAMENTE.

"I concetti di salute e medicina sono radicalmente estranei l'uno all'altro", ha dichiarato il dottor Henri Pradal, esperto dell'Organizzazione Mondiale della Sanità. Ha vinto 17 cause contro le aziende produttrici di farmaci chimici, la maggior parte delle quali riguardano il campo terapeutico.

Basta dare un'occhiata al VIDAL per vedere il niagara degli "effetti collaterali", che spesso sono "più gravi della malattia che pretendono di curare", come hanno affermato molti medici stessi su riviste mediche specializzate. Ad esempio, gli estrogeni sintetici somministrati per un tumore benigno alla prostata provocano un cancro mortale e, prima della morte, un'ulcera gastrica... Questo è solo un esempio tra i tanti.

12. Regna l'antirazzismo, che CREA RAZZISMO SISTEMATICO. Consiste nell'imporre la mescolanza di etnie molto diverse, che è un CRIMINE FISIOLOGICO E PSICOLOGICO. Questo avviene a solo vantaggio del RAZZISMO SIONISTA, che non si preoccupa di massacrare gli arabi che sta imponendo all'Europa, a Dir Yassim, Sabra, Chatilla, nella Striscia di Gaza, in Cisgiordania e altrove, se gli fa comodo.

Sappiamo che la maggior parte degli spacciatori della regione parigina sono nordafricani o neri, per non parlare del loro sorprendente livello di delinquenza, stupri e furti...

Un mulatto omosessuale affetto da AIDS confessa 21 omicidi di donne anziane. Un negro stupra 32 ragazze.

La Francia si sta trasformando in Libano e molti comunisti votano... Le Pen!

13. I mass media e la televisione diffondono il "razzismo antirazzista", sempre antinazionale, il marxismo, il freudismo, la pornografia, la bruttezza, la violenza, l'immoralità, la musica patogena...

E TUTTO QUESTO SENZA IL MINIMO INTERVENTO DEI COSIDDETTI GOVERNI DEMOCRATICI!

14. Dal 1945, SENZA ALCUNA RESPONSABILITÀ DA PARTE DEI NAZISTI O DI VICHY, 150 GUERRE SONO STATE SVOLTE NELL'ORBITON LIBERALE DELLA BOLKSHIRE!!

Tutti conoscono questi orrori: l'India, la Corea, l'Ungheria, Cuba, il Congo, l'Iraq, l'Indocina, l'Algeria, il Biafra, l'Eritrea, il Libano... In una notte, la circoncisione mondiale è riuscita a mobilitare tutte le nazioni per difendere il loro petrolio in Kuwait...

Pochi giorni prima abbiamo lasciato che i cristiani in Libano fossero massacrati senza muovere un dito!!

Le nazioni si mobilitano solo per il denaro e il petrolio.

Mentre scrivo queste righe, l'ex Jugoslavia è in fiamme. L'idilliaca Europa del Trattato di Maastricht non è in grado di fermare questo terribile massacro: SI DEVE DICHIARARE CHE NON C'È PIÙ OLIO NÉ GIOVE LÌ...

Diciamo qualche parola sulla dolcezza della decolonizzazione.

Il Vietnam è un inferno da cui milioni di persone possono solo sognare di fuggire a rischio della propria vita. Il Laos è sprofondato in un'anarchia indescrivibile, la Cambogia ha vissuto il più crudele dei genocidi, UNENTITLED TO THERE, e sta subendo l'occupazione vietnamita, che ci fa rimpiangere il nostro colonialismo.

In Africa, i colonizzatori sono scomparsi, ma gli sfortunati neri sono stati privati di tutti i loro diritti e sono stati consegnati a massacri e carestie, e il Sudafrica "liberato" sperimenterà domani massacri interetnici e carestie. Il colonialismo in questo continente è mai stato più atroce di quello dei sovietici e dei cubani? In passato, abbiamo forse rubato le ricchezze naturali di questi poveri negri incapaci di sfruttarle, ma abbiamo portato la calma e l'agio generale.

Ora una cricca di politici locali e di delinquenti capitalisti sfrutta queste persone per il proprio profitto, facendo loro dimenticare la fame e fomentando l'odio fratricida.

Si parla di 200.000 morti in Ruanda... Qual è la situazione in Algeria oggi?

L'abbiamo visto nell'autunno del 1988 e negli anni successivi. Doveva essere un luogo felice se l'avessimo lasciato. Ma ahimè! Lì regna la rivolta, come in tutti i Paesi decolonizzati. Quando l'Algeria cerca di recuperare la sua tradizione attraverso elezioni democratiche, queste vengono annullate in modo molto democratico. La democrazia è una cripto-dittatura senza valori, che accetta solo se stessa.

NON ABBIAMO MAI IL DIRITTO DI SCEGLIERE DEMOCRATICAMENTE UN REGIME DIVERSO DALLA COSIDDETTA DEMOCRAZIA. QUESTO DOVREBBE ESSERE PERFETTAMENTE CHIARO A TUTTI.

IN UNA DEMOCRAZIA LE ELEZIONI VENGONO ANNULLATE PER IL VOSTRO BENE; NELL'URSS SIETE STATI GIUSTIZIATI PER IL VOSTRO BENE.

(da 6 a 8 milioni in una volta, come in Ucraina, se necessario)...

In Algeria abbiamo tradito un milione di europei e nove milioni di musulmani. Abbiamo rinunciato a un'agricoltura prospera, a città moderne, a strutture invidiabili e a miliardi di franchi di gas e petrolio che avevamo scoperto ma non siamo riusciti a sfruttare.

La miseria marxista regna ora in Algeria come domani in Nuova Caledonia, e saranno le stesse vittime a essere la forza trainante del loro suicidio.

L'INTERA AFRICA STA MORENDO LA SPECULAZIONE CAPITALISTA E IL MARXISMO ASSASSINO.

NON C'È SPERANZA PER QUESTI PAESI NELL'ATTUALE SITUAZIONE MARTELLO-MARXISTA...

Quando si conoscono le responsabilità dei circoncisi dell'ottavo giorno (e non degli ebreicolpevoli solo del peccato maggiore di tacere, a parte alcuni ebrei onesti che, come il professor Henri Baruk, non smettono di affermare che "Freud e Marx non sono ebrei"), dei liberali e dei marxisti nel massacro mondiale che ho appena descritto, si può allora prendere una bilancia e pesare il magma putrescente del mondo da una parte e i 6 *milioni di camere a gas*, presumibilmente veri, dall'altra.

SI VEDRÀ DA CHE PARTE PENDE L'ORRORE MASSIMO.

Questa sintesi di orrori massimi è difficilmente concettualizzabile a livello del cervello dell'uomo medio.

Ecco perché per convincere le masse zombificate basta mostrare loro il film "Nuit et Brouillard" e tutti gli altri sostituti che periodicamente spuntano, martellanti e ipnotici.

Eppure, in questi filmati non vediamo nessuno gasato, né alcun dispositivo di gasazione plausibile, ma prigionieri che muoiono di fame, miseria e tifo perché, come ho detto, era impossibile rifornire i campi con il crollo del Terzo Reich.

Ma lo spettatore, lo sfortunato telespettatore, SENZA CAPIRE CHE SOLO LA CAPITALE JEWISH È COINVOLTA IN QUESTI FILM DI PROPAGANDA OUTRECUDIANTI, reagisce come un cane a cui è stata data una polpetta per digerire una compressa di arsenico. Ripeto che tutti ignorano, e ci si chiede perché e come, che le stesse visioni di orrore erano presenti in tutte le principali città tedesche ridotte in cenere dagli Alleati.

La terribile sintesi esposta in questo libro SAREBBE STATA IMPOSSIBILE SOTTO IL TERZO REICH, PERCHÉ È L'ANTITESI RADICALE E ASSOLUTA DEL TERZO REICH.

Basta leggere MEIN KAMPF alla luce degli eventi attuali dell'ultimo mezzo secolo per esserne perfettamente convinti.

Questo è senza dubbio il motivo per cui questo libro è così democraticamente vietato.

L'obiettivo preciso di Hitler era quello di impedire a tutti coloro che avrebbero compiuto questi orrori mortali di uccidere l'umanità e il pianeta.

COMINCIAMO A CAPIRE PERCHÉ HEIDEGGER È RIMASTO IN SILENZIO.

Aveva già iniziato a tacere nel 1936. L'avvento di Hitler gli restituì la speranza. Speranza infranta, doveva tacere.

Già nel 1936 Heidegger prevedeva l'"ammaliamento finale" della modernità nel "gigantismo" di un "pensiero pianificatore e calcolatore", ignaro dell'Essere, che si dispiega attraverso la tecnica, la scienza e l'economia moderna, affermando la sua volontà di potenza basata sul concetto cartesiano di soggettività che "incentra il sapere sulla ragione umana considerata come strumento di misura universale e sistematico". L'animale razionale si tecnicizza, "l'espansione cancerogena dell'uomo e dell'economia delle macchine" desertifica il pianeta, generando massificazione, sradicamento, noia e monotonia, e il Soggetto diventa l'Oggetto del suo dominio, cercando di superare la sua angoscia, di riempire il suo vuoto interiore, attraverso "esperienze vissute", nell'affare culturale della ricerca della velocità, della performance e di ogni forma di DROGA.

Comprese le droghe stesse...

Riassumiamo per una migliore comprensione e ripetiamo se necessario.

Ci si chiede come gli esseri umani abbiano potuto lasciarsi trasportare a un tale livello di stupidità.

È TUTTO LUMINOSO COME IL SOLE. È TUTTO EVIDENTE.

Tutte le prove sono lì davanti a noi. Una settimana sulla stampa, in televisione, guardandosi intorno, può convincere anche uno sciocco.

Gli esseri umani sono ormai sub-imbecilli, animali da cortile? È vero che quando si vede che film abietti come LES VALSEUSES o ORANGE MÉCANIQUE possono avere successo presso le masse, si pensa che TUTTO È PERSO. Né sotto Hitler, né sotto il maresciallo Pétain ("Voglio liberare i francesi dalla più vergognosa delle tutele, quella della finanza") avremmo conosciuto la TOTALE SCHIAVITÙ DEL denaro, la vendita di armi a tutto ciò che si stermina da solo, la crescente disoccupazione che aumenta geometricamente e che non smetterà mai di crescere perché è il prodotto del sistema, la sistematica chimicizzazione di cibo e medicine, che colpisce l'uomo a livello cromosomico, i giovani che si drogano e si uccidono a migliaia, l'aborto self-service, la pillola patogena e teratogena (Pr Jamain), il traffico di bambini ritenuti non nati, utilizzati per la vivisezione e gli esperimenti di laboratorio, e gettati a 7 mesi "quando iniziano a camminare" negli inceneritori...

La pillola non solo è patogena in generale, ma provoca anche blocchi ovarici, crescita stentata, sterilità, frigidità e, naturalmente, un aumento esponenziale delle malattie veneree, che attualmente portano all'AIDS, e altre malattie virali che uccideranno senza appello, l'abulismo freudiano in disfacimento, la pornografia e l'ombelicismo, l'enciclopedia sessuale di Kahn-Nathan (coadiuvato da una dozzina di circoncisi: Lwoff, Simon, Berge, ecc.), i terroristi che uccidono simbolicamente il capo di Stato italiano, il capo dell'industria tedesca, l'ex viceré dell'India, la presa marxista che stermina le persone per il loro bene, la produzione di massa da parte del laicismo di amalgami fisico-chimici che domani voteranno per cantare i gulag o qualsiasi altra impostura, con il pretesto del "cambiamento" predicato da politici stupidi, un aumento vulcanico di dementi, delinquenti, omosessuali, asessuali, drogati dalla chemioterapia, dalle carenze vitaminiche, dalla diseducazione, dalla masturbazione incoraggiata da TORDJMANN (mentre sappiamo che gli schizofrenici sono tutti masturbatori e che la masturbazione stupefa irreversibilmente, il che non impedisce ad alcune specie di diventare politecnici), ragazze di quinta elementare incinte (6800 tra i 13 e i 17 anni solo nel 1978), un bambino di 11 anni che ha violentato e ucciso una bambina, e quanti altri casi simili aumentano con il passare del tempo!

Casi eccezionali? Non è questa la realtà. Sono sintomi di uno stato globale: il deplorevole stato dell'Occidente giudeo-cartesiano.

Aggiungiamo che la famosa vicenda del sangue contaminato sarebbe stata impossibile sotto il nazismo. (Se fosse accaduto, la circoncisocrazia mondiale ne parlerebbe ancora tra 3.000 anni).

In primo luogo, perché Hitler avrebbe punito i responsabili con il massimo rigore. In secondo luogo, perché la pulizia del regime ne avrebbe impedito la germinazione. SOTTO HITLER, IL TERRORISMO E LA PORNOGRAFIA DELLA SOCIETÀ ATTRAVERSO LA PILLOLA E I PRESERVATIVI NON SAREBBERO MAI STATI POSSIBILI: AVEVA UN SENSO TROPPO GRANDE DELLA BELLEZZA E DELLA PUREZZA DELLA SUA GIOVENTÙ PER DEGRADARLA IN QUESTO MODO. Solo coloro che sono circoncisi l'ottavo giorno e gli imbecilli goy che li seguono potrebbero attuare una tale consumata immoralità.

TUTTO QUESTO È L'ESPRESSIONE STESSA DEL LIBERAL-BOLSCEVISMO.

Le masse "quantitative" affonderanno nei loro rifiuti domestici, nel nucleare, nell'amalgama psicologica dei sessi e nella morte della maternità (Gurgi-Eliachev, conosciuto come Françoise Giroud e Élisabeth Badinter), nella pornografia, nell'ipnosi mediatica, con il suo oceano di menzogne e di condizionamenti permanenti, in tutti i film dell'"OLOCAUSTO", anche tutto questo scempio nasce dal giudeo-cartesianesimo.

Niente più giudizio, niente più cultura, un sistema politico e universitario che può reclutare solo zombie perché si basa sulla farsa del suffragio universale e della mnemotecnica...

Ahimè, questi sfortunati popoli zombificati non possono nemmeno più capire cosa li sta distruggendo, essendo totalmente privi della capacità di sintesi. Moriranno a causa della loro S.I.D.A., sui rifiuti domestici, iniettandosi sostanze chimiche o assumendo droghe, gridando "viva la democrazia"...

L'economia nazionale sarà liquidata, tutti i paesi saranno posti sotto il dominio dell'alta finanza, che ha spazzato via le piccole imprese, gli artigiani e i contadini...

NATURALMENTE, NULLA DI TUTTO CIÒ FA PARTE DEL PROGRAMMA DEL MEIN KAMPF.

Durante il vostro programma "Océaniques", un partecipante ha detto: "parlare di spiritualità all'interno del nazismo è di una rara incoscienza".

All'ingenuo che ha pronunciato questa sciocchezza direi che è di un'incoscienza mamoutesca se non trova in questo regime in cui sono stati ripristinati la pulizia, la famiglia, l'onore, il lavoro e gli ideali I PREMESSI FONDAMENTALI DI UNA VERA SPIRITUALITÀ TOTALMENTE ISOLATA DA TUTTI I CONCETTI MATERIALI CHE CI HANNO GIA' ESTERMINATO.

Nessuna spiritualità può germogliare nel magma putrescente del materialismo liberal-socialista, la cui sintesi aberrante e suicida ho appena delineato.

Hitler sapeva che la GRANDE DOGMATICA risiedeva nel rispetto della natura e non nei dogmi cultuali. Non mangiava carne perché sapeva che non si parla a Dio con la bocca piena di sangue...

La Chiesa stessa ha perso ogni lucidità, ogni senso morale. Il diritto canonico, che è puramente formale, è suicida come il diritto pubblico, e i suoi richiami a piene mani ai diritti dell'uomo, che vengono costantemente calpestati per tutti tranne che per i CIRCONCORSI DEL GIORNO 8, DIMOSTRANO SERIAMENTE LO STATO DI FALLIMENTO CARICATURALE IN CUI SI TROVA A VIVERE...

CHI ERA HITLER?

Se fate questa domanda a qualcuno, qualunque sia il suo livello sociale, o quello che chiamiamo per inflazione semantica il suo livello culturale di istruzione ufficiale, scoprirete che non ha MAI letto il "Mein Kampf", e a maggior ragione che non ha mai confrontato il suo testo con l'attualità degli ultimi sessant'anni del XX secolo.

Inoltre, scoprirete che, proprio come una slot machine, vi darà esattamente gli stessi risultati di chiunque altro, e il più delle volte negli STESSI TERMINI.

Siamo sbalorditi nel constatare che l'effetto del condizionamento da parte dell'editoria, dei media e dell'istruzione HA UN EFFETTO SUBLIMINALE SU TUTTI. Questo è un esempio lampante dello sradicamento totale di TUTTA LA LIBERTÀ.

IN REALTÀ NESSUNO SA CHI SIA HITLER.

Sappiamo che nel 1917 i banchieri americani circoncisi Warburg finanziarono contemporaneamente gli Alleati, i tedeschi e la rivoluzione bolscevica. Arrivarono poi in Europa nel 1919 come negoziatori di pace.

Tutti i banchieri circoncisi Warburg, Schiff, Loeb, Sasoon e altri finanziarono le squadre politiche circoncise che portarono alla rivoluzione bolscevica. Questo processo di finanziamento, con capitali e fabbriche chiavi in mano, è continuato ininterrottamente fino ai giorni nostri (si vedano gli articoli di Le Point e L'Express su "LE MILLIARDAIRE ROUGE HAMMER"). Abbiamo anche ricordato che, sotto lo stalinismo, 50 boia ebrei nelle carceri e nei campi di concentramento hanno sterminato decine di milioni di Goy, come testimonia Solzhenitsyn nel II volume di *Arcipelago Gulag*.

Nel 1918, la Germania fu strangolata dal TRATTATO DI VERSAILLES: fu da "questo progetto di saccheggio", come disse il ministro britannico Lloyd George, che emerse la vocazione ASSOLUTAMENTE SINCERA E DISINTERESSATA di HITLER.

Mi viene in mente un aneddoto molto significativo, raccontatomi da uno dei miei zii, un medico ebreo.

Prima che Hitler fosse imprigionato a Norimberga, dove scrisse *il Mein Kampf*, durante il processo un giudice gli chiese: "Cosa vuole, signor Hitler, un posto di ministro? Al che Hitler rispose: "SAREI MOLTO IMPROPRIO, SIGNOR GIUDICE, SE VOLESSI SOLO UN POSTO MINISTERIALE"...

Voleva liberare il suo Paese e il mondo dalla dittatura del dollaro, di cui tutti i MAASTRICHT ci hanno reso schiavi fino ad oggi. NON voleva che l'Europa fosse ridotta in servitù, sgretolandosi sotto il peso di debiti mostruosi. Non voleva che questa dittatura distruggesse le agricolture nazionali che sono la ricchezza fondamentale di questi Paesi. Hitler è stato sconfitto dal potere circonciso rothschildo-marxista che gli aveva apertamente dichiarato guerra fin dal 1933, come testimonia senza contestazioni la stampa statunitense.

In effetti, fin dal 1933, la stampa americana ha riferito che gli "ebrei" erano in guerra con Hitler, il cui sistema SELFISH (l'unico sistema valido per qualsiasi Paese che deve essere sempre in grado di vivere con ciò che produce da sé) era un sistema di autoproduzione. Inoltre, solo il cibo cresciuto nel luogo in cui vive un gruppo etnico ha un valore fisiologico, una garanzia di salute, per quel gruppo etnico. Un'altra legge della natura che Hitler aveva compreso perfettamente) era un incubo per loro. In un noto libro si auspicava addirittura il genocidio dei tedeschi, a cui Lech Walesa ha recentemente fatto una potenziale allusione, nel silenzio dell'ALTA COSCIENZA INTERNAZIONALE...

(Se avesse parlato della possibilità di massacrare i "cattivi" ebrei invece dei "cattivi" tedeschi, avremmo sentito la cosiddetta ALTA COSCIENZA INTERNAZIONALE urlare dal Polo Nord al Polo Sud...

Ma non una parola da BERNARD HENRY LEVY, il campione dell'umanità...

Chi conosce questo libro? I riferimenti si trovano nelle opere di Faurisson e nelle Annales révisionnistes in particolare.

Abbiamo già menzionato il fatto che durante l'occupazione dell'Europa nel 1945, i russi e gli americani fecero dello stupro e del massacro un'istituzione nelle comunità tedesche. Sappiamo che le truppe tedesche avevano posto come regola assoluta il divieto di stupro in territorio nemico, pena la fucilazione sul posto, sia che si trattasse di soldati che di ufficiali.

LA GUERRA È STATA DICHIARATA A HITLER PERCHÉ VOLEVA STABILIRE UN NUOVO ORDINE EUROPEO DAL QUALE LA SPECULAZIONE PARASSITARIA CIRCONCISA SAREBBE STATA RADICALMENTE BANDITA.

L'unico valore sarebbe il LAVORO, non il denaro.

QUESTA FU L'UNICA VERA CAUSA DELLA GUERRA DEL 1939.

Ufficialmente, la guerra fu dichiarata contro di lui perché voleva Danzica, un territorio tedesco, Posnania, un territorio tedesco in Polonia dove i tedeschi venivano maltrattati e persino uccisi, e l'Austria, che voleva essere annessa al Reich e non ha mai nascosto il fatto...

La Germania non aveva più alcun impero coloniale, mentre gli Stati Uniti avevano da tempo imposto la loro egemonia mondiale e l'Inghilterra aveva un impero coloniale "su cui non tramontava mai il sole", e le terre di lingua ed etnia tedesca erano integrate in Paesi stranieri. Questo fu il caso dei Sudeti in Cecoslovacchia, il cui governo massonico fu una vera e propria spina nel fianco del Terzo Reich. Questo fu il suo crimine, come analizzato da qualsiasi uomo onesto, anche se ebreo. Ma quando Stalin era nella Polonia orientale e giustiziava TUTTI GLI UFFICIALI POLACCHI con una pallottola tedesca (!) nella nuca o navi appositamente affondate nell'Antartico, la solleticante coscienza internazionale, QUELLA PUTTANA PRODIGOSA, che ho sempre visto solo lamentarsi dei miei simili, russava, probabilmente per non sentire il rumore delle pallottole.

Non ho MAI visto un solo presidente della Ligue des Droits de l'Homme (Lega dei Diritti dell'Uomo) pronunciarsi ripetutamente contro questo crimine di lèse-humanité (e tanti altri negli ultimi 50 anni!), che non permette di mettere in discussione il mito sacrosanto dei *6 milioni di camere a gas!*

Inoltre, l'aritmetica dei diritti umani è semplice: 60 milioni di stranieri (non contestati) da parte di KAGANOVITCH e consorti (ebrei) sono meno di 6 milioni di ebrei (contestati) da HITLER.

Questa premessa ubuesca riassume l'isteria paranoica degli ultimi 50 anni in ogni campo.

Henri Bergson, il filosofo "ebreo", ammonì gli ebrei tedeschi nel 1921.

Disse loro che il loro numero era sproporzionato, che il loro potere amorale e asincratico era pericoloso per loro e che se non avessero cambiato comportamento, avrebbero scatenato una terribile ondata di antisemitismo...

Questo avveniva dodici anni prima dell'avvento del nazismo.

Il professor Baruk, lo psichiatra ebreo, mi ha detto spesso che "Hitler è stato lo strumento di Dio per punire gli ebrei che non erano più ebrei". Quante volte mi ha detto: "FREUD E MARX NON SONO EBREI".

Li considerava giustamente dei mostri extradimensionali, gravemente malati di mente.

Ricorderò sempre la consegna delle armi da parte dei tedeschi a Henri Bergson, il filosofo "ebreo" durante l'occupazione.

I tedeschi sapevano riconoscere i valori, anche negli ebrei, e non ho dubbi che il mio spirito di sintesi mi abbia fatto guadagnare il titolo di ariano onorario...".!

SOTTO LA REPUBBLICA DI WEIMAR TUTTO ERA ROTTO E IL CIRCONCORSO DELL'8° GIORNO HA MANIPOLATO TUTTO.

È UN DATO DI FATTO.

OGGI IL FENOMENO È IDENTICO, MA INFINITAMENTE PIÙ GRAVE, PERCHÉ LA REPUBBLICA DI WEIMAR HA LE DIMENSIONI DEL PIANETA.

Non posso immaginare che Louis Rougier, Gustave Thibon o io stesso saremmo stati invitati a questo programma delle Océaniques. Nemmeno Maurice Bardèche sarebbe stato invitato, eppure non c'era alcun rischio: sarebbe stato schiacciato dalle leggi Pléven e Marchandeau, ora consolidate dalla legge Fabius-Gayssot, totalmente dittatoriale, radicalmente razzista e antidemocratica.

Questa legge contiene anche un grave VIZIO DI FORMA (vedi lettera al Presidente del Senato, a lato). Il Tribunale di Norimberga non è mai stato INTERNAZIONALE ma INTERALLICO, il che è fondamentalmente diverso. Un tribunale di vincitori che giudica i vinti!!! Quale può essere il valore oggettivo e morale di un simile tribunale?

Personalmente, non mi importa di queste leggi: per quanto ne so, non c'è ancora nessuna legge che vieti a un ebreo o a un patavino di dire ciò che pensa del proprio popolo di fronte alla sconcertante realtà dei FATTI.

In Germania c'erano quindi 6 milioni di disoccupati, ai quali Hitler diede pane, ideali e dignità.

Quando si vede l'orribile degenerazione biotipologica e bluejeanous in Francia, negli Stati Uniti (nel maggio 1994 una scrittrice americana ha pronunciato la seguente imprecazione: "Conoscete un americano che abbia un orgasmo?), in Italia, Germania, Inghilterra e Spagna, è straziante vedere che l'UNICA persona che è quasi riuscita a estirpare il marcio nel suo Paese viene definita CRIMINALE, PERSEGUITO 50 ANNI DOPO NELLA PERSONA DEGLI OTTUAGENARI CHE LO HANNO SERVITO, MENTRE COLORO CHE HANNO RIDOTTO L'UMANITÀ ALLO STATO DI ATROCI HOMUNCULI GRAZIE A UNA FONDAMENTALE IGNORANZA DELLE LEGGI DELLA NATURA E DI TUTTE LE REALTÀ, TIRANO TUTTI I FILI DELLA FINANZA, DEL GOVERNO, DELLA GIUSTIZIA E DEI MEDIA...

Mi viene in mente questa frase di Nietzsche:

"La storia di Israele è inestimabile e tipica per quanto riguarda la distorsione dei valori naturali. Gli ebrei hanno un interesse vitale a far ammalare l'umanità, a capovolgere la nozione di bene e di male, di verità e di menzogna, in modo pericoloso e calunnioso...".

La stampa, la televisione, i media, l'istruzione e l'editoria ci forniscono ogni giorno un Niagara di esempi di ciò che Nietzsche ci dice, così come Dostoevskij. ("Tra cento anni non resteranno che la banca ebraica e il deserto")...

George Steiner, che era presente a questo spettacolo oceanico, si spinge ancora più in là. Per questo faccio fatica a capire la sua solidarietà con questo programma. Nel suo libro "Il trasporto di A.H." (Adolphe Hitler) Steiner è assolutamente lucido. Il capitolo

XVII è un riassunto supremo della tragedia ebraica e da qualche parte nel libro ci si imbatte in questa formula folgorante:

"PER 5000 ANNI ABBIAMO PARLATO TROPPO, PAROLE DI MORTE PER NOI STESSI E PER GLI ALTRI...".

***

In Germania c'era un parlamento eletto dalla nazione.

I referendum dimostrarono che milioni di tedeschi erano dalla parte di Hitler. I 6 milioni di disoccupati riacquistarono la loro vera libertà e dignità umana lavoro felice.

Prima del 1940, i lavoratori europei non hanno MAI avuto condizioni di vita migliori (chiedete ai tedeschi di quella generazione, la mia generazione) di quelle del Terzo Reich: alloggi decenti (non i bidoni della spazzatura delle case popolari), biblioteche eccellenti, strutture sanitarie e di sicurezza ultramoderne.

Allo stesso tempo, milioni di lavoratori francesi e belgi marcivano i polmoni nei capannoni industriali e ospitavano le loro famiglie in alloggi insalubri, se non addirittura in baraccopoli. Le fabbriche del Terzo Reich avevano i loro giardini di riposo, le loro piscine, il loro personale liberato dalla tirannia dei politici e dei sindacati. Avevano più sicurezza sociale e ferie pagate che altrove.

LA FAMIGLIA TEDESCA È DIVENTATA UN'UNITÀ DELLA SOCIETÀ.

È totalmente infranto nel mondo cosiddetto "democratico" alla fine di questo secolo. Le donne avevano il diritto di badare alla casa e ai figli. Niente droghe, niente educazione immorale laico-marxista, niente preservativi, niente S.I.D.A., niente Madona, niente Michael Jackson, niente vestiti trash, niente blue jeans LEVIS...

Niente matrimoni stupidi, niente divorzi stupidi, niente figli distrutti dal dolore, dalla disoccupazione, dalla droga e dal suicidio.

Oggi il professor Heuyer ci ha detto che tutti i bambini portati in tribunale erano figli di coppie separate, a causa del divorzio o del lavoro intensivo della madre fuori casa.

Chiunque può rendersene conto, anche chi non ha problemi economici.

I bambini sono stati quindi completamente salvati dall'abisso di degenerazione in cui stanno precipitando: droga, pornografia, terrorismo, suicidio, alcol, disoccupazione ed epistemologia, in cui sono imprigionati dalla libertà dei diritti umani della circoncisionocrazia globalista.

Non dico "Giudeocrazia" perché non lo ripeterò mai abbastanza, tutta la speculazione ROTHSCHILDO-MARXO-FREUDO-EINSTEINO-PICASSISTA È ERETICA E CRIMINALE PRIMA DELLA THORA. Io rimprovero solo ai veri ebrei di non averla fatta.

Nella Germania nazista, essere madre di molti figli era un onore, non un peso doloroso. Spesso stuprano, rubano e vendono droga nelle scuole, mentre le nostre adolescenti abortiscono e prendono pillole che sono patogene in generale e cancerogene e teratogene in particolare.

Il tasso di natalità tedesco raggiunse 1.800.000 unità, mentre quello francese fu di 600.000 unità. Hitler progettò il Maggiolino Volkswagen, che divenne l'auto più popolare in Europa. Ancora oggi lo vediamo dappertutto e divenne persino il protagonista dei film americani!

L'operaio si sentì rispettato e i 6 milioni di comunisti tedeschi divennero sostenitori del Führer. La riforma sociale e morale che Hitler realizzò in pochi anni liberando il suo popolo da tutti i condizionamenti liberal-bolscevichi è sbalorditiva.

Chiunque in buona fede abbia studiato il problema sarà d'accordo con me. Solo la deliberata negazione della verità, solo il condizionamento di menti incapaci di probità, può non riconoscere questo fatto evidente.

Per comprendere appieno, è necessario studiare ciò che Hitler voleva fare e ciò che fece contro ogni previsione. Bisogna aver letto MEIN KAMPF, che oggi lascia stupefatti per la sua lucidità di fronte alla realtà nazionale e internazionale, e bisogna aver letto MITO DEL XX SECOLO di Rosenberg, per vedere la putrescenza globale dei 50 anni che seguirono la guerra...

Questo ci riporta alla mente le parole del ministro di Hitler, che si suicidò con la moglie e i figli: "Non dobbiamo permettere che i nostri figli vivano nell'orribile mondo che gli ebrei prepareranno per loro d'ora in poi"...

Senza questa conoscenza, NESSUN DIALOGO sul nazismo è possibile.

A questa sintesi elementare di informazioni, che nient'altro che la probità mi ha preparato a ricevere, vanno aggiunti gli elementi essenziali del lavoro degli storici revisionisti. Ciò che è rivelatore di queste opere non sono nemmeno le opere stesse, MA L'INCREDIBILE ISTERIA CHE LA SEMPLICE NEGAZIONE DELLE CAMERE DEL GAS E LA CIFRA BOURSOUFLYED DI 6 MILIONI DI DISCHIUSURE. LA MALAFEDE, L'ISTERIA E IL RIFIUTO CATEGORICO DI PARLARE SONO MOLTO PIÙ CONVINCENTI DEI FATTI TECNICI E ARITMETICI, CHE NON LASCIANO SPAZIO A DUBBI.

Poiché gli elementi essenziali di Hitler sono unici nella storia di una ripresa (come ha espresso il presidente del Bundestag, Jenninger, che li ha pagati offrendo subito il suo posto a un'ebrea), e poiché tutti i parametri della circoncisione di questi 50 anni dimostrano che Hitler aveva ragione in tutto ciò che è essenziale, ai media e agli editori dello stivale circonciso non resta che accusare Hitler di satanismo e tromboneggiare lo pseudo-olocausto nelle forme più diverse e prepotenti. Se solo gli "ebrei" facessero lo stesso per i 60 milioni di russi sterminati da Frenkel, Yagoda, Firine, Jejoff e dalla cinquantina di "ebrei" del sistema carcerario e concentrazionario sovietico, ci sarebbe un equilibrio e potremmo sopportare questi osceni clamori "monumentali", televisivi, cinematografici, "celebrativi", eccetera?

Ma non è questo il caso.

Per quanto riguarda la prima accusa, in un contesto razionalista, non si può dimostrare nulla. Quanto alla seconda, la forza del clamore agisce in modo ipnotico e subliminale, e il condizionamento delle masse è perfetto...

Ma sta iniziando a rompersi gravemente...

Per il momento, Hitler sarà per l'uomo di massa, compresi gli accademici e i politici, ciò che la carne di maiale è per il musulmano.

Ricordo che prima della guerra, in Germania, si poteva lasciare la bicicletta contro un muro, senza lucchetto, e riprenderla la sera: la si trovava intatta. Oggi si cerca di lasciare l'auto anche chiusa a chiave in certe città, in Italia per esempio, ma anche altrove, e vedremo cosa succederà!

***

Il Papa ha condannato il nazismo nell'enciclica MIT BRENNENDER SORGE. Quali sono i motivi di questa condanna?

L'orgogliosa apostasia da Gesù Cristo, la negazione della sua dottrina e della sua opera redentrice, il culto della forza, l'idolatria della razza e del sangue, l'oppressione della libertà e della dignità umana.

Qual è la realtà di queste accuse PRIMA DEI FATTI?

Certo, Hitler non credeva nella dottrina di Cristo, che gli era sempre sembrata un platonismo abortito e pervertito. La morale eterna gli sembrava distorta dalla dottrina del Vangelo, che avrebbe stravolto il concetto di carità e di onore, consegnando gli uomini alla speculazione atea ebraica, al coccolare gli imbecilli, a stroncare sul nascere i veri geni (menti di sintesi e senso morale).

La redenzione gli sembrava la più assurda delle credenze, soprattutto perché l'uomo non è mai stato così malvagio e regressivo come da 2000 anni a questa parte. Come poteva redimere i malvagi commettere il peggior crimine di tutti, cioè CROCIFICARE DIO?

In nome di Cristo sono stati commessi i peggiori stermini che il paganesimo aveva ignorato, così come ignorava totalmente la nozione razzista lasciataci in eredità proprio dagli ebrei, che non appartengono a nessuna etnia e tanto meno a nessuna razza, poiché queste non esistono, come l'endocrinologia mi ha dimostrato senza appello.

Hitler adorava la forza morale e spirituale, non la forza bruta, che aborriva. Il suo concetto di forza era di natura spirituale e non fu lui a dire, riferendosi al Vaticano, "quante divisioni", ma Stalin!

Egli ha voluto ESACERARE il concetto di protezione etnica della "razza" bianca (questa parola può essere usata per i 4 diversi colori della pelle, ma non deve avere nessun altro significato). È facile capire perché ciò avvenga oggi, quando la miscegenazione è istituzionalizzata. È questa miscegenazione che porterà alle forme più spaventose di razzismo, create da pseudo-antirazzisti.

Il suo razzismo era un riflesso difensivo contro il prodigioso razzismo ebraico che ci ha investito senza sosta per 5000 anni e che ora ci impone l'immigrazione di massa di musulmani, neri, asiatici ecc.

Per quanto riguarda la libertà e la dignità, le ha restituite a un intero popolo che gli è stato grato. I documentari dell'epoca mostrano la visione chiara dei giovani tedeschi che hanno riscoperto i loro ideali, la loro dignità e il loro scopo.

Guardate i nostri bluejeaners unisex, schifosi, crespi, collassati, da discoteca, drogati, NON POTETE VEDERE LA DIFFERENZA????

IN REALTÀ, TUTTO CIÒ CHE È CONTENUTO NELL'ENCICLICA MIT BRENNENDER SORGE SI RIFERISCE PERFETTAMENTE AL BOLSCEVISMO E NON AL NAZISMO. HITLER DISSE: "SONO STATI LA CHIESA E I PRINCIPI A CONSEGNARE IL POPOLO AGLI EBREI".

Non era ateo come i leader e gli ideologi bolscevichi.

Quanti dettagli!

Pio XII era perfettamente consapevole di tutto questo quando disse: "Solo la Germania e il Vaticano possono salvare la civiltà, la prima militarmente, il secondo spiritualmente". E più tardi: "La Germania combatte per i suoi amici E PER I SUOI NEMICI, perché se il fronte orientale crolla, il destino del mondo è segnato".

È crollata e guardate in quale fogna liberal-marxista ci troviamo... Quanto alla Chiesa, non è sopravvissuta a Pio XII ed è crollata nel 1945.

Scoppiò come una mela marcia. NESSUNA PAROLA per salvare dal plotone d'esecuzione gli ultimi Cavalieri d'Europa che si erano uniti alla L.V.F. e alla Milizia dei Marescialli per combattere il bolscevismo e preservare i valori umani essenziali. D'ora in poi, questo fantasma della Chiesa assumerà il manto dei politici e vestirà Israele con il manto dell'innocenza.

Il Papa bacerà le gengive del rabbino capo mentre Rothschildo-Marxo-Freudo-Einsteino-Picassismo finirà di sterminare tutti i valori cristiani, con la benedizione del Vaticano...

Solo un ritardato mentale potrebbe affermare che Hitler non aveva essenzialmente ragione. È vero che il giudaico-cartesianesimo ha prodotto un mondo di difetti...

I nazisti non hanno in alcun modo disonorato l'umanità. SONO CERTO CHE CHIUNQUE SIA IN BUONA FEDE E CONOSCA

LE ATTIVITÀ MONDIALI DEGLI "EBREI", IN PARTICOLARE DOPO LA RIVOLUZIONE FRANCESE, SARÀ D'ACCORDO CON ME.

Coloro che mentono su Hitler, facendo leva sull'inadeguatezza mentale della grande maggioranza degli esseri umani - quella diabolica tastiera su cui gli "ebrei" suonano come stupefacenti virtuosi - sono disonorevoli.

Sono la causa di milioni di morti, degenerazioni e crolli.

L'attuale morte degli agricoltori francesi, e di quelli americani, è direttamente collegata alla politica giudeo-statunitense.

Inoltre, devono ripetere le loro interminabili e disgustose geremiadi auschwitziane attraverso i media per continuare a estorcere enormi somme alla RFT, somme che il Paese non ha mai pagato, stabilendo la loro egemonia sul dogma della miscegenazione istituzionalizzata, con le loro onnipresenti lagne antirazziste, CHE NON NASCONDONO IL LORO MEGALOMANIACO RAZZISMO.

Senza dubbio migliaia di ebrei morirono nei campi (il 70% erano tedeschi a Dachau) e tra la Polonia e la Russia, sterminati dall'esercito tedesco e dagli inglesi.

Non ci è dato sapere quante volte i tedeschi in marcia contro la Russia siano stati accolti come liberatori!

Per quanto riguarda il ciclone B, *con 6 milioni di camere a gas*, rimarrà la più fantastica menzogna storica della storia.

Aggiungiamo che se questi "6 milioni" fossero veri, sarebbero solo un "piccolo punto" rispetto ai crimini extradimensionali di lèse-humanité che ho appena brevemente delineato.

Questi crimini raggiungeranno il loro apice: inquinamento globale multiforme, guerre civili, guerre multiple, massacri interetnici, disoccupazione esponenziale, senza escludere una terza guerra mondiale che situazioni come quella della ex-Jugoslavia potrebbero generare.

PUNTO DI DETTAGLIO, CERTAMENTE

La vera democrazia sarebbe un accordo, una simbiosi perfetta tra i leader e la nazione.

Come dimostrano i fatti, il nazismo era una vera democrazia da questo punto di vista. Hitler fu eletto in modo perfettamente legale e costituzionale.

Esisteva una situazione simile nel 1984 e negli anni successivi? Tutte le categorie socio-professionali erano in strada.

Agricoltori, insegnanti, controllori del traffico aereo, infermieri, studenti, ecc.

A parte i finanzieri e i politici, le cui tasche si riempiono mistificando la scheda elettorale, nessuno è soddisfatto.

E non parliamo della maggioranza essenziale dei giovani: sono perfettamente soddisfatti: disoccupazione, droga, suicidio, il tutto immerso nei ritmi frenetici di una "musica" stupida, regressiva, patogena e criminogena...

VIVA LA DEMOCRAZIA!

Se Heidegger è rimasto in silenzio, è perché sapeva che nel percorso suicida che l'umanità stava intraprendendo, NON C'ERA PIÙ NULLA DA DIRE.

Né era all'oscuro dell'INEPTIA TECNICA ARITMETICA *delle camere a 6 milioni di gas*.

Sapeva che la SCIENZA NON PENSA e, come ho aggiunto, che "nemmeno la FINANZA PENSA"...

Senza una vera élite spirituale, la finanza diventa uno strumento di morte per l'intera umanità.

Sapeva che il nazismo era stata l'ultima possibilità per l'umanità, l'ultimo sforzo per far risorgere una società tradizionale secondo l'ordine della natura, ma che i cervelli di persone indurite dal giudeo-cartesianesimo non avrebbero capito una sola parola, nonostante l'ovvietà... Nell'agonia mondiale che avrebbe seguito il 1945, Brazillach sarebbe stato fucilato e gli "ebrei" si sarebbero rifiutati di capire.

Ma Hitler non ha forse detto:

"L'obiettivo della finanza ebraica internazionale è quello di dissolvere le economie nazionali e portarle sotto la sua egemonia, per poi, attraverso pseudo-democrazie, spingere tutti i Paesi verso il marxismo".

E ancora:

"Se gli ebrei, con la loro professione di fede marxista, prenderanno in mano le redini dell'umanità, presto non ci saranno più esseri umani sul pianeta, che riprenderà il suo corso nell'etere come ha fatto milioni di anni fa"...

Avvicinandomi alla mia conclusione su tutte queste "questioni in sospeso" che perpetrano lo sterminio "circonciso" dell'intera umanità, è stupefacente notare il modo spregevole e radicalmente antidemocratico in cui vengono trattati il professor Faurisson e tutti coloro che, argomenti perfettamente fondati, cercano di rivedere una verità imposta che non corrisponde in alcun modo alla verità.

Ma che diavolo! Se i revisionisti mentono, contraddiciamoli su problemi concreti che sono strettamente legati all'aritmetica, alla fisica e alla chimica!

Ma è il loro COMPORTAMENTO che dimostra che hanno ragione, ed è soprattutto la loro PSICOLOGIA che è tipica: se avessero avuto torto non avremmo assistito all'INCREDIBILE CIRCOLO CHE CI STA FACENDO IL TENTATO ASSASSINIO DEL PROFESSORE FAURISSON!!!! (e la persecuzione sistematica di tutti i revisionisti...)

Ancora una volta, è importante ricordare che il professor Faurisson vuole un pubblico il più vasto possibile e un numero illimitato di avversari!

Sono stati rifiutati! Chi ha ragione e chi ha torto? Non siamo già stati convinti dell'inizio di questo problema?

Mi ricorda un ragazzo che ha dato un pugno a un suo amico: "Perché l'hai colpito? "Stava cominciando ad avere ragione!".

Il problema di Faurisson è che ha cominciato subito a pensare di avere ragione! Imperdonabile!

Il Nuovo Ordine Mondiale è in realtà il NUOVO CAOS MONDIALE, totalmente avulso da ogni realtà. Ma l'importante non è continuare a fare propaganda con film presentati come documenti, mentre in realtà non sono altro che fiction (Spielberg e co. proliferano dal 1988, data del programma "Oceanique" che ha dato origine a questo libro).

La natura è nazista e certamente non è liberale o socialista. STIAMO COMINCIANDO A VEDERE CHE NON PERDONA MAI.

Chi sono i criminali? I nazisti che hanno messo i loro nemici in campi dove molti sono morti di povertà e tifo, o gli ebrei che hanno inventato 6 milioni di camere a gas IMPOSSIBILI e TECNICAMENTE INACCETTABILI????

Si sappia che quando, nel 1950, numerosi personaggi comunisti negarono l'esistenza dei GULAG SOVIETI e delle loro decine di milioni di vittime, NON SONO STATI PROCESSATI IN GIUSTIZIA!!

Ma nel 1988, quando ho iniziato questo libro, i GULAG E GLI OSPEDALI PSICHIATRICI ESISTONO ANCORA!

Non sento gli storici o i moralisti dell'ALTA COSCIENZA INTERNAZIONALE gridare quotidianamente in televisione e sulla stampa su un regime che è morto da 50 anni!

Ma i vecchi sopravvissuti a questo regime, che hanno avuto la sfortuna di capire il male dei nostri simili, e avevano un ideale che Hitler ha realizzato in pieno in un tempo minimo - vedi la testimonianza del grande Lindbergh - sono cacciati senza sosta, senza onore...

Ma c'è di peggio: Monsieur Marchais ci dice che "IL COMUNISMO È GENERALMENTE POSITIVO"...

Questo sarebbe stato vero per il nazismo se non fosse stato schiacciato dalla macchina da guerra giudeo-anglicana. Nel nazismo c'è stato INCONTESTABILMENTE un ritorno alle LEGGI DELLA NATURA.

In questo caso, questa frase di MARCHAIS NON È CREDUTA DA NESSUNO, COMPRESI STORICI UFFICIALI COME MADAME CARERRE D'ENCAUSSE, CHE HA DETTO NEL PROGRAMMA "APOSTROFI" DI BERNARD PIVOT:

"ANCHE SE IL COMUNISMO AVESSE AVUTO SUCCESSO, E NON L'HA AVUTO, NON AVREBBE GIUSTIFICATO COSÌ TANTE DECINE DI MILIONI DI CADAVERI"...

Tutti sanno che l'Ucraina ha visto i suoi abitanti massacrati per 6-8 milioni e che questo Paese era il granaio del mondo ai tempi degli zar. Sotto il comunismo, non riesce nemmeno a produrre abbastanza grano per il suo consumo.

È anche chiaro che Marchais, come Le Pen, li considera "punti di dettaglio":

LE PURGHE STALINIANE

LE DECINE DI MILIONI DI VITTIME DI BERIA, KAGANOVITCH, FRENKEL, YAGODA E ALTRI 50 CIRCONCISI

BUDAPEST PRAGUE LE K.G.B

I BOAT PEOPLE IN AFGHANISTAN

Purtroppo non si tratta di un elenco esaustivo, e ci torneremo più avanti. PUNTI DI DETTAGLIO.

***

Come ebreo, ho legittimamente il diritto di attaccare i miei simili, dato che la loro dinamica suicida è predominante e che non possiamo, se siamo coscienti, permettere che il pianeta e l'uomo scompaiano.

Ho scritto da qualche parte che "non c'era una questione ebraica, MA SOPRATTUTTO UNA QUESTIONE DI GOY SOTTISE"...

Mi stupisce sempre, ad esempio, al livello estetico più elementare, vedere con quanta facilità, con quanta gioia, i Goy indossino quell'orribile uniforme di stronzate internazionali, i bluejeans LEVIS. A dire il vero, se non siamo in un regime teocratico in cui i leader sono dei sintetizzatori spirituali, PERCHE' I GIU' DEVONO EVITARE DI VENDERE MERDA A CHI GLIELA CHIEDE?

Il problema è lo stesso per chi produce socialismo e pornografia o chimica di sintesi ingerita dagli organismi dalla terra fino ai terapici teratogeni...

È un goy che dovrebbe fare per il suo popolo quello che io faccio per il mio.

Ci dirà come i Goys forniscono la loro parte di attività ebraiche disastrose. Senza la complice collaborazione dei Goy, come potrebbero gli ebrei fare ciò che fanno?

I GOYS ACCETTANO PASSIVAMENTE LE CONSEGUENZE FATALI DELL'INFLUENZA GIURIDICA, e su questo torneremo.

C'è, naturalmente, e ne ho parlato, l'inadeguatezza mentale degli adepti inconsapevoli che ho incontrato a centinaia nelle logge massoniche.

Ci sono i tedeschi, per esempio, alcuni congenitamente ingenui, altri consapevolmente complici, il che li rende PIÙ ESECUTIVI DEI MIEI CONGENERATI. Guardate l'istituzione della R.F.A., guidata dal suo presidente, che si dedica con zelo fanatico a perpetuare la servitù spirituale e morale del suo popolo.

La dichiarazione di Jenninger, Presidente del Bundestag, è senza dubbio un vero miracolo, e anche un miracolo eroico.

Rivedete, in tutta la sua GROTESQUERIE, il circo delle elezioni americane, dove i due candidati, scelti dal mondo finanziario per la loro insignificanza, non hanno altro da fare che attestare la loro incondizionata sudditanza alla causa sionista, che sovvenzionerà almeno il 60% della loro elezione, e gareggiare l'uno con l'altro in servitù, per meglio vincere le elezioni!

Questo mondo di pervertiti e di idioti in difficoltà è davvero doloroso da contemplare...

Concludo dicendo che questa tragedia ebraica, che giunge alla fine di un ciclo tradizionale, il Medioevo, conferisce agli ebrei una superiorità speculativa, analitica, involutiva, atea, che è il risultato esclusivo delle conseguenze psico-ormonali dell'8° giorno, 1° giorno dei 21 giorni della prima pubertà.

I medici non se ne rendono quasi conto, perché non hanno ancora compreso la preferenza funzionale del sistema ormonale sul sistema nervoso e sull'essere in generale.

Non mi aspetto che questi fatti ovvi vengano accettati finché non saremo tutti morti. Se così fosse, TUTTO QUELLO CHE HO APPENA SCRITTO SAREBBE VUOTO.

Viviamo in un'epoca di rovesciamenti. La giustizia è al servizio del crimine. Ho appena appreso che la frode è ora protetta dalla legge. Se qualcuno vi vende qualcosa e vi accorgete che è stato rubato, se non avete chiesto la fattura in buona fede, non potete bloccare il pagamento dell'assegno o presentare un reclamo. La vostra denuncia, che potrebbe almeno impedire il perpetuarsi di questa pratica perseguendo questo tipo di ladri, non è più ammissibile. Lo era solo qualche anno fa. Non c'è limite alla discesa nella degenerazione.

Ma dovevo rispondere a questo programma, e in particolare all'ingenua conclusione di Glucksman, la cui probità intellettuale non supererà mai quella consentita dagli effetti della circoncisione dell'ottavo giorno, che stabiliscono quella che alcuni chiamano, non senza ragione, "la maledizione di Israele", divenuta infrangibile e irrefragabile da quando Mosè consolidò questa mutilazione sessuale malintesa, il cui effetto psico-ormonale è chiaro a chi ha percepito la realtà scientifica dell'anteriorità del sistema ormonale rispetto al sistema nervoso.

Il panorama della storia e dell'attualità ci offre un'innumerevole quantità di prove di laboratorio e di prove del nove.

Voglio distinguermi dai miei simili, di cui SIMONE WEIL ha detto, non senza ragione, che non sono in grado di fare a meno:

NON HANNO MAI QUELLA MODESTA ATTENZIONE CHE È PROPRIA DELLA VERA INTELLIGENZA...

QUESTO FALSO CHE DICE LA VERITÀ

Erano 25 anni che non leggevo i PROTOCOLLI DEI SAGGI DI ZIONE. All'epoca mi sembravano ovvi, ma non mi hanno traumatizzato. Il che dimostra che c'è un'età e una maturità per leggere un libro.

Se non si è abbastanza maturi e informati, si possono perdere completamente capolavori culturali.

Pochi giorni dopo il programma "Océaniques" che ha dato vita a questo libro, ho ricevuto le prime pagine. Sono rimasto sbalordito. In quelle poche pagine c'era TUTTO.

Chiunque può vederlo, perché li ho riprodotti qui nella loro essenzialità. Occorre innanzitutto fare tre precisazioni:

Questo testo è INCONTESTABILMENTE un falso. È stato scritto da un genio straordinario. Se l'avessero scritto i circoncisi dell'[8°], ne sarebbero stati consapevoli e, se ne fossero stati consapevoli, avrebbero fatto di tutto per impedire che questo piano suicida per l'umanità si realizzasse.

Sono troppo privi dello SPIRITO DI SINTESI E DEL SENSO MORALE (parametri di composizione del concetto geniale, di cui parleremo in un ultimo capitolo) per averlo scritto. Tutto ciò che ho letto è rigorosamente esatto e continua mentre scrivo. Nel maggio 1994, 6 ebrei presentarono una lista per le elezioni europee. Sei "ebrei", predicatori virulenti e olocausti che non hanno mai permesso al professor Faurisson di esprimersi liberamente e democraticamente...

Mentre si denuncia il sistema politico-finanziario, non si denunciano le implicazioni delle atrocità: inquinamento generale del pianeta, delle anime e dei corpi, regressione bestiale e concezione aberrante della libertà, musica che uccide, droghe, rovina nazionale, dittatura globalista, mappatura dell'umanità, iatrogenismo e teratogenismo, sovrappopolazione, pornografia, S.I.D.A., 2a (e [3a]) guerra mondiale, marxismo tentacolare, lacerazione etnica in nome dell'antirazzismo al servizio esclusivo del razzismo ebraico, ecc. Avremo modo di parlarne ancora, sia dal punto di vista pedagogico che didattico, nel resto del libro, poiché si tratta di una questione che riguarda niente meno che la nostra sopravvivenza immediata.

Ciò significa che i PROTOCOLLI DEI SAGGI DI ZIONE (democraticamente banditi!), sono acqua di rose rispetto alla realtà già denunciata e che specificherò ancora rispondendo a Simone Veil (da non confondere con la mia illustre congenere Simone WEIL), che ha avuto l'ardire, prendendo gli esseri umani per deficienti, di dichiararci: "Il nazismo non deve essere banalizzato"...

Infine, un'osservazione generale di importanza cosmica: tutto si disintegra. Ma la gente ha così poco senso della sintesi che non vede che l'eziologia della disintegrazione è proprio LA DEMOCRAZIA PSEUDO e la concezione errata della SCIENZA e del PROGRESSO.

Si parla sempre di "riforme". Ho visto il CNE, ad esempio, cambiare più volte il suo nome per diventare il CNED (Lycée et Université d'Enseignement à Distance). Questo irrisorio "cambiamento" non ha cambiato nulla. In 40 anni di insegnamento, ho visto CENTINAIA di cambiamenti. Non hanno mai cambiato nulla e hanno solo peggiorato le cose in direzione di una caduta verticale. Tutti gli pseudo-cambiamenti sono solo inezie che non impediranno ai giovani di rimanere esclusi dal Senso Spirituale e Morale, e alla disoccupazione giovanile e ai suicidi di crescere in modo esponenziale. È il SISTEMA che deve cambiare, altrimenti non cambierà nulla.

Eppure ognuno continua a scavare la propria buca per le termiti nel quadro pseudo-democratico. L'ingenuità e la vanità di donne e bambini è messa a frutto. DIRITTO a tutto, tranne che a essere veramente informati, tranne che ad avere accesso alla verità elementare.

COSÌ LA DONNA PROMOSSA SI DISINTEGRA IN UNA SPECIE DI HULK PRETENZIOSO E IL BAMBINO SI SUICIDA...

Ecco alcune citazioni tratte dall'inizio del libro che lasceranno sbalordito qualsiasi lettore con una conoscenza della storia e della situazione nazionale e internazionale, soprattutto dopo MAASTRICHT.

"Al giorno d'oggi, il potere del denaro - il nostro potere - ha sostituito il potere dei governi liberali.

L'idea di libertà è irraggiungibile perché nessuno sa usarla nella giusta misura: basta che il popolo si governi per un po' perché questa libertà si trasformi in licenza. Basta che il popolo si governi per un po' e la libertà si trasforma in licenza: da quel momento nascono dissensi che presto degenerano in guerre sociali in cui gli Stati si consumano e la loro grandezza si riduce in cenere. Sia che uno Stato si esaurisca nelle sue convulsioni interne, sia che le guerre civili lo mettano alla mercé di nemici esterni, in entrambi i casi può essere considerato irrimediabilmente perduto: è in nostro potere.

IL DISPOTISMO DEL NOSTRO CAPITALE GLI OFFRE UN'ANCORA DI SALVEZZA A CUI È COSTRETTO AD AGGRAPPARSI PER NON AFFONDARE.

Le folle sono guidate esclusivamente da passioni meschine, superstizioni, costumi, tradizioni e teorie sentimentali. SONO SCHIAVE DELLA DIVISIONE DEI PARTITI CHE SI OPPORRANNO SEMPRE A QUALSIASI ACCORDO RAGIONEVOLE.

Chi vuole governare deve ricorrere all'astuzia e all'ipocrisia. Le grandi qualità popolari dell'onestà e della franchezza sono vizi in politica. Detronizzano i governanti meglio del nemico più abile. Queste qualità devono essere gli attributi dei governi goyim, che non dobbiamo assolutamente prendere come guida...

Rispetto all'attuale fragilità di tutte le potenze, la nostra è INVINCIBILE PERCHÉ È INVISIBILE e lo rimarrà fino a quando non avrà acquisito un grado di potenza tale che nessun espediente potrà minacciarla.

UN POPOLO ABBANDONATO A SE STESSO, CIOÈ AI PARVENUS DEL SUO AMBIENTE, VA IN ROVINA A CAUSA DELLE LITI DI PARTITO CHE NASCONO DALLA SETE DI POTERE E DAGLI ONORI E DISORDINI CHE NE DERIVANO.

È possibile per le masse popolari ragionare con calma e senza litigi e dirigere gli affari di Stato, che non devono mai essere confusi con gli INTERESSI PERSONALI.

Questo è RADICALMENTE IMPOSSIBILE: UN PIANO VASTO E CHIARO PUÒ ESSERE SVILUPPATO SOLO DA UN UNICO UOMO SUPERIORE.

Coordina tutti gli ingranaggi della macchina del governo. La conclusione da trarre è che per il benessere di un Paese è preferibile che il potere sia concentrato nelle mani di UN UNICO INDIVIDUO RESPONSABILE.

LA CIVILTÀ NON PUÒ ESISTERE SENZA DISPOTISMO ASSOLUTO, PERCHÉ NON È MAI OPERA DELLE MASSE MA DEI LORO CAPI, CHIUNQUE ESSI SIANO.

LA FOLLA È BARBARA E LO DIMOSTRA IN OGNI OCCASIONE. APPENA SI IMPADRONISCONO DELLA PSEUDO IDEA DI LIBERTÀ, LA TRASFORMANO IMMEDIATAMENTE IN ANARCHIA, CHE È IL MASSIMO GRADO DI BARBARIE.

Guardate questi esseri alcolizzati, stupefatti, stupefatti dalla bevanda, che hanno il diritto democratico di consumare senza limiti, un diritto conferito ai Goy contemporaneamente alla LIBERTA'.

Non possiamo permettere che il nostro popolo scenda a questo livello.

I popoli goy sono stupefatti dall'alcol: la loro gioventù è squilibrata dagli studi classici e dalla dissolutezza precoce a cui li spingono i nostri agenti.[2]

Per questo non dobbiamo avere paura di usare la corruzione, l'inganno e il tradimento quando possono servire al nostro scopo. In politica, dobbiamo saperci appropriare delle proprietà altrui senza esitazione, per ottenere con questo mezzo sottomissione e potere.

Fin dai tempi della fioritura dell'Antica Grecia, fummo i primi a gridare la parola "libertà", da allora ripetuta così spesso da pappagalli incoscienti che, attratti da ogni parte da quest'esca, l'hanno usata solo per distruggere la prosperità del mondo E LA VERA LIBERTÀ INDIVIDUALE COSÌ BEN GARANTITA CONTRO LE COSTRIZIONI DELLA FOLLA... Gli uomini che si ritenevano intelligenti non hanno saputo distinguere tra le due cose. NON SI SONO NEMMENO ACCORTI CHE NON C'È

---

[2] Ricordo di aver sentito il sessuologo TORDJMAN in televisione dire che la masturbazione non è pericolosa, e che non bisogna impedire ai bambini di masturbarsi: questa pratica è però un cataclisma endocrino-neuro-psichico e fisiologico. È vero che ci si può masturbare e diventare un politecnico o un Énarque: non è un punto di riferimento.

UGUAGLIANZA IN NATURA E CHE NON CI PUÒ ESSERE LIBERTÀ SE NON QUELLA CHE LA NATURA STESSA HA STABILITO.

LA NATURA HA FISSATO L'INEGUAGLIANZA DELLE MENTI, DEI CARATTERI E DELLE INTELLIGENZE SOTTOPONENDO TUTTO ALLE SUE LEGGI.

Questi fanatici della libertà e dell'uguaglianza, che non esistono, non hanno visto che la NOSTRA POLITICA LI HA CACCIATI FUORI DALLA VITA NEL MODO IN CUI SI TROVA LA NOSTRA EGEMONIA.

Il nostro appello, LIBERTÉ, ÉGALITÉ, FRATERNITÉ, ha portato nelle nostre file dai quattro angoli del mondo e, grazie ai nostri agenti ciechi, intere legioni che portano con entusiasmo i nostri vessilli.

Tuttavia, queste parole erano vermi che rosicchiavano la prosperità dei Goy, distruggendo ovunque la pace, la tranquillità e la solidarietà, il tutto attraverso l'obbedienza alle nostre leggi che minavano le fondamenta dei loro Stati.

Vedrete più avanti che questo è ciò che ha contribuito al trionfo del nostro sistema di conquista pacifica del mondo. Siamo stati in grado di ottenere l'abolizione dei privilegi, l'essenza stessa dell'aristocrazia dei Goy, un'aristocrazia che era il baluardo naturale dei popoli e delle nazioni contro la nostra azione.

SU QUESTE ROVINE ABBIAMO COSTRUITO LA NOSTRA ARISTOCRAZIA, L'ARISTOCRAZIA DELLA FINANZA E DELLA SCIENZA.

Il nostro trionfo è stato facilitato dal fatto che, nei rapporti con gli uomini di cui avevamo bisogno, siamo sempre riusciti a colpire le corde della natura umana: l'avidità calcolatrice, l'insaziabilità dei bisogni materiali. Ognuna di queste debolezze umane, presa singolarmente, è in grado di distruggere ogni iniziativa personale, mettendo gli uomini a disposizione di chi compra la loro attività.

La nozione astratta di libertà, mai definita, ha permesso di convincere le masse che il loro governo fosse solo il gestore del proprietario del paese, cioè il popolo, e che il gestore potesse essere cambiato come un guanto consumato.

LA RIMOVIBILITÀ DEI RAPPRESENTANTI DEL POPOLO LI METTE INTERAMENTE A NOSTRA DISPOSIZIONE.

Li rende dipendenti dalla NOSTRA scelta.

Le persone hanno un profondo rispetto per coloro che incarnano la forza.

Ogni volta che c'è un atto di violenza, esclamano: "Questo è ovviamente molto furfantesco, e con quale trucco magistrale!

Intendiamo attirare gradualmente tutte le nazioni nella costruzione di una nuova opera, il cui piano abbiamo in mente e che comporta la SCOMPOSIZIONE DELL'ORDINE ESISTENTE, che sostituiremo con il nostro ordine e le nostre leggi.

Per questo dobbiamo ricorrere all'aiuto dei nostri agenti, i moderni leader del mondo, che sono una forza da non sottovalutare. È questa forza che distruggerà tutti gli ostacoli sul nostro cammino.

Quando avremo realizzato il nostro colpo di stato, diremo al popolo:

"Tutto stava andando molto male per voi, e siete tutti esausti per la sofferenza. Noi elimineremo la causa di tutti i vostri tormenti: NAZIONALITÀ, CONFINI, VALUTE DIVERSE. Certo, non capite le nostre ragioni, quindi siete liberi di non giurarci obbedienza, ma potete farlo giustamente prima di aver esaminato ciò che vi proponiamo?".

Allora ci porteranno trionfalmente sulle loro spalle, in un'onda unanime di speranza.

Il voto, di cui faremo lo strumento del nostro progresso, abituando anche gli uomini più umili ad esso (organizzando, ove possibile, gruppi e associazioni), farà la sua parte nell'aiutarci a confermare le nostre leggi.

MA DOBBIAMO RICORRERE AL SUFFRAGIO UNIVERSALE SENZA DISTINZIONE DI CLASSE O DI RICCHEZZA PER OTTENERE QUELLA MAGGIORANZA ASSOLUTA CHE SAREBBE MENO FACILE OTTENERE DALLE SOLE CLASSI INTELLETTUALI RICCHE.

È COSÌ CHE, DOPO AVER PENETRATO IN TUTTI L'IDEA DELLA PROPRIA IMPORTANZA, SPEZZEREMO I LEGAMI DELLA FAMIGLIA TRA I GOYIM, IMPEDIREMO AGLI UOMINI DI VALORE DI SFONDARE PERCHÉ, ESSENDO DIRETTI DA

NOI, LE MASSE NON PERMETTERANNO MAI LORO DI RIVELARSI. PRENDERANNO L'ABITUDINE DI ASCOLTARE SOLO NOI, CHE PRESTIAMO LORO ATTENZIONE E LI OBBEDIAMO.

Questo mezzo metterà nelle nostre mani una forza così cieca che non sarà in grado di muoversi in nessuna direzione se non sarà guidata dai nostri agenti, posizionati con giudizio per dirigere le folle che sapranno che, da questi agenti, dipende il loro sostentamento, le loro ricompense e ogni sorta di vantaggi.

Quando saremo al potere, sostituiremo i termini dell'appello liberale: "libertà, uguaglianza, fraternità" con formule che esprimano l'idea contenuta in queste parole. Diremo "il diritto alla libertà", "il dovere dell'uguaglianza", "l'ideale della fraternità", e in questo modo prenderemo di nuovo la stessa cosa per le corna.

In realtà, il nostro potere ha già superato tutti gli altri. Infatti, il nostro supergoverno non incontra più ostacoli nel governo dei Goy.

Si trova in una SITUAZIONE ASSOLUTAMENTE LEGALE DI DITTATURA. POSSO DIRVI IN TUTTA FRANCHEZZA CHE AL MOMENTO SIAMO NOI I LEGISLATORI.

Siamo anche i giudici. Siamo come un comandante in capo che cavalca alla testa di tutti i nostri eserciti di LIBERALI.

Tra i nostri agenti inconsapevoli ci sono uomini di tutte le opinioni: RESTAURATORI DELLA MONARCHIA, DEMAGOGHI, SOCIALISTI, ANARCHICI, COMUNISTI e ogni sorta di utopisti. Fanno tutti la stessa cosa: ognuno di loro insidia l'altro e cerca di SORPRENDERE TUTTO QUELLO CHE È ANCORA IN PIÙ. Tutti gli Stati sono stufi di queste manovre. Cercano la pace e sono pronti a fare qualsiasi sacrificio per ottenerla.

Ma non concederemo loro la pace né la fiducia finché non riconosceranno in modo osservante il nostro sovranismo internazionale e non si sottometteranno ad esso.

I POPOLI GRIDANO CHE È NECESSARIO RISOLVERE LA QUESTIONE SOCIALE ATTRAVERSO L'INTERNAZIONALISMO. LA DIVISIONE DEI PARTITI LI HA CONSEGNATI TUTTI A NOI, PERCHÉ PER CONDURRE UNA LOTTA DI PARTITO CI VOGLIONO I SOLDI, E NOI LI ABBIAMO.

LA INDIRIZZEREMO VERSO IL NOSTRO OBIETTIVO, ED È PER QUESTO CHE I NOSTRI AGENTI SI STANNO INFILTRANDO NEL CUORE DEL POPOLO.

Per non distruggere prematuramente le istituzioni dei Goyim, abbiamo toccato con mano cauta, esperta e magistrale le molle principali del loro meccanismo. Queste molle funzionavano secondo un ordine severo ma rigoroso, che abbiamo abilmente sostituito con un DISORDINE LIBERALE STUPIDO E ARBITRARIO.

In questo modo, abbiamo influenzato i tribunali, le leggi elettorali, la stampa, la libertà individuale e, soprattutto, l'ISTRUZIONE E L'EDUCAZIONE, I CORNERSTONES DELLA VITA SOCIALE.

PER QUANTO RIGUARDA L'ISTRUZIONE, ABBIAMO OTTUSO, ISTUPIDITO E CORROTTO L'INFANZIA E LA GIOVENTÙ GOYIM.

Quanto ai Goyim, che abbiamo abituato a vedere solo il lato apparente delle cose che presentiamo loro, ci considerano i benefattori e i salvatori della razza umana. Siamo pronti a rispondere immediatamente a qualsiasi opposizione che sorga contro di noi in qualsiasi Paese, scatenando una guerra tra esso e i suoi vicini, e se diversi Paesi avessero intenzione di unire le forze contro di noi, scateneremmo una GUERRA MONDIALE e li spingerem a prendervi parte.

Abbiamo già ripetutamente costretto i governi goyim a fare la guerra attraverso la cosiddetta opinione pubblica, dopo averla preparata noi stessi in segreto.

È essenziale che le guerre non portino alcun vantaggio territoriale: QUALSIASI GUERRA SI TRASPORTA NEL TERRITORIO ECONOMICO.

Allora le nazioni riconosceranno che su questo terreno la supremazia dipende dalla nostra competizione. Questa situazione lascerà i nostri avversari alla mercé della nostra agenzia internazionale con i suoi milioni di occhi che nessuna nazione può fermare, e i nostri diritti internazionali spazzeranno via tutti i diritti delle nazioni e GOVERNERANNO QUESTO. Per ottenere un maggiore controllo sulle istituzioni, abbiamo promesso a molti amministratori il diritto di governare insieme il Paese, senza alcun controllo, a condizione che ci aiutino attivamente a creare pretesti di malcontento nei confronti delle stesse COSTITUZIONI, preparando così l'avvento della Repubblica nel loro Paese.

LE REPUBBLICHE CI DARANNO IL TRONO DEL MONDO.

FINORA ABBIAMO SOLO SOSTITUITO L'INFLUENZA DEI GOVERNI LIBERALI CON IL NOSTRO POTERE, CHE È QUELLO DELLA FINANZA.

OGGI COME OGGI, NESSUN MINISTRO PUÒ MANTENERE IL POTERE SENZA CHE NOI LO SOSTENIAMO CON IL NOSTRO APPOGGIO O CON UNA PARVENZA DI APPROVAZIONE POPOLARE CHE STIAMO PREPARANDO DIETRO LE QUINTE.

È tutto sbalorditivo: mentre lo leggevo, vedevo nella mia testa TUTTA LA POLITICA DI QUESTO SECOLO. Non mancava nulla! E questo solo citando alcune pagine iniziali del! Tutti gli eventi e tutta la stampa di questo secolo sono riassunti in esso!

Chi non capisce Maastricht, G.A.T.T.[3] e tutto il resto, dopo aver letto queste righe? Chi non capisce il NUOVO ORDINE MONDIALE, cioè la NUOVA CATASTROFE GLOBALE, dove i popoli schiavizzati saranno consegnati al cretinismo, alla droga, alla pornografia, al socialismo e alla disoccupazione?

In quanto segue, vedremo la realtà sintetizzata dalla stampa e dalle pubblicazioni interamente controllate dai circoncisi dell'8° giorno.

A ciò si aggiungono le folgoranti rivelazioni dei revisionisti, che rivelano l'inettitudine aritmetica e tecnica dei 6 milioni di camere a gas, nonché l'estrema goffaggine degli "ebrei" in questa vicenda ultra-scabrosa.

Ciò che è scritto in queste pagine è stato realizzato da tempo. Purtroppo l'orrore globale supera di gran lunga tutto ciò che si può leggere in questo libro che non esprime i COROLLAIR DELLA DISTRUZIONE DELL'UOMO E DELLA NATURA.

QUELLO CHE ABBIAMO APPENA LETTO È MOLTO LONTANO DALLA VERITÀ NEL SUO IMPLACABILE ORRORE ANESTETIZZATO...

---

[3] Più tardi diventerà l'Organizzazione Mondiale del Commercio

"Manipoliamo gli idioti che guidano le masse che abbiamo fatto impazzire", dice un magnate del petrolio e della finanza in un film di METRO GOLDWIN MAYER...

Formula perfetta, perfettamente ovvia...

IL NAZISMO NON DEVE ESSERE BANALIZZATO, SIMONE VEIL?

MA L'ABBIAMO RESO COMUNE...

"Freud e Marx non sono ebrei" (Prof. Henri Baruk)

Una setta speculativa, agnostica e atea è in procinto di spazzare via l'umanità e il pianeta, con la flaccida complicità di altri esseri umani...

Non abbiamo forse banalizzato il denaro, separandolo dalla spiritualità e dal senso morale?

Non abbiamo forse banalizzato ROTHSCHILD, i re d'Europa, che nel 1914-1918 convogliavano le materie prime in Germania attraverso la Svizzera?

Non abbiamo forse banalizzato gli SCHIFF, i LŒB, i SASOON, gli HAMMER, ecc. che, allo stesso tempo, hanno finanziato gli Alleati, la Germania e la rivoluzione bolscevica e poi, nel 1919, sono venuti in Europa come negoziatori della pace che avrebbe portato all'iniquo Trattato di Versailles, a una seconda guerra mondiale e all'abbandono di Yalta?

Bazile ZAHAROFF, che ha guadagnato 30 miliardi vendendo armi a tutto il mondo (Europa, Medio Oriente, Africa, America), non è forse diventato uno dei maggiori azionisti della Banque de France, della stampa e dei benefattori di tutti i partiti politici?

BLOCH, noto come Dassault, non è stato forse banalizzato per decreto, permettendosi di vendere armi a Sadat e Gheddafi in base a disposizioni governative, senza essere perseguito dalla signora KLARSFELD COME CRIMINALE DI GUERRA ANTI-SEMITICO?

Non abbiamo banalizzato la Francia, deturpata dalle "pattumiere del popolo" dove fioriscono tutte le forme di delinquenza e criminalità?

Non abbiamo banalizzato una medicina materialista, chimica, basata sul giudeo-cartesianesimo, servita da una maggioranza di mandarini circoncisi che ignorano la Torah, che colpisce l'uomo a livello cromosomico, culminando in un mostruoso iatrogenismo e teratogenismo?

Squadre di circoncisi e seguaci accecati non hanno forse banalizzato il traffico di geni e cromosomi in nome di un miracoloso progresso medico, mentre la degenerazione dei giovani è drammaticamente in aumento, con delinquenza, criminalità, omosessualità, suicidi, tossicodipendenza e morti diffuse per cancro e malattie cardiovascolari in crescita esponenziale nonostante lo sviluppo della ricerca?

Il FREUDISMO non è diventato un luogo comune? Invade, pornografa, abolisce, attacca la famiglia, deflora i nostri sentimenti più sacri, il rispetto per la madre, il bambino e la loro innocenza, e ci prepara a una mentalità marxista? Non abbiamo forse reso comuni i blue jeans LEVIS, questa uniforme di cazzate internazionali in cui vengono trascinati relitti dal sesso ambiguo, fumatori o tossicodipendenti, perfettamente asserviti alla MERDIA MARX, nelle mani di questa setta e di un insegnamento laico FREUDO MARXISTA VUOTO DI TUTTO L'ESSENZIALE PER L'UOMO.

Non avete forse, uscendo da Auschwitz, banalizzato l'aborto self-service (QUANDO L'ABORTO PURAMENTE EUGENISTICO E' STATO DICHIARATO UN CRIMINE DI UMANITA' CONTRO IL NAZISMO AL TRIBUNALE DI NUREMBERG!!), la pillola patogena e teratogena che, secondo il professor Jamain, presidente del Sindacato Nazionale Francese degli Ostetrici e Ginecologi, induce blocchi ovarici, crescita stentata e sterilità nelle ragazze adolescenti?

L'educazione sessuale e persino la masturbazione non sono diventate un luogo comune?Il programma V, a cui partecipavano solo persone circoncise l'ottavo giorno, affiancate da alcuni fricchettoni che si definivano esibizionisti), che riducono i bambini al nulla attraverso uno squilibrio ormonaleuropsichico irreversibile, produrrà personaggi di massa e criminali, come il ragazzino di 11 anni che ha violentato e ucciso una bambina di 4 anni (da allora abbiamo visto altri casi di questo tipo atroce), simbolo della patologia mondiale... Esisteva qualcuno di questi casi sotto il nazismo? E tutto questo sotto l'egida magistrale di FREUD, KAHN-NATHAN, TORDJMAN, COHEN, LWOFF, SIMON e altri BERGE, assistiti da qualche frocio in tonaca, o meglio in dolcevita...

Non abbiamo forse banalizzato il MARXISMO, che fiorisce sotto forma di varie forme di comunismo e socialismo, nonostante tutti i gulag, i 200.000.000 di vittime fisiche ufficialmente contate nei paesi comunisti dal 1917, gli ospedali psichiatrici dove si viene socializzati con iniezioni di droghe chimiche, e che riduce l'uomo allo stato di unità statistica matricolare elementare??

Non è stato forse banalizzato il fatto che, nonostante l'antisemitismo dei Paesi marxisti, l'intera squadra rivoluzionaria bolscevica era composta da persone circoncise l'ottavo giorno, come i dirigenti del sistema di prigioni e campi di concentramento, e che queste persone hanno sterminato circa 120 milioni di Goys in URSS?

Per questi ultimi (FRENKEL, YAGODA, ABRAMOVICI, FIRINE, APETTER, OURITSKI, SORENSON, JEJOFF, DAVIDOVITCH, BERMAN, RAPPOPORT) non c'è nessun superprocesso di Norimberga, nemmeno postumo, così come non c'è nessun superprocesso di Norimberga per i finanziatori, LŒB, WARBURG, HAMMER, SCHIFF, SASOON, KISSINGER, che sovvenzionano questo regime ideale di libertà e sviluppo umano...?

Non si è forse banalizzato il comunismo come "difensore dell'operaio", quando tutti sanno che a Praga, Budapest, Berlino Est, Danzica e Varsavia i ribelli erano solo operai e studenti? Nonostante questi fatti evidenti, non abbiamo forse banalizzato l'errore himalayano del comunismo come "difensore del piccolo", QUANDO IL COMUNISMO TOGLIE TUTTO A TUTTI??

Non abbiamo forse banalizzato i divertimenti atomici dei circoncisi Einstein e Oppenheimer, anche se tutti conoscono i terribili pericoli delle scorie radioattive, la minaccia di danni genetici, i pericoli di incidenti catastrofici nelle centrali nucleari (CHERNOBYL È AVVENUTO DOPO CHE QUESTO È STATO SCRITTO), che possono cancerogenizzare vaste aree per secoli a venire?Eppure, OPPENHEIMER non ha forse detto: "Ho fatto il lavoro del diavolo"?

Questo non ha impedito a SAMUEL T.COHEN di dare gli ultimi ritocchi alla bomba al neutrone, che la banca americana di WARBURG AND CO. sta parlando di vendere alla Cina (telegiornale)...

Questo lavoro del diavolo non sarebbe stato permesso in una teocrazia gestita da leader consapevoli dotati di senso morale e spirito di sintesi.

La signora GURGY-ELIACHEV non ha forse banalizzato l'amalgama psicologico dei sessi fin dalla scuola materna?

Non abbiamo forse banalizzato l'arte ossessionante di PICASSO, che disse a Papini: "Sono solo un pagliaccio pubblico che ha capito il suo tempo e sta esaurendo al meglio la vanità e l'avidità dei suoi contemporanei"??

Non abbiamo forse banalizzato questo vomito del centro POMPIDOU, che alcune malelingue sostengono essere figlio naturale di un ROTHSCHILD e che tuttavia era direttore della sua banca?

Non abbiamo forse reso comune una stampa interamente asservita ai circoncisi dell'ottavo giorno, come l'editoria e la televisione, che asservisce e ottunde le masse, intrappolandole tra la divisa di cazzate internazionali che sono i blue jeans LEVIS, la produzione-consumo rothschiliana, il marxismo e il sesso freudiano, E CHE LE FA PRENDERE TUTTE LE FORME DELLA LORO ASSERZIONE DI LIBERTA'?

Non abbiamo forse banalizzato il processo economico ROTHSCHILDO-MARXISTA, che ha completamente distrutto le piccole imprese, ucciso l'agricoltura e ci lascerà presto con oltre un miliardo di disoccupati e un inquinamento multiforme irreversibile (Club di Roma, Rapporto Carter)?

In questo modo, l'antagonismo complice e sanguinario del marxismo Rothschild avrà raggiunto il suo obiettivo: la distruzione dell'umanità e del pianeta PERFETTAMENTE PREVISTA DA HITLER IN MEIN KAMPF...

Non abbiamo banalizzato un sistema universitario e politico CHE VIETA QUALSIASI RECLUTAMENTO AL DI FUORI DI QUELLO DEI MEDIOCRI, perché nessuna persona razionale prenderebbe sul serio queste mascherate: le mnemotecniche dei concorsi ufficiali e del "suffragio universale" non hanno mai permesso di reclutare vere e proprie élite - al contrario.

La memoria non è mai stata l'unico parametro dell'intelligenza, e il popolo è PERFETTAMENTE INCAPACE di accedere ai concetti che gli permetterebbero di eleggere un'élite dotata di SENSO MORALE E DI SPIRITO DI SINTESI. Così gli eletti, i politecnici, gli agrégés, gli énarques, necessariamente massoni almeno nello spirito, immersi nella MINUSCOLARITÀ SPECIALISTICA, saranno manipolati inconsciamente come marionette e feti dal marxismo Rothschild fino a quando non saranno asserviti, fino a diventare DOCILI FISICOCHIMICI AMALGAMICI (miliardari o tossicodipendenti, non importa), CANCEROSI, CARDIOPATICI, GOVERNATI DALLA CAUSA PROFITTI E PERDITE DELLA "DEMONCRASSIA"...

NON ABBIAMO FORSE BANALIZZATO L'INTEGRAZIONE DELLA QUESTIONE EBRAICA NEL MITO DEL RAZZISMO? Eppure queste persone sono circoncise l'ottavo giorno, non sono ebrei.

ESSERE EBREI IMPLICA LA FEDELTÀ ALLA TORAH, AL PRINCIPIO DI TZEDEK. Ora, queste persone circoncise l'$8°$ giorno sono atei o agnostici speculativi:

WARBURG, MARX, FREUD, OPPENHEIMER, BENEZAREFF, KAGANOVITCH, SOROS E ALTRI SONO CRIMINALI ED ERETICI DAVANTI ALLA TORAH.

SPINOZA, che ha separato il misticismo dalla filosofia e ha aperto la strada al razionalismo e alla scienza moderna ("la menzogna del progresso è Israele" Simone Weil), è stato scomunicato dalla Sinagoga d'Olanda. In nome di un criminale "antirazzismo", stanno banalizzando la mescolanza di gruppi etnici diversi ("razza" è un concetto vuoto: ci sono solo ETNICHE, CHE SONO IL RISULTATO DELL'ADATTAMENTO ORMONALE A UN AMBIENTE PLURISECULARE FISSO) che non sono assolutamente fatte per essere mescolate, molte delle quali diventano delinquenti, ladri, stupratori, fornitori di droga, alcolisti, malati di tubercolosi, che provocano un razzismo inevitabile e tanto più interessante in quanto i circoncisi dell'8° giorno beneficiano della pubblicità, Sfruttano inoltre un sottoproletariato che è una vergogna per la Francia e spesso un orrore in Sudafrica, dove l'oro e i diamanti sono in mano ai circoncisi (OPPENHEIMER, il più grande commerciante di diamanti del mondo, spende ben 150 milioni di vecchi franchi per un solo ricevimento serale)...

Il dipartimento del professor David non ha forse banalizzato l'inseminazione artificiale dopo la masturbazione da parte di idioti pagati a tale scopo (quanto si deve essere profondi per poter banalizzare una tale pratica, che si tratti del masturbatore o del medico)?

Non abbiamo forse banalizzato il voto a diciotto anni, mentre un grande politico in una teocrazia rifletterà a lungo prima di prendere una decisione? Queste coorti di inconsapevoli bluejeaner a cui verrà fatto credere di avere opinioni valide, mentre in realtà sono totalmente condizionate e possono solo modulare nell'insignificanza, invischiati nelle pseudodifferenze di tutti i partiti politici, anarchici compresi, voteranno mentre Rothschild-Soros, Marx, Freud, Bloch-Dassault, Warburg, Rockefeller e consorti continueranno a schiavizzarli, a manipolarli, a degenerarli, CONDIZIONANDOLI IN MODO CHE SCELGANO *LIBERAMENTE* TUTTE LE FORME DEL LORO INSEGUIMENTO.

Non abbiamo forse banalizzato la madre lavoratrice, facendole perdere definitivamente la sua identità di madre e moglie, per trasformarla, come gli elettori diciottenni, in una cliente "circoncisa" per i supermercati e i grandi magazzini pubblicizzati da BLUSTEIN BLANCHET? IL PROFESSORE HEUYER HA RIVELATO ALCUNI ANNI FA CHE TUTTI I BAMBINI CHE VENGONO IN CORTEO DA COPPIE DISASSOCIATE O FANTOMATICHE (divorzio e lavoro intensivo della madre fuori casa)...?

QUESTO PREPARA GENERAZIONI DI CARATTERI SERI, DISINTERESSATI, CRIMINALIDROGATI, SUICIDI, OMOSESSUALI (assenza del padre, carenza di vitamina E, masturbazione precoce incoraggiata come fattori fondamentali di omosessualizzazione), E tutto questo facendo amare alle donne una forma di sottomissione tanto più crudele in quanto scelta LIBERAMENTE PER CONDIZIONAMENTO, tanto da far credere sinceramente che si tratti di un'evoluzione quando in realtà è l'INVOLUZIONE PIÙ BARBARICA.

Non capiranno che sono diventati chemioterapisti, che portano allo iatrogenismo e al teratogenismo, avvocati o giudici, totalmente privi di senso morale e che dedicano le loro parcelle alla disintegrazione delle coppie e all'infelicità dei bambini, ministri, che promulgano una pillola patogena e cancerogena, come la macellazione dei neonati sani, che sono AGLI ANTIPODI DELLA CULTURA. Non riescono nemmeno più a sospettare l'IMMENSA CULTURA

AUTENTICA CHE UNA DONNA DEVE AVERE IN CASA PER FARE DEI SUOI FIGLI VERI UOMINI E VERE DONNE...

NON È STATO BANALIZZATO TASSARE LA DICHIARAZIONE DI QUESTI FATTI CHIARI COME RAZZISMO E ANTISEMITISMO (parole vuote). ANCHE SE SI SOSTIENE CHE IL MITO RAZZISTA NON HA ALCUN FONDAMENTO SCIENTIFICO E CHE QUESTE INSIDIOSE SPECULAZIONI SONO SOLO PATOLOGIA ORMONALE INDICATA DALLA CIRCONCISIONE ALL'OTTAVO GIORNO, CHE SOSPETTA UN REGIME PRIVATO DI QUALSIASI ÉLITE PROVVIDENZIALE. ÉLITE PROVVIDENZIALE, L'EGEMONIA DI SPECULATORI PRIVI DI QUALSIASI SENSO MORALE O SPIRITO DI SINTESI, CHE CULMINA IN UN VERO E PROPRIO TERRORISMO INTELLETTUALISTICO IN CUI OGNI VERITÀ È VIETATA PER LEGGE (IL MASSIMO DELLA MISTIFICAZIONE "DEMOCRATICA")...?

Qualsiasi vera élite saprebbe, ad esempio, che la chimica di laboratorio non può in alcun modo essere un principio di salute, anche se permette una spettacolare repressione sintomatica in pazienti che hanno avuto per anni un'alimentazione e un'igiene deplorevoli. Non è stato banalizzato il MITO SACRO-SAINTICO DEI 6 MILIONI DI CAMERE A GAS, quando le verifiche fatte da storici come Rassinier, che pesava trenta chili quando lasciò DACHAU, e il professor Faurisson, democratico e antinazista, che ha studiato il problema per 20 anni, hanno dimostrato l'inflazione di più di 5 milioni, e l'impossibilità tecnica di camere a gas a ciclone per 1.000 o 2.000 persone alla volta. Questo può essere verificato da chiunque abbia familiarità con gli standard tecnici per la gassazione, e un giorno sarà confermato da serie perizie (rapporto LEUCHTER) e controperizie. Va notato che non è mai stata vista una camera a gas, mentre i crematori sono tutti presenti e in buone condizioni.

Erano essenziali nei campi di concentramento per prevenire le epidemie di tifo e di peste.

Questa geremiade inaudita è stata banalizzata, mentre dalla seconda guerra mondiale decine di milioni di morti non hanno conosciuto altro che il silenzio, proprio come le decine di milioni di persone sterminate dagli "ebrei" bolscevichi.

È un luogo comune che queste persone non interessino a nessuno, appartenendo a "quel vile seme di bestiame", non sono ebrei!

Non è stato banalizzato il silenzio sul rapporto della Croce Rossa del 1944 che, dopo aver esaminato minuziosamente i campi tedeschi, dichiarò che "A dispetto delle dicerie, NON ESISTE IN NESSUN CASO UNA PICCOLA TRACCIA DI CAMERA A GAS".

Non è stato forse banalizzato il fatto che al processo della DEGESH, il produttore del Cyclon B, il direttore e i chimici hanno dichiarato che le camere a gas, come sostenuto dalla propaganda, erano tecnicamente IMPOSSIBILI E IMPENSABILI?

Non è stato banalizzato il fatto che il famoso RAPPORTO GERSTEIN, che ruota attorno a questo problema, è stato rifiutato al processo di NUREMBERG, perché era così sciocco e caricaturale...?

IL SILENZIO SUL FATTO CHE HITLER, TRE ANNI PRIMA DELLA GUERRA, AVEVA SOTTOPOSTO AI GOVERNI UN ACCORDO IN BASE AL QUALE, IN CASO DI CONFLITTO, LE POPOLAZIONI CIVILI NON SAREBBERO STATE BOMBARDATE, E SOPRATTUTTO IL RIFIUTO DI QUESTO ACCORDO DA PARTE DEI GOVERNI DI CUI TUTTI CONOSCIAMO I VERI PADRONI?!!!

Eppure, il solo bombardamento di Dresda fece 125.000 vittime in una notte, e quello di Tokyo 195.000, cioè più della bomba di Oppenheimer su Hiroshima...

ORA, SIGNORA VELO, SE HA LETTO IL MEIN KAMPF ANCHE SOLO IN DIAGONALE E HA OSSERVATO LA POLITICA DI HITLER NEL SUO PAESE, SAPRÀ CHE SONO PROPRIO TUTTI QUESTI ORRORI CHE HITLER VOLEVA EVITARE PER IL SUO PAESE E "ANCHE PER I SUOI NEMICI", PER CITARE PAPA XII...

Chiunque conosca i fatti e abbia letto il Mein *Kampf*, soprattutto alla luce degli eventi degli ultimi 50 anni, ne sarà perfettamente convinto.

Questo è senza dubbio il motivo per cui questo libro è vietato, mentre l'EXPRESS di GOLDSMIDT, ARON, MENDES-FRANCE, SCHREIBER, ABITTAN, GRUMBACH, PISAR, LAZLICH, KANTERS, GALLO, OTTENHEIMER ecc.

pubblicizza un romanzo che narra le venali avventure omosessuali di un tredicenne con la raccomandazione ai giovani di quell'età di leggerlo.

Stavo guidando lungo la strada quando ho sentito questo annuncio: l'emozione mi ha costretto a fermarmi...

DATE LA POLIZIA E LA GIUSTIZIA A MR LEVY CHE NON SARA' PIU' RIDICOLO O ABBIETTIVO E CI SARA' IL XX SECOLO...

Alla luce di questi fatti evidenti, non possiamo constatare che il regime nazista fu "UNA REAZIONE SOCIOLOGICA DI LEGITTIMA DIFESA", o come disse Carrel, "la normale reazione di un popolo che non vuole morire..."?

Nei campi tedeschi c'erano tutti coloro che, consapevolmente o meno, promuovevano tutti questi orrori "circoncisi l'8° giorno": massoni, comunisti, sacerdoti che non furono mai sostenuti da Pio XII che disse: "La Germania non combatte solo per i suoi amici ma anche per i suoi nemici, perché se il fronte orientale crolla, il destino del mondo è segnato".

Ha anche detto: "Solo la Germania nazista e il Vaticano sono in grado di opporsi al pericolo bolscevico, la prima politicamente, il secondo spiritualmente"...

CHI PUÒ CONTRADDIRE LA SUA OMONIMA SIMONE WEIL QUANDO DISSE:

"GLI EBREI, QUESTO MANIPOLO DI SRADICATI, HANNO CAUSATO LO SRADICAMENTO DELL'INTERO GLOBO...".

Perché non banalizzare un regime, certo transitorio, che ha cercato con successo di restituire al proprio Paese la dimensione tradizionale che ROTHSCHILD, MARX, FREUD, EINSTEIN, PICASSO E CONSORTI hanno completamente distrutto?

Solzhenitsyn non ci ha detto: IL REGIME NAZISTA E' STATO L'UNICA FORZA POLITICA CAPACE DI COMBATTERE IL SUICIDIO MARXISTA GLOBALE...

In questo gioco globale Rothschild-Marxista, che governa il mondo nel modo più totalitario, non si tiene conto dei reali bisogni dell'umanità:

Biologico: gli effetti dannosi della chimicizzazione della terra, degli alimenti e dei farmaci.

Ecologico: distruzione della natura e inquinamento universale (50 anni di fertilizzanti chimici hanno completamente sterilizzato il suolo) Sociologico: disoccupazione mostruosa, che nella situazione attuale, erroneamente definita "democratica", non può che crescere in modo esponenziale.
(Ritorno della donna alla casa e al valore del "lavoro" e non del denaro). Il sistema è stupido e il suo "progresso" aberrante.

Morale e spirituale: i mali del secolarismo, del marxismo e del freudianesimo, diffusi da insegnanti zombificati.

Allora, signora Simone Veil, lei è una criminale o è solo incosciente? Non potrebbe leggere il suo OMONIMO Simone Weil?

Temo che tu non sia cosciente, perché nessuno vorrebbe desiderare l'olocausto degli altri oltre che il proprio.

NON RIUSCITE A CAPIRE CHE IN UN MONDO FINITO NON CI PUÒ ESSERE UNA CRESCITA INDEFINITA?

Soprattutto quando i processi utilizzati sono antibiologici, artificiali, patogeni e distruttivi per l'uomo e per il pianeta, come Hitler vide così chiaramente nel Mein Kampf.

Questa campagna anti-insetti despiritalizzante, con il suo intelletto ipertrofizzato che dà forma a una mente mostruosa, omicida e suicida, ha solo due parametri strategici: la SOPPRESSIONE RADICALE DELLA CIRCOSCRIZIONE NEL GIORNO 8, GIORNO 1 DEI 21 GIORNI DELLA PRIMA PIOGGIA. [4]

UN RITORNO A PICCOLE COMUNITÀ AUTENTICAMENTE RELIGIOSE, CIOÈ IN ACCORDO CON LE LEGGI DELLA NATURA.

---

[4] Nota di base: (vedi pagina successiva)

NOTA FONDAMENTALE

L'abolizione radicale della circoncisione all'ottavo giorno della prima pubertà, che dura 21 giorni, avrebbe l'effetto immediato di ripristinare i genitali interni in tutta la loro integrità.

Le menti religiose direbbero che la conversione di Israele richiede l'abolizione della circoncisione malintesa. (Uso la parola "conversione" non come un "ritorno alla religione cattolica", che ha mostrato abbastanza le sue debolezze "e la sua ignoranza delle leggi della vita", ma come un ritorno alle leggi della vita e al rispetto della natura.

Inoltre, la sovrastimolazione delle endocrine organiche (ipofisi, tiroide, surreni, genitali riproduttivi) rimarrebbe ereditaria per diverse generazioni. Ciò significa che i bambini ebrei diventerebbero INTERSTITUTI dell'ipofisi e della tiroide come i faraoni d'Egitto.

Costituirebbero così una vera e propria élite, passando da una mentalità analitica a una sintetica, dal quantitativo al qualitativo, da una mancanza di senso morale a un grande senso morale.

Idee come il marxismo o che "la maternità non esiste" sarebbero impossibili. I Warburg, i Marx, i Freud, gli Oppenheimer, gli S.T. Cohen, i Bénézareff, le Simone Veils, i Gurgi-Eliachef, i Gurgi-Lazarus, i Soros ecc. sarebbero impossibili.

Come dice DOMINIQUE AUBIER a proposito del rito della circoncisione in un libro che mi ha inviato:

La circoncisione "non rischierebbe di distruggere tutto ai confini delle nazioni"...

OLTRE L'ANTISEMITISMO

LA CHIAVE DELLA TRAGEDIA EBRAICA: LA CIRCONCISIONE DELL'OTTAVO GIORNO E IL MEDIOEVO.

"Chi avrebbe mai pensato che un rito potesse spingersi così lontano e rischiare di distruggere tutto ciò che si trova alla frontiera tra le nazioni" (Dominique Aubier)

Un fatto storico è innegabile: l'antisemitismo (termine improprio, peraltro, poiché molti veri semiti non hanno mai sperimentato l'antisemitismo) contro gli ebrei si è manifestato in tutti i tempi e in tutti i continenti in cui gli ebrei sono stati presenti. Pertanto, come afferma Bernard LAZARE nel suo libro sull'ANTISEMITISMO, esso è in gestazione permanente nell'ebreo stesso e NON nell'antisemita.

Non tutte le epoche e non tutte le latitudini si sono unite per perseguitare gli ebrei. Il monito della Chiesa contro la perversione ebraica riguardava solo i cattolici, una piccola frazione di tutti i popoli e di tutti i luoghi che non avevano bisogno di Roma per praticare un sanguinoso antisemitismo, anche quando gli ebrei possedevano il massimo potere politico e finanziario.

Questo antisemitismo (parola resa ancora più assurda dal fatto che un ebreo che vive da secoli in Polonia non è affatto semita) è dovuto al loro costante particolarismo nel tempo e nello spazio.

Gli "ebrei" (termine improprio, come vedremo) hanno notevoli capacità speculative, ma a scapito del SENSO MORALE, che non va confuso con la loro moralità spesso rigorosa, e dello SPIRITO DI SINTESI. Le loro speculazioni moderne, JUDÉO CARTESIENNES, ci offrono un micidiale niagara di prove di questo fenomeno. Questo particolarismo non deve nulla alla THORA, il libro sacro ebraico, perché gli pseudo-giudei che dominano il mondo non hanno quasi ricevuto alcuna istruzione religiosa e sono, nelle loro speculazioni come nella loro vita, radicalmente atei.

Lo spirito di sintesi e il senso morale che caratterizzano le vere élite sono totalmente assenti dall'ufficialità politica.

La pseudo-democrazia si trasformerà così in una giudeocrazia globalista che impone il suo cesarismo attraverso il voto inconsapevole delle masse disgregate. La dialettica della libertà dell'uomo, della donna e del bambino è l'epicentro strategico di questa distruzione demagogica, che fa leva sull'ingenuità e sulla vanità delle masse. I fenomeni "Michael Jackson" e "Madona" sono sintomi eclatanti del collasso fisiologico e psichico delle masse.

La parola "ebreo" ha un significato strettamente religioso. Un ebreo è colui che segue i precetti del THORA, l'unico libro sacro ebraico ortodosso", spiega lo specialista Alexandre Weil.

WARBURG, che nel 1914-1918 sovvenzionò contemporaneamente gli Alleati, i tedeschi e la rivoluzione bolscevica, per poi venire in Europa nel 1919 come negoziatore di pace (sappiamo cosa fu il TRATTATO DI VERSAILLES e dove portò), HAMMER, che solo nel 1940 possedeva una quantità di petrolio pari a quella delle 3 potenze dell'Asse, MARX, KAGANOVITCH, E 50 BOURREAUX JEWISH CARCETALI E CONCENTRAZIONALI CHE ESTERMINARONO DZINE DI MILIONI DI GOYS NELL'URSS.R.S.S. (FRENKEL, YAGODA, JEJOFF, FIRINE, APPETER, ABROMOVICI ETC), FREUD, abulico e pornografo con la sua fumosa teoria pansessualista basata sul nulla, SIMONE VEIL, piluloavorteuse, (la pillola è patogena e teratogena), BENEZAREFF, re del film pornografico, con molti altri della stessa origine negli USA.BENEZAREFF, re del film pornografico, con molti altri della stessa origine negli USA, e in Europa, tale altro "ebreo" re dell'alcol mondiale, della carne, della monopolizzazione del grano, delle soap-opera noiose della propaganda sistematica, della violenza e del sesso, NON SOLO NON SONO EBREI MA SONO I MAGGIORI CRIMINALI DELL'UMANITÀ, COME I RE DELLA STAMPA MAXWELL E GOLDSCHMIDT, che manipolano le masse su un mare di propaganda antitradizionale di basso livello, bugie, errori e orrori.

L'unica critica che si può fare ai Veri Ebrei è che tacciono su questi grandi criminali che, per di più, usurpano il titolo di "ebreo"...

Quando abbiamo compreso appieno il particolarismo speculativo asintetico e amorale di questa setta atea che ha le sue origini nell'ebraismo, quando vediamo che un ebreo in Polonia e un ebreo in Sudamerica sono somaticamente molto diversi, avendo in comune solo i tratti caricaturali del viso e i poteri speculativi, DOBBIAMO CERCARE UN DENOMINATORE COMUNE CHE RACCONTI QUESTO PARTICOLARISMO.

C'è CIRCOLAZIONE SOLO ALL'8° GIORNO DOPO LA NASCITA.

Ciò diventa chiaro quando si comprende la PRIORITÀ FUNZIONALE DEL SISTEMA ORMONALE SUL SISTEMA NERVOSO E SULL'ESSERE IN GENERALE (opera dell'endocrinologo Jean Gautier). In altre parole, è il nostro sistema ghiandolare che ci dirige, mentre il sistema nervoso è solo un ponte, che garantisce i nostri automatismi, tra la nostra natura ghiandolare e le nostre azioni.

Nella mia tesi di dottorato ho dimostrato che i dandy romantici (Chopin, Lamartine, Musset, Liszt, Goethe, Byron ecc.) erano "tiroidei" con una tendenza "iper". Questo spiega la loro forma allampanata, il loro estetismo, la loro intuizione e la loro immaginazione.

Quando si conosce anche la prima pubertà, che inizia l'ottavo giorno e dura 21 giorni, si ha una vera e propria sorpresa.

Inoltre, può essere fatto prima dalla pura intelligenza, perché la circoncisione dell'ottavo giorno è l'UNICO PARAMETRO COSTANTE che può giustificare un tale particolarismo, tanto più che c'è una totale assenza di etnicità, dato che gli ebrei sono sempre stati praticamente sparsi su tutto il pianeta, non avendo mai potuto insediarsi per più di qualche secolo, il che non permette loro di caratteristiche etniche evidenti. Inoltre, nessuna giustificazione etnica potrebbe giustificare tali poteri speculativi, privi di qualsiasi senso morale o spirito di sintesi.

Se gli ebrei avessero avuto un minimo di senso di sintesi, avrebbero scoperto molto tempo fa che la circoncisione era la fonte di TUTTI I LORO MALI e l'avrebbero eliminata. Sembra che il loro destino sia proprio quello di non averla scoperta...

La circoncisione veniva eseguita l'8° giorno, cioè il primo giorno della pubertà, che durava 21 giorni e doveva essere notevolmente disturbata. Determinerà la mentalità molto particolare di chi si sottopone a questa mutilazione in modo permanente.

L'8° giorno, tutti i nostri endocrini sono in subbuglio. Per 21 giorni, questa è la PRIMA PUBERTY. Si manifesta attraverso segni genitali e attività delle ghiandole mammarie. L'importanza di questa pubertà è notevole per il nostro funzionamento ghiandolare generale e per tutte le nostre possibilità vitali. L'ipofisi è molto attiva e agisce su tutte le altre ghiandole per adattarle alla nuova vita. In questo modo può mantenere l'ambiente organico del bambino e permettergli di resistere alle influenze esterne.

SE, DURANTE QUESTA EFFICACIA ORMONALE, UN TRAUMATISMO INSOLUTO COLPISCE IL LUOGO IN CUI SI TROVA LA PREPUCE, in prossimità dei nostri genitali interni, un sistema endocrino di fondamentale importanza, è ovvio che l'EQUILIBRIO GLANDOLARE CHE DEVE ESSERE STABILITO ALLA PRIMA PUBERTÀ SARA' PERTURBATO.

Non c'è dubbio che questa mutilazione dirotterà a proprio vantaggio le attività circolatorie e metaboliche che dovrebbero riguardare i genitali interni (o interstiziali). È quindi questo sistema endocrino, che da 40 anni sappiamo essere atrofizzato nei pazienti affetti da demenza, a essere danneggiato, frustrato e colpito.

Non si tratta dei genitali riproduttivi, che non sono ancora formati e si evolveranno solo in seguito. Questo trauma provocherà quindi un'IPOFUNZIONE DEL GENITALE INTERNO.

Ma è la ghiandola della volontà, dell'intellettualità (che non ha nulla in comune con l'INTELLETTUALISMO della scienza moderna, della finanza e delle ideologie assassine come il marxismo, il freudismo e l'anarchismo, non nel suo senso reale, ma nel senso di "caos") e del senso morale.

Questa ipotrofia dei genitali interni andrà a vantaggio dei genitali riproduttivi e delle altre endocrine, in particolare dell'IPOFISI. Queste endocrine diventeranno da sette a dieci volte più efficienti di quelle degli altri esseri umani; IL RISULTATO È CHE IN UNA DEMOCRAZIA PSEUDO PRIVA DI QUALSIASI ELITE SPIRITUALE, IL CIRCONCORSO DELL'8° GIORNO PRENDERA' TUTTO IL POTERE.

Li prenderanno tanto più facilmente perché sono totalmente privi di SENSO MORALE E DI MENTE SINTESI.

Potranno quindi utilizzare qualsiasi processo a loro piacimento senza alcuna remora.

Saranno quindi queste endocrine, ad esclusione della ghiandola genitale interna, a garantire lo sviluppo della genitalità. Di conseguenza, il cervello, costituito da un concerto endocrino iperpotente MA SENZA ALCUNA EFFICACIA DA PARTE DEL GENITALE INTERNO, libererà l'individuo da tutte le forze opposte, sentimentali e autenticamente intellettuali. (senso morale, sintesi), che possono, ad esempio, opporsi all'uso della sessualità, così come allo sviluppo di sistemi o scoperte che rivolgeranno contro l'uomo (freudismo, marxismo, bomba atomica, bomba al neutrone, "liberazione" di uomini, donne e bambini ecc.)

Inoltre, questo trauma pre-puziale, registrato automaticamente, dirotterà tutti gli sforzi dei genitali sugli organi riproduttivi durante gli altri due periodi della pubertà (tra i 13 e i 18 anni). Inoltre, la circoncisione provoca cicatrici che richiedono un'attività particolare da parte dell'ipofisi. QUESTO SISTEMA ENDOCRINO È QUINDI CHIAMATO A FUNZIONARE FIN DALLA NASCITA DEL BAMBINO.

CONTINUERÀ QUINDI A DOMINARE L'ECONOMIA ORMONALE GENERALE. Rimarrà persistente nella sua attività. Agirà sul somatico e sullo psichico.

NORMALMENTE LE PROSPETTIVE DI RAGIONAMENTO DELL'IPOFISI SONO TEMPERATE DAI GENITALI INTERNI.

Ma in questo caso, come ha detto giustamente Jacques Bergier, parlando della circoncisione speculativa che ha erroneamente chiamato "ebrei", "C'È UNA MALATTIA DI ULTRA RAGIONAMENTO"; QUESTA È FATALE PERCHÉ È L'IPOFISIA CHE DA SOLA GARANTISCE LE ELABORAZIONI INTELLETTUALI.

Il pensiero di chi viene circonciso l'8° giorno (una circoncisione eccezionale non avrà tutte queste conseguenze) sarà quindi esclusivamente materialista, calcolatore, astratto, ANALITICO; quindi l'essere ormonalmente segnato in questo modo elaborerà analisi, calcoli, in cui NON POTRA' ENTRARE NESSUNA CONSIDERAZIONE MORALE O PREOCCUPAZIONE PER LA GLOBALITA' SINTETICA UMANA NEL TEMPO E NELLO SPAZIO. L'ESCLUSIVITÀ DI QUESTO TIPO DI

SPECULAZIONE EGEMONICA SIGNIFICHERÀ IL SUICIDIO DI TUTTO E DI TUTTI.

La scienza diventerà magia nera perché sarà esclusivamente ANALITICA, MICROSCOPICA, QUANTITATIVA, mentre la CONOSCENZA, la magia bianca, è SINTETICA, MACROSCOPICA, QUALITATIVA.

La persona circoncisa l'8° giorno è quindi responsabile, come agente cosmico, del collasso globale: NON È COLPEVOLE.

Non è colpevole più di quanto lo sia il coleottero del Colorado per la patata. Non ha scelto le ripercussioni della circoncisione dell'8° giorno, che non è nemmeno in grado di concepire. Non è consapevole della mentalità che gli conferisce. Vittima dell'antisemitismo, non capisce che le sue speculazioni amorali e immorali ne sono la causa.

Se avesse avuto questa consapevolezza, AVREBBE RIMOSSO LE CIRCOSTANZE DA TEMPO, soprattutto perché, curiosamente, conserva solo questo rito RELIGIOSO frainteso e ignora la Torah.

Mosè aveva meno dimestichezza con la questione ghiandolare rispetto ai sacerdoti di Horus. Così inflisse questa circoncisione malintesa a un intero popolo, trasformandolo in un mostro ghiandolare e infliggendogli, inoltre, L'IDEA DELL'EGEMONIA MONDIALE.

Hanno ottenuto questo risultato sulle rovine putrescenti e sanguinose di nazioni degenerate. Non esiste quindi una razza ebraica (perché non esiste) o un'etnia.

(l'etnicità è il risultato dell'adattamento ormonale a un ambiente fisso da almeno un millennio). SOLO la circoncisione dell'8° dà conto della mentalità speculativa, amorale e sintetica dei circoncisi, CHE STANNO ENTRANDO NELL'ULTIMA FASE DELL'ETA' DEI TENEBRI ANNUNCIATA DA MIGLIAIA DI ANNI DAI SAGGI.

Oggi l'espropriazione di tutti gli esseri umani da parte di una finanza vagabonda e circoncisa si è istituzionalizzata. L'usura, il crimine onnicomprensivo denunciato da tutte le civiltà, ha assunto la veste ufficiale del credito che, insieme all'alcol, è la fonte di tutti i nostri mali.

Tutto questo può essere sostenuto solo dalla disintegrazione di massa di individui il cui aspetto e abbigliamento biotipico, ad esempio nella metropolitana di Parigi, è qualcosa di atroce e ripugnante.

L'essere paraumano schiavizzato dal credito, dalla chemificazione alimentare e terapeutica, dal freudismo, dal marxismo, dalla musica patogena e criminogena, è diventato una sorta di amalgama fisico-chimico in blue jeans Levis, governato dal conto economico delle pseudo-democrazie, che in realtà non sono altro che le dittature delle banche e del marxismo.

La droga si diffonde liberamente, GESTITA DALL'ALTA FINANZA, dando il tocco finale a questa degenerazione, mentre i giovani, indifesi, disoccupati, in un mondo "circonciso" impietoso, si suicidano in massa, mentre le vere élite, che non hanno più alcun dialogo con nessuno, assistono in lacrime a questo spettacolo angosciante. Oggi i circoncisi possiedono ciò che resta degli Stati. Solo l'Apocalisse cambierà in modo irreversibile il loro e il nostro destino.

Le loro combinazioni ipofisarie si ritrovano nelle riforme religiose, nelle rivoluzioni come quelle del 1989 e del 1917, nelle guerre, nel menefreghismo zombesco e nella pornografia. La civiltà è scomparsa per effetto della disintegrazione delle loro ghiandole pituitarie. È una tendenza naturale per loro, poiché le 4 endocrine organiche (tiroide, ipofisi, surrenali, genitali riproduttive), molto più potenti che negli altri esseri umani, si oppongono permanentemente ai valori sintetici, morali, divini e altruistici conferiti da un sistema genitale interno perfettamente funzionante.

I finanzieri circoncisi Warburg, Hammer, Rothschild, Lœb, Kuhn, ecc. come Freud e Marx, Einstein, Oppenheimer, S.T. Cohen, sono esemplari in questo senso. SPINOZA, scomunicato dalla Sinagoga d'Olanda e quindi NON ebreo, rappresenta la prima concezione materialista dei tempi moderni. Ha separato il misticismo dalla filosofia e ha aperto la strada al RAZIONALISMO e alla SCIENZA MODERNA, che ha quasi finito di sterminarci.

FREUD fa dipendere le nostre possibilità intellettuali dalle nostre tendenze sessuali sublimate. Ci riduce al livello di un inconscio bestiale e, grazie alla pseudo-democrazia, ha imposto la sua nevrosi a TUTTO IL MONDO.

In effetti, questa anarchia ghiandolare, tenuta a malapena sotto controllo da un interstizio carente, porta i circoncisi dell'8° giorno a psicologie di sconvolgimento, distruzione e annientamento, per stabilire la direzione generale del mondo. Ignorano la Torah e conservano solo la circoncisione e l'annuncio mosaico della loro egemonia mondiale. Alla fine del XX secolo, hanno asservito i governi e il sistema giudiziario alla loro devozione. I tribunali ora applicano le loro leggi razziste e dittatoriali, mascherate da "antirazziste e democratiche". In questo modo, i circoncisi assicurano la loro egemonia sulle masse decomposte.

Solo coloro che formeranno piccole comunità organizzate secondo linee etniche in cui verranno ripristinati i valori spirituali e morali potranno sfuggire al suicidio globalista che, mentre scrivo, si manifesterà in Sudafrica, ad esempio, con la rovina economica e la macelleria intertribale. È assolutamente certo che, dopo il suicidio globale, il XXI secolo ritroverà la sua coerenza gerarchica solo attraverso ciò che collega, cioè la religione. Oggi tutto è invertito e solo la VERA RELIGIONE rimetterà le cose nel loro ordine provvidenziale.[5]

L'egemonia globale dei circoncisi dell'ottavo giorno non fa altro che portare a compimento il Medioevo sull'impero delle rovine. Alla fine sarà anche il loro stesso suicidio e la fine della pratica fraintesa della circoncisione. La psicosi giudeo-cartesiana è integrata nel determinismo assoluto dei circoncisi dell'8° giorno, che non sono affatto ebrei.

La loro missione cosmica è assumere un intellettualismo involutivo superiore (analitismo).

La perfetta comprensione di questo testo implica una tiroide e dei genitali interni in buone condizioni.

---

[5] Secondo il dottor Alexis Carrel, nominato da Pio XII membro dell'Istituto Scientifico Vaticano, la Chiesa dovrebbe essere criticata per il suo formalismo dottrinario e l'ignoranza delle leggi della vita (dietetica, respirazione controllata, preghiera autentica, che sola può unirci al trascendente).
È inoltre assolutamente necessario eliminare le sostanze tossiche che causano gravi carenze e danni e che disturbano la tiroide, la GHIANDOLA DELLA TENTAZIONE: caffè, tabacco, alcol, alimenti chimici, carne.
Non si può parlare a Dio con la bocca piena di sangue.
È difficile immaginare macelli nelle vicinanze del Tempio di Luxor o dell'Acropoli...

UN TIPICO ESEMPIO DEGLI ANNI '90 DEGLI EFFETTI DELLA CIRCONCISIONE DELL'8° GIORNO: IL FINANZIERE SOROS.

Chi è Soros?

Speculatore e filantropo (è di moda, dopo aver guadagnato dieci miliardi con speculazioni permesse solo dalla democrazia, donare qualche milione a buone cause), Soros è un emigrato ebreo ungherese. È diventato miliardario americano dormendo...

La sua fortuna è così recente che non compare nel famoso libro di Henri Coston "Le veau d'or est toujours debout" (Il vitello d'oro è ancora in piedi), pubblicato nel 1987.

Secondo Le Monde del 16 settembre 1992, la sua fortuna è aumentata da un giorno all'altro di un miliardo di dollari, ovvero 5 miliardi di franchi, ovvero 500 miliardi di centesimi. Come tutti sanno, tali fortune in un regime monarchico o teocratico erano comuni!

La storia ci dice, a torto o a ragione, che il sovrintendente Fouquet, di cui il re Luigi XIV era geloso, era un mendicante accanto a Soros!

C'è voluta la democrazia per raggiungere finalmente la perfetta uguaglianza (+ uguaglianza e fraternità!) tra SOROS e UN MILIARDO DI PERSONE NON DISOCCUPATE NEL MONDO...

Ha funzionato contro le valute europee, in particolare quella britannica.

Le MONDE ci dice che in Gran Bretagna è conosciuto come "l'uomo che ha rotto la sterlina"...

Dopo la tempesta che ha aggravato la recessione in Europa, Soros ha incassato due miliardi di dollari. (Sette mesi dopo Soros è tornato a far parlare di sé per il mercato dell'oro. Acquistò una partecipazione in una delle più grandi miniere d'oro degli Stati Uniti, la NEWMONT MINING, per 400 milioni di dollari, facendone salire il prezzo.

È proprio il tipo di uomo d'affari astuto e misterioso, nevroticamente stimolato da una sovrastimolazione della ghiandola pituitaria dovuta alla circoncisione. Come Rothschild, agisce da solo. Ma ha a disposizione uno strumento che il vincitore della disonesta truffa di Waterloo non aveva: il telefono. Gli piace dire che il telefono è sufficiente a tenerlo informato.

Il telefono è anche tutto ciò di cui ha bisogno per piazzare i suoi ordini di borsa a Wall Street, nella City, a Parigi, Tokyo e Francoforte.

Ha poco più di sessant'anni mentre scrivo questo libro, e tiene le fila di una rete che comprende banche e società fiduciarie che sono obbligate a eseguire i suoi ordini e a obbedire alle sue istruzioni.

Non è necessario essere intelligenti per capire il potere che un uomo del genere può avere su tutti i politici di qualsiasi paese e su tutte le masse. È gente come lui che può globalizzare il freudismo in una notte, far indossare a tutto il mondo i blue jeans, scatenare una guerra che li favorisca e domani, se il degrado mentale è stato ben dosato, far indossare a tutti un berretto di piume sul sedere... Questo esempio grottesco è più sano dell'avvento globale della pornografia in nome della libertà!

Dopo il crollo del sistema comunista nell'Europa dell'Est, il finanziere Soros ha "intrapreso una nuova vita". Da grande speculatore, ora è un filantropo dell'Est, dice Le MONDE a denti stretti:

"Attraverso una rete di fondazioni create in 18 Paesi excomunisti, contribuisce a costruire la democrazia cercando di incoraggiare la nascita di società aperte (cioè trust o gruppi finanziari che dipendono da lui e dai suoi complici).

Dedica la maggior parte del suo tempo alle sue fondazioni, per un ammontare di 50 milioni di dollari all'anno. Nel 1992 ha anche donato 100 milioni di dollari per aiutare la ricerca scientifica in Russia, 50 milioni di dollari in aiuti umanitari alla Bosnia e un prestito di 25 milioni di dollari alla Macedonia.

Secondo LE MONDE, le fondazioni di George Soros hanno avuto fortune diverse nei vari Paesi. In Cina ha rinunciato abbastanza rapidamente dopo essere stato infiltrato dai servizi di sicurezza. In Polonia ha fatto un primo tentativo con gli intellettuali di SOLIDARITÉ, ma senza successo...

La storia della sua fondazione a Mosca, che segue da vicino l'evoluzione della società russa, inizia nel 1987, quando Sacharov rifiutò l'offerta di Soros di collaborare, convinto che la sua fondazione sarebbe stata infiltrata dal KGB. "Abbiamo iniziato come un'organizzazione sovietica", dice Soros, "ci sono voluti due putsch all'interno della fondazione per correggere la traiettoria e cinque anni per essere operativi".

I poveri russi sono sfuggiti alla Regola Rossa per cadere sotto il dominio dorato di un cugino ungherese dei capi dei Gulag?

Soros si è scontrato con la cricca bolscevica e ha dovuto cambiare il modo di lavorare sul campo:

"Il direttore è arrivato alla riunione come direttore e se n'è andato come ex direttore. Poi è subentrata la persona che aveva organizzato il putsch, il consulente legale della fondazione. Era "politicamente corretto", ma si è rivelato un dittatore peggiore dei suoi predecessori. Così, dopo un anno, ho dovuto organizzare un altro putsch mentre lui era in America"...

Gli ex sovietici con il collo troppo rigido vengono spezzati senza scrupoli. Il nuovo governo di Mosca "gli dà poche speranze". Lui ci conta:

"Aiutare il Ministero dell'Istruzione a sostituire tutto l'insegnamento marxista-leninista con quello delle scienze umane" (cioè quello del capitalismo)".

Molto dipende, come osserva sempre LE MONDE, dalla scelta di persone per le quali Soros può decidere in cinque minuti, dall'istinto, dalla cotta, dall'intuito:

A volte non abbiamo trovato il contatto", dice Soros, "per esempio in Lituania abbiamo fatto un ottimo lavoro, ma non in Lettonia. Quando dico 'noi', in realtà sono io: per iniziare è necessario un contatto personale".

Una volta fatta la loro scelta, hanno piena fiducia nelle fondazioni, compreso il denaro. L'utilizzo dei fondi viene deciso localmente da ciascuna fondazione e una copia dei conti viene inviata a New York.

"Sta dando potere alle persone nell'Europa orientale", dice Sandra Pralong, che gestisce la Fondazione Soros in Romania.

A Varsavia ha dovuto operare in modo diverso. I polacchi erano più diffidenti e hanno opposto resistenza (Soros lo ammette). Avevano una concezione diversa. Alla fine, il finanziere ha trionfato. Le

MONDE dice: "La Fondazione Stefan Balory è ora il fiore all'occhiello delle fondazioni Soros"...

Gli americani più lungimiranti hanno individuato il "filantropo sfruttatore" che "gioca con la fondazione" "come un fucile a ombrello".

Questo filantropo, che ha iniziato come analista finanziario, ha fatto il grande passo nel 1969 e ha creato il suo fondo.

La sua storia si può riassumere così: dall'Ungheria, dove George Soros visse in semiclandestinità durante la guerra per sfuggire al controllo della polizia del reggente Horthy, si recò a Londra nel 1947, dove visse di rendita. Riuscì a ottenere una borsa di studio e a studiare alla LONDON SCHOOL OF ECONOMICS. Non tornò a Budapest, dove i carri armati sovietici avevano riportato il Paese sotto il dominio comunista. È a Wall Street che fa carriera, prima come analista finanziario e poi, a partire dal 1969, come "capo" di una propria attività, il QUANTUM FUND, che si premura di registrare a Curaçao, il noto paradiso fiscale.

Da allora ha accumulato miliardi senza fare rumore. È un uomo intelligente e sa che "per vivere felici, viviamo nascosti"...

Non è lui che, come il misero Tapie su cui si concentrano le telecamere e le corti di giustizia, verrà agitato come un patetico burattino dai media. Tapie è un poveraccio rispetto a Soros.

Il governo lo usa per divertire le masse e concentrare la loro attenzione su qualcosa di diverso dalla crescente disoccupazione. Eppure le azioni di Soros equivalgono alla più grave delle delinquenze in un sistema politico NORMALE. Questi crimini sono così gravi che in un regime tradizionale NON POTREBBERO ESSERE PERPETRATI...

Soros, in agguato nell'ombra, sta affrontando la grande politica.

Nel suo Paese d'origine, l'Ungheria, il suo gioco è stato indovinato e diversi leader della destra magiara lo hanno messo alla berlina nei loro scritti. In Slovacchia e in Romania è stato violentemente denunciato. Il feroce speculatore di non diventerà mai un San Bernardo. È un astuto e avido finanziere "democratico" (che beffa!!). Recentemente, quando Soros ha acquistato il 10% delle azioni del suo amico Jimmy GOLDSMITH della NEWMONT MINING, ha provocato un'impennata del mercato dell'oro.

In "democrazia" non abbiamo sentito l'ultima parola su di lui.

Il presidente socialista dell'Assemblea Nazionale, Emmanuelli, si è rifiutato di prendere posto perché il re Juan Carlos di Spagna era venuto a fare una presentazione. Un re di un Paese socialista ancora più marcio del nostro!

Scommettiamo che se SOROS verrà a parlare all'Assemblea, sarà lì ad applaudire questo multimiliardario manipolatore sorto dal nulla...

Queste marionette politiche sono così grottesche che non riusciamo a trovare le parole per descriverle...

Goys, svegliati o muori!

"E il mondo sarà governato da mostri" (Apocalisse)

"La verità, quella vecchia strega" (Oscar Wilde)

"Gli ebrei, quel manipolo di sradicati, hanno causato lo sradicamento dell'intero globo" (Simone Weil).

"L'avvento del cesarismo ebraico è solo una questione di tempo. Il dominio del mondo appartiene al giudaismo. Il crepuscolo degli dei ci ha già raggiunto. Se posso rivolgere una preghiera ai miei lettori, è questa: che conservino questo libro e lo trasmettano ai loro discendenti. Non pretendo di essere un profeta, ma sono profondamente convinto di ciò che sto dicendo: ENTRO QUATTRO GENERAZIONI NON CI SARÀ ASSOLUTAMENTE UNA SOLA CARICA NELLO STATO, TRANNE LA PIÙ ALTA, CHE NON SIA IN POSSESSO DEGLI EBREI".

Questa citazione è tratta dal libro di WILHELM MARR LE MIROIR DU JUDAÏSME.

È stato scritto cento anni fa!!!

Il rifiuto della religione ha portato a strutture economiche ingiuste.

Per due secoli abbiamo fatto di tutto per sradicare e svilire il popolo, per privarlo di ogni ideale, di ogni amore per il proprio mestiere, di ogni religione. Il proletariato nasce e viene schiacciato.

Il bestiame del mondo consegnato al macello, le guerre del 14-18, del 39-45 e le 150 guerre di questo mezzo secolo tra il sistema liberale e l'ideologia marxista...

Portano enormi fortune ai "finanzieri che governano il mondo", ai Bazile Zaharoff, ai Bloch-Dassault...

Non c'è esempio nella storia dell'umanità di una disumanizzazione più profonda. La caduta dell'Impero Romano era solo un piccolo dettaglio rispetto a questo collasso globale, in cui l'uomo, isolato da tutti i legami naturali e soprannaturali, è stato consegnato alla follia universale come un relitto che può essere reso redditizio e pornografato a piacere.

L'uomo ha perso ogni potere di adattamento alla realtà.

Il dominio dei circoncisi nell'8° giorno è definitivo: avremo il Nuovo Ordine Mondiale, cioè il caos universale.

Non sono ebrei, perché tutte le speculazioni materialistiche che dissolvono l'umanità sono eretiche e criminali davanti alla THORA.

Sono cervelli speculativi privati del senso morale e dello spirito di sintesi a causa della circoncisione. Non è una questione di razza, perché le razze non esistono, non è una questione di popolo o di etnia, perché gli pseudo-giudei non sono stati costituiti da una multi appartenenza secolare a un ambiente fisso. Si tratta di una setta di malati ghiandolari affetti da speculazione cronica, i cui "talenti" omicidi trovano libero sfogo nella farsa della "demoncrassia".

Una curiosa "razza eletta" (la più razzista del mondo) che, attraverso la finanza e il marxismo, sta riducendo in cenere la terra e i suoi ingenui abitanti.

Hanno ogni diritto. Sono al di sopra del diritto internazionale, non solo in Israele, dove possono massacrare i palestinesi e prendere la loro terra impunemente, ma in tutti i Paesi in cui sono una minuscola minoranza.

Inoltre, fanno approvare le leggi dalle LICRAsseuses e dai politici di tutti gli schieramenti. Se l'ONU è riuscita a stigmatizzare il sionismo come razzismo, si tratta solo di un abbaglio che verrà presto annullato. L'importante è anche non lasciare che un eroico professore parli di studi storici che non gli piacciono, tanto più che non sono in grado di contraddire i fatti, e la certezza che non ci sono mai state camere a gas o 6 milioni di ebrei gassati nei campi tedeschi è una cattiva notizia da sanzionare in modo imperfetto da parte di un servizio giudiziario che applica leggi incoerenti e desiderabili...

La loro "democrazia" ha istituito un crimine di pensiero totalitario, come in 1984 di George Orwell... L'antisemitismo, cioè la lucidità nei loro confronti, è il crimine dei crimini inespiabili. Viene perseguito dittatorialmente e senza appello a 50 anni dalla distruzione della Germania. E questo contro ottuagenari che hanno cercato di salvare l'Europa dall'orrore assoluto in cui è precipitata!!

Per quanto riguarda l'antigermanismo, non solo è tollerato, ma è raccomandato come una virtù... HITLER E IL NAZIONALSOCIALISMO SONO IL MALE ASSOLUTO!!

Che importa se non abbiamo mai visto un solo bambino tossicodipendente o alcolizzato, un solo disoccupato, un solo lavoratore sfortunato sul territorio del Reich! Il loro crimine inesistente, perché oggi tutti sanno che il mito dei "sei milioni di camere a gas" è un'assurdità aritmetico-tecnica, è più grande in termini di orrore dei circa cento milioni sterminati in URSS dalla rivoluzione di Warburg-Lenin e dai 50 boia ebrei delle carceri e dei campi di concentramento (Frenkel, Jagoda, Firine, Apetter, Jejoff, Rappoport, Abramovici e KAGANOVITCH, il cognato di Stalin. D'altra parte, la democrazia, paravento della dittatura assoluta e mondiale circoncisa su un mondo decomposto, è il bene assoluto!

Che importa se il mondo si dissolve in una putrescenza immonda, che importa se il caos internazionale, la famiglia distrutta, i terreni chimicamente sterili, i 5000 laghi biologicamente morti in Canada, i 2000 laghi morti in Svezia, la pornografia imperante, la perversione dei nostri figli, attraverso il permissivismo sessuale insegnato fin dalla più tenera età, come il rifiuto 'autorità dei genitori e degli insegnanti, lo iatrogenismo, il teratogenismo, i suicidi di massa dei nostri figli, la disoccupazione, gli scandali politici amnistiati?..

È tutto un abbaglio del regime politico ideale: la DEMONCRASSIA CIRCUMSTANTE.

L'orgoglio etnico dei bianchi è un crimine, l'orgoglio etnico delle persone di colore, dei musulmani (tranne che in Palestina) è la più grande delle virtù.

L'uguaglianza è la verità assoluta rivelata. Warburg o Soros, il cui potere non è mai stato eguagliato da nessun potentato nella storia, o Hammer, che possedeva tanto petrolio quanto le tre potenze dell'Asse nel 1941, sono uguali ai disoccupati. Lo scemo del villaggio e Landru valgono quanto Pericle o Goethe. Tutti hanno diritto di voto: criminale o professore, spacciatore o scienziato, tutti uguali davanti alle urne!

Le minoranze indesiderate, a meno che non abbiano avuto la sfortuna, come gli Harkis, di combattere per la Francia, e i degenerati di ogni genere, devono ricevere un sostegno speciale e diritti speciali. I diritti delle donne devono essere ampiamente diffusi, in modo che attraverso il lavoro e la perversione perdano la loro identità femminile e il loro scopo di madri e mogli. Le donne sono migliori degli uomini. Come giudici matrimoniali, ad esempio, potranno completare l'abolizione totale dell'autorità paterna e sostenere le madri psicopatiche e delinquenti contro la Legge e la Giustizia.

Le etnie separate sono l'incubo della circoncisocrassia: devono essere tutte mescolate (tranne i circoncisi, che si mescolano solo con l'alta borghesia e la nobiltà goy) affinché la circoncisocrassia possa governare su un mondo zombificato di amalgami fisico-chimici governati dal conto economico della democrazia globalista. Dio ha creato etnie differenziate e questo non può continuare: correggiamo la creazione: il concetto di Nazione deve essere abolito. D'altra parte, i confini artificiali imposti dal colonialismo e dalla democrazia sono intoccabili: non importa se la loro artificialità li rende tragedie permanenti e causa di guerre, magari mondiali.

La Costituzione è più importante della Nazione

L'economia è molto più importante dell'ecologia! Non importa se la carestia universale è dietro l'angolo. Il liberismo economico e la produzione indefinita sono dogmi intangibili. Dobbiamo trasportare il cibo in tutto il mondo a beneficio di finanzieri senz'anima, che ignorano il fatto che solo il cibo coltivato in un determinato luogo ha un reale valore nutrizionale per coloro che lo abitano. Quindi l'autocura deve essere bandita (il grande crimine di Hitler) quando è la regola fondamentale della salute delle persone.

Il consumo per amore del consumo è un valore in sé

Deve crescere all'infinito in un mondo finito. La crescita economica, la cannibalizzazione della natura e l'estinzione delle specie attraverso l'avvelenamento dell'ambiente sono imperativi assoluti: non importa quanto siano suicidamente aberranti...

Lo scopo della produzione non è soddisfare i bisogni, ma crearne sempre di nuovi. La frugalità è da scoraggiare, l'edonismo è da raccomandare (malattie cardiovascolari, tumori, AIDS, piccole bave demoniache...) Le nazioni ricche devono aiutare le nazioni povere anche se queste ultime si rifiutano di lavorare e sono responsabili della loro miseria. Chiunque può uccidere un bambino sano nel grembo di sua madre, ma se nasce un degenerato, uno storpio mentale o fisico, dobbiamo farlo sopravvivere a tutti i costi, mentre lasciamo che le nazioni si massacrino a centinaia di migliaia in Europa o in Africa, e mobilitiamo il mondo intero per una questione di petrolio, in una notte! (Jugoslavia, Ruanda, ecc. e Kuwait)...

L'UNICO VALORE CHE REGNA È QUELLO DEL DENARO

La droga si sta diffondendo ovunque con la complicità della finanza internazionale (programma televisivo: "Le nouveau désordre mondial" - 1994). Esprime la miseria biologica e psicologica di chi sceglie questo palliativo suicida.

SE CREDETE FERMAMENTE NELL'ADORAZIONE PERPETUA DI TUTTA QUESTA FOLLIA DEMONIACA, AVRETE SUCCESSO NELLA VITA. Se un giorno o l'altro, per esempio, vendete armi a tutto ciò che viene sterminato sul pianeta come Bloch dit Dassault, sarete decorati con la Legion d'Onore insieme a qualche puttana o invertito del film.

In questa bella democrazia, di gran lunga il peggiore di tutti i regimi, poiché è l'unico a realizzare l'INQUINAMENTO INTEGRALE DELLE PERSONE E DEL PIANETA, le grandi città americane sono l'inferno in terra. Uccidono, stuprano, rubano, saccheggiano, ricattano e si drogano: non preoccupatevi, francesi, idioti, guardate lo stato delle periferie nel 1994. Il paradiso sarà presto qui, come negli USA.

Come possono reagire gli zombie del pianeta, vestiti con i loro blue jeans Levis e gli ornamenti zoomorfi? Non sono più che l'humus su cui far germogliare la rinascita, dopo lo sterminio quasi totale del pianeta da parte della finanza inquinante da Rothschild a Soros, del marxismo sterminatore, del socialismo che rovina senza appello, del freudismo abulico e pornografico, del nucleare e delle sue scorie inservibili di Einstein, della bomba atomica di Oppenheimer, della bomba al neutrone di S.T.? La bomba al neutrone di Cohen.

Questo branco di omuncoli globalisti sta ora strisciando sotto il dominio totalitario della circoncisocrazia globalista, razzista, megalomane, MACRO CRIMINALE DELL'UMANITA', che comparirà postuma davanti a un super-tribunale di Norimberga che sarà veramente INTERNAZIONALE E NON INTERALLICO...

LA VERITÀ SU RAZZA E RAZZISMO

IL RAZZISMO DELLO PSEUDO-ANTIRAZZISMO

Ci hanno mentito per decenni. Siamo stati deliberatamente ingannati sulla questione del razzismo e della razza.

È fondamentale conoscere la verità su questo tema fondamentale. Innanzitutto, è possibile fondere gruppi etnici simili come i francesi, i tedeschi, i russi, gli spagnoli, ecc. ma è CRIMINALE tentare di mescolare gruppi etnici molto diversi come i francesi, gli africani neri o i nordafricani. In quest'ultimo caso, il risultato sono esseri internamente lacerati, instabili e nevrotici, che possono costituire masse rivoluzionarie ideali a causa dei fattori anarchici che li compongono.

La prima cosa da ricordare è che le GARE NON ESISTONO.

GLI UNICI GRUPPI ETNICI CHE ESISTONO SONO QUELLI CHE SONO IL RISULTATO DI UN ADATTAMENTO ORMONALE A UN AMBIENTE FISSO E SENZA CONTINUITÀ, NELL'ARCO DI CIRCA UN MILLENNIO.

Ciò significa, ad esempio, che una coppia di eschimesi determinata dal freddo e dall'alimentazione polare non manterrà il proprio biotipo "ipotiroideo" se andrà a generare per secoli in una posizione geografica diversa dalla propria. Allo stesso modo, un nero dell'Equatore manterrà le sue caratteristiche di "ipofisi con manifestazioni acromegaliche" solo nella misura in cui rimarrà nel suo ambiente costitutivo, che permette la potente azione dei raggi solari sul lobo mediano dell'ipofisi.

Uno CHOPIN della tiroide non nascerà mai in un paese equatoriale. L'aspetto particolare degli indiani è e rimarrà solo nella specificità dell'India, che è sia climatica che nutrizionale.

I pigmei, che sono anche "ipotiroidei", soffrono di alcune carenze legate a un clima e a un ambiente particolari.

Questa realtà è spettacolarmente dimostrata in casi estremi come alcuni gruppi umani affetti da nanismo, in cui la carenza di iodio impedisce la normale funzione tiroidea.

L'unico vero antirazzismo, e non ce ne sono altri, è sostenere e aiutare i gruppi etnici meritevoli e laboriosi nel luogo geografico in cui si sono formati. La miscegenazione istituzionalizzata è quindi un grave crimine di lèse-humanité.

Un allevatore di cani e cavalli di razza sa perfettamente che i suoi animali devono avere una dieta specifica e che gli incroci sono possibili solo in piccole dosi e secondo standard rigorosi.

PERCHÉ agli animali dovrebbe essere negato un trattamento preferenziale rispetto agli esseri umani in nome del cosiddetto antirazzismo, che non è altro che l'orchestrazione della degenerazione e del suicidio della razza umana?

Ciò che facciamo per gli animali deve essere fatto in modo ancora più rigoroso per gli esseri umani. La mescolanza etnica genera automaticamente ogni tipo di razzismo.

I gruppi etnici non sono mai stati creati per essere mescolati. I libri sacri di tutte le religioni dicono chiaramente che "l'uomo non deve mescolare ciò che Dio ha separato". L'empirismo più elementare dimostra quanto sia saggia questa regola, che diventa una semplice affermazione di buon senso. La psicologia e la fisiologia dei diversi gruppi etnici sono diverse ed è normale che reagiscano gli uni agli altri come corpi estranei che devono essere respinti con la forza, se necessario. QUESTO È CIÒ CHE GLI PSEUDO-ANTIRAZZISTI STANNO PREPARANDO PER NOI IN TUTTO IL MONDO.

Due gruppi etnici diversi possono coesistere solo se hanno raggiunto un grado avanzato di deculturalizzazione e degenerazione. Questo si manifesterà nella volgarità generale, nell'assenza di regole morali, nella dinoccolatezza fisica e nell'abbigliamento, nell'asimmetria facciale, nelle sproporzioni e nel gusto per la musica regressiva e bestiale.

In questa fase di collasso, il miscegenariato non è più importante: scomparso il gruppo etnico, non resta più nulla da preservare.

Per quanto riguarda gli "ebrei", il problema è radicalmente diverso.

IL TERMINE "EBREO" NON HA ALTRO SIGNIFICATO CHE QUELLO RELIGIOSO. Esso implica la fedeltà agli insegnamenti della THORA e a una TRADIZIONE TEOCRATICA SOTTO LA QUALE SONO ERETICHE E CRIMINALI TUTTE LE SPECULAZIONI AMORALI E ASINTATTICHE ADIBITE

ALLO STESSO TEMPO DI WARBURG, HAMMER, ROTHSCHILD, MARX, FREUD, EINSTEIN, OPPENHEIMER, S.T.COHEN, PICASSO, MEYER-LANSKI, FLATO-SHARON, KAGANOVITCH, FRENKEL, YAGODA e altri che governano un pianeta privo di élite spirituali provvidenziali.

Non esiste quindi nessuna razza o etnia ebraica. Da un lato perché le razze non esistono e dall'altro perché NESSUN POPOLO Ebraico È STATO COSTITUITO DALL'APPARTENENZA A UN AMBIENTE FISSO PER ALMENO MILLE ANNI.

L'insegnamento nazista secondo cui gli ebrei deriverebbero da miscele di negri o da altre combinazioni è un'assurdità che deriva dal fatto che gli scienziati nazisti non avrebbero potuto pensare alla circoncisione perché non sapevano nulla dell'uomo ormonale e in particolare dell'anteriorità funzionale del sistema ormonale rispetto al sistema nervoso e all'essere umano in generale.

Inoltre, un "ebreo" polacco e un "ebreo" sudamericano hanno caratteristiche somatiche completamente diverse.

Possono condividere tratti caricaturali che sono oggetto di derisione storica, nonché possibilità speculative senza pari, come quelle della finanza apolide, della fisica, della medicina allopatica, del freudismo e del marxismo materialista, ma ciò è dovuto ESCLUSIVAMENTE a un disturbo ormonale provocato dalla circoncisione dell'8° giorno, il 1° dei 21 giorni della prima pubertà.

È MOLTO FACILE CAPIRE che i misfatti della finanza Rothschild-Soros, che schiavizza il mondo intero e inquina la terra, di Marx e dei 50 boia delle prigioni e dei campi di concentramento che hanno sterminato circa 100 milioni di Goy in URSS, della bomba atomica di Oppenheimer, della bomba al neutrone di S.T. Cohen, della normalizzazione della bruttezza di Picasso e del gangsterismo di Meyer Lanski e Flato-Sharon, SONO GLI ANTIPODI DEGLI INSEGNAMENTI DI THORA. La bomba al neutrone di Cohen, la normalizzazione della bruttezza di Picasso e il gangsterismo di Meyer Lanski e Flato-Sharon sono agli antipodi degli insegnamenti di THORA.

Si tratta di un SETTORE INTERNAZIONALE che, per mezzo di una pseudo-democrazia A CUI HANNO TOLTO TUTTE LE CIFRE, è riuscito a rendere normative tutte le principali forme di criminalità sancite dal liberal-socialismo.

La speculazione finanziaria liberale e quella apocalittica marxista dominano il mondo intero in una simbiosi perfetta che non è nascosta dal presunto antagonismo omicida tra il capitalismo liberale, dominato dai Warburg e dagli Hammer, e il capitalismo di Stato appena crollato in URSS, finanziato e dominato dai Marx-Warburg-Hammer.

È notevole notare che questa setta di persone circoncise l'8° giorno, che orchestra tutti i nostri crolli, che non è affatto ebrea, ma macrocriminale di lèse-humanité, è megalomanemente razzista da un lato e dall'altro STIMOLA TUTTI I RAZZISMI IN NOME DELL'ANTIRAZZISMO, TRAMITE L'IMPOSIZIONE E LA DIFESA DEL MISMA ISTITUZIONALIZZATO CHE DISTRUGGE TUTTE LE CULTURE.

Tutti questi fatti chiari permettono di comprendere perfettamente, da un lato, l'inesistenza delle razze e, dall'altro, il diffuso razzismo IN NOME DELL'ANTIRAZZISMO, che presto trasformerà paesi come la Francia e la Germania in Libano.

Vale la pena ricordare che la famosa lotta del Sudafrica contro l'apartheid ha portato alla miseria economica, a spaventosi massacri interetnici e alla scomparsa della popolazione bianca.

Quello che bisognava fare in Sudafrica era semplicemente migliorare la condizione dei neri. Sembrava che non fosse più così grave, dal momento che tutti i neri in Africa, compresi quelli del Mozambico che saltavano sulle mine al confine, cercavano di raggiungere i loro fratelli etnici in Sudafrica, di cui invidiavano la condizione...

È quindi essenziale che tutte le mutilazioni sessuali siano eliminate come previsto dal nuovo codice penale, in particolare nei primi giorni di vita.

Questa misura e un naturale ritorno alla teocrazia permetteranno di evitare il regno liberale della speculazione suicida per l'umanità e il pianeta, che non ha alcuna possibilità di sfuggire al duraturo CARTESIANISMO GIUDIZIARIO.

L'unico modo per ottenere un ritorno a standard vitali è attraverso dittature basate sulla Tradizione, perché come ha detto il dottor Alexis Carrel, che non può essere in odore di santità nel marciume politico in cui viviamo: "LA DITTATURA È LA REAZIONE NORMALE DI UN POPOLO CHE NON VUOLE MORIRE...".

Proprio mentre sto finendo questa parte del libro, la mia donna delle pulizie mi dice che un ragazzo di vent'anni si è suicidato...

Qualche giorno prima aveva detto a sua madre: "Non c'è speranza, non c'è lavoro"...

IL MARESCIALLO IN "1984"

Questo saggio è stato scritto 10 anni fa, nel 1994. Le verità esposte in questo saggio sono state messe a fuoco da altri 10 anni di accelerazione dei suicidi. 10 anni fa, il suicidio di bambini e giovani, di cui ho appena avuto un altro esempio tra i miei conoscenti, non occupava la prima pagina dei notiziari, così come i cataclismi di Maastricht e del G.A.T.T.,[6] la Jugoslavia, il Ruanda, l'espansione esplosiva della Maffia, la droga, il marxismo...

"VOGLIO LIBERARE I FRANCESI DALLA PIÙ VERGOGNOSA DELLE TUTELE, QUELLA DELLA FINANZA".

Questa frase, che riassume TUTTA la politica del Maresciallo, sarebbe sufficiente ad assolverlo se necessario.

In 1984, non siamo forse in una situazione ben peggiore di quella prevista da Orwell nel suo romanzo "1984"? "Le bugie selezionate sono diventate la verità permanente". La "criminalità del pensiero" è venuta alla ribalta con il caso Faurisson, che ha denunciato l'inettitudine aritmetico-tecnica del sacrosanto dogma dei *6 milioni di camere a gas*. Nello stesso tempo, e per la prima volta nella storia dell'umanità, è stata annullata una tesi di dottorato di cui un ministro socialista, uno storico e un accademico francese avevano parlato molto bene e di cui avevano attestato la serietà (affare Roques).

Un colonnello, capo dei servizi storici dell'esercito, è stato licenziato solo perché si era espresso male sull'affare Dreyfus!

C'era ambiguità nelle sue parole! Non aveva espresso con sufficiente chiarezza la certezza dell'innocenza di Dreyfus!

UBU RE CIRCONCISO!

Non c'è libertà di pensiero, e ancor meno libertà di dimostrare, al di fuori dell'ipnotico mondo crepuscolare accuratamente architettato per noi dai pazzi che ci governano.

---

[6] Più tardi diventerà l'Organizzazione Mondiale del Commercio

Citiamo alcuni passaggi di "1984" che descrivono la nostra attuale situazione liberal-bolscevica: "La storia veniva raschiata via tutte le volte che era necessario. C'era tutta una serie di dipartimenti speciali per i proletari, dedicati alla ricreazione. Venivano prodotti giornali stupidi su sport, crimini e violenza, insieme a canzoni composte meccanicamente. C'era una sottosezione chiamata "pornosex", dedicata alla produzione del più basso tipo di pornografia.

"La realtà è peggiore: rock regressivo e bestiale e musica successiva, dove si ferisce, si uccide e si calpesta, come a Vancouver, Melbourne, Altamont, Cincinnati e Los Angeles, dove 650 giovani sono morti a un festival rock. Questi suoni regressivi, con i loro battiti ripetuti e i molteplici effetti patogeni sul corpo e sulla mente, stimolano la produzione fisiologica di adrenalina in modo abnorme, creando uno stato aggressivo criminogeno, così come il livello di endorfine nel cervello, che determina uno stato di stupefazione per effetto anestetico, e centinaia di persone vengono uccise anche durante le partite di calcio. Il 1984 è finito!

Così possiamo "accettare le più flagranti violazioni della realtà perché nessuno coglie l'enormità di ciò che viene chiesto" come risultato della SUBLIMINAZIONE GENERALE. Nel 1984 di Orwell, il popolo sfogava il suo odio sugli schermi televisivi davanti a una testa che simboleggiava il "nemico fascista", la bestia immonda. Avremo il nostro simbolo, probabilmente in televisione, con la farsa del processo Barbie, mentre i carnefici non diranno mai una parola sui 150 milioni di vittime fisiche del bolscevismo, finanziate dalla banca ebraica USA. E intanto la guerra Iraq-Iran, con un milione di morti, riequilibra i bilanci di USA, Francia e Israele, che forniscono armi a tutti i belligeranti a tutto vantaggio di Nostra Signora della Finanza e del nostro padre marxismo...

150 guerre totalmente CAPITALOMARXISTE negli ultimi 50 anni non hanno fatto nulla per cambiare la fiducia della gente in tutti i partiti politici. Naturalmente, i cittadini sono disposti a ingoiare qualsiasi cosa, tranne la verità, se qualcuno ha la brillante idea di servirgliela. Con calcolato cinismo, la verità viene distribuita a pezzi e bocconi. Questa diabolica concessione può dare l'impressione di una certa libertà: non è pericolosa e non mette in discussione il sistema. All'inizio del 1994, la televisione ci informava che "l'Alta Finanza traeva profitto dalla droga e la gestiva"...

Questa enormità ha svegliato il consumatore-produttore-elettore dal suo coma? No! " La libertà poteva essere concessa al popolo perché era totalmente privo di intelligenza: gli bastavano i giornali e la televisione"...

L'ATHELEVYSION non è sufficiente per le popolazioni zombificate? "La condizione mentale che governa deve essere la follia diretta"...

"È stata inculcata loro la capacità di NON CAPIRE UN'ANALOGIA, di non essere in grado di vedere gli errori della logica più elementare, di non capire gli argomenti più semplici. Sono stati addestrati dai media audiovisivi a provare noia e disgusto per tutto ciò che non rientra nella linea dell'ortodossia ufficiale.

Ma il 1984 è meno tragico del 1994. Da nessuna parte si prevedono musica patogena e droghe globali. Se la pornografia è prevista, non è esposta nelle strade come i cartelli dei film di Bénézareff tra Montparnasse e la Gare de l'Est a Parigi: "Salopes à enfiler" e "Plein le cul"...

Se esistono due blocchi antagonisti, essi sono diversi. Il primo blocco non ha i suoi miliardari rossi, Hammer, Oppenheimer, Rockefeller e consorti, a sovvenzionare la peggiore forma di tirannia che la storia abbia mai conosciuto. Né parla della massiccia disgregazione delle coppie, che aumenta in progressione geometrica, della futilità paranoica e della morte dell'amore. Una donna legittimamente corretta lascia il marito, che d'ora in poi vivrà sull'orlo del suicidio, e sposa il primo uomo che capita; un uomo di sessantadue anni lascia la moglie sessantenne, che si suicida... Esempi come questi abbondano a livello internazionale...

In "1984", Orwell non aveva previsto la morte del Reno, Chernobyl, 6 milioni di immigrati dall'Africa e dall'Asia, una disoccupazione mostruosa, che secondo il Club di Roma supererà presto il miliardo. L'incredibile aumento delle malattie veneree e la comparsa dell'AIDS. "1984" non aveva previsto l'avvento dello iatrogenismo e del teratogenismo (malattie causate da farmaci chimici, vaccinazioni sistematiche e danni genetici). Né aveva previsto il traffico di geni e cromosomi, o la mostruosità delle "madri surrogate", che sono diventate la norma in cervelli totalmente privi di qualsiasi senso morale o estetico. Nel 1984 "IL PIÙ INTELLIGENTE È IL MENO NORMALE"...

Questo riassume tutto, e il romanzo di Orwell è una storia strappalacrime CHIUSA ALLA FATTUALITÀ FRANCESE E GLOBALE...

Quanto all'istruzione, quel terreno di coltura per consumatori-elettori, analfabeti, analfabeti, discotecari, delinquenti, sacchi di patate colorati e decerebrati totali, non ha nulla da invidiare a "1984".

Sotto la maschera imperturbabile della neutralità (questo fanatismo del nulla), ha da tempo sbarrato tutte le uscite verso lo Spirituale, consegnato i sogni dell'infanzia allo zombismo, al fanatismo rivoluzionario messianico...

Non c'è NEUTRALITÀ tra gli insegnanti che, come docili robot, distillano il santo vangelo di Karl Marx, compresa l'istruzione gratuita.

E TUTTI I PARTITI POLITICI ZOMBIFICATI MANIPOLATI DA WARBURG-MARX SONO RESPONSABILI DI QUESTO COLLASSO PIANIFICATO E CONSENSUALE.

Tutte le cosiddette costituzioni democratiche non consentono alcuna libertà se non quella del suicidio mondiale rivestita con gli orifizi del Grande COUTURER LIBERTÉ-EGALITÉ-FRATERNITÉ; bella libertà quella concessa a FAURISSON, a NOTIN, a ROQUES, a ZUNDEL, al colonnello GAUJAC e così via.

Che uguaglianza tra il miliardario rosso Hammer e il finanziere Soros, e i disoccupati! Quale fraternità abbiamo oggi in Ruanda e in Jugoslavia, nella fame capitalista del Terzo Mondo, e ora del Quarto Mondo, che continuerà a crescere, e nelle 150 guerre capitaliste-marxiste di questo mezzo secolo!

E LO SCERIFFO? Cosa ha fatto, cosa voleva fare?

LE SUE POLITICHE CI HANNO PORTATO A QUESTI ORRORI?

Per lui, il lavoro dei francesi era la risorsa suprema del Paese. Doveva essere sacro. Il capitalismo e il socialismo internazionale, che lo avevano sfruttato e degradato, facevano parte dell'era prebellica. Erano tanto più disastrosi in quanto, pur essendo apparentemente opposti, erano segretamente in sintonia tra loro.

"Non subiremo più la loro tenera alleanza", ha detto. Elimineremo il dissenso in città, non lo permetteremo nelle nostre fabbriche e fattorie. Non rinunceremo al potente motore del profitto, né alle riserve che il risparmio accumula, ma il profitto resterà la ricompensa per il duro lavoro e il rischio.

IL DENARO SARÀ SOLO LA RICOMPENSA PER LO SFORZO. UNA RAZZA DI PADRONI NON DEVE TRASFORMARE CHI LAVORA IN UNA RAZZA DI SCHIAVI.

Dovremo ripristinare la tradizione artigianale e radicare nuovamente il francese nella terra di Francia.

LA LOTTA DI CLASSE, VISTA COME IL GRANDE MOTORE PROGRESSO UNIVERSALE, È UN CONCETTO ASSURDO CHE PORTA I POPOLI ALLA DISINTEGRAZIONE E ALLA MORTE...

Un nuovo status doveva preludere a un rapporto tra capitale e lavoro che avrebbe garantito dignità e giustizia per tutti. Mai nella storia della Francia lo Stato era stato così asservito come nei decenni precedenti la guerra, asservito contemporaneamente da coalizioni di interessi economici e da gruppi politici e sindacali che pretendevano falsamente di rappresentare la classe operaia. Il regime del Maresciallo doveva essere una gerarchia sociale, non più basata sulla falsa idea dell'uguaglianza naturale degli uomini, ma sulla necessaria uguaglianza delle opportunità offerte a tutti i francesi per dimostrare la loro attitudine al servizio. Il sistema economico prebellico aveva gli stessi difetti del sistema politico: l'apparenza del liberalismo, ma in realtà la totale sottomissione ai poteri del denaro.

La libera concorrenza era la molla e il regolatore del regime liberale; il giorno in cui le coalizioni e i trust hanno rotto questo meccanismo essenziale, la produzione e i prezzi sono stati lasciati indifesi alla speculazione.

Poi c'è stato lo spettacolo di milioni di persone prive del necessario per vivere a fronte di scorte invendute e addirittura, crimine supremo, distrutte AL SOLO SCOPO DI SOSTENERE IL PREZZO DELLE MATERIE PRIME.

"Riprenderò", ha detto il Maresciallo, "contro il capitalismo egoista e cieco, la lotta che i sovrani di Francia hanno iniziato e vinto contro il feudalesimo. INTENDO CHE IL MIO PAESE NON VENGA

STERMINATO DAL MARXISMO E DAL LIBERISMO ECONOMICO".

Poiché tutti i partiti politici, senza eccezione, sono complici di entrambi, come possiamo sperare che il Maresciallo possa essere riabilitato dal ROTHSCHILDO-MARXO-FREUDO-EINSTEINO-PICASSISMO?

Per chi pensa che il Maresciallo non abbia bisogno di essere riabilitato.

Per quanto riguarda gli altri, non chiediamo ai carnefici di riabilitare le loro vittime!

Tutto questo è palesemente attuale. Siamo in un pasticcio infinitamente peggiore di quello descritto dal Maresciallo, perché se qualitativamente è lo stesso (con le sue aggravanti: donne totalmente distrutte come mogli e madri), quantitativamente ha assunto proporzioni gonfiate, accelerando esponenzialmente verso il peggio.

I rimedi? Quelli del mercato, in altre parole, il buon senso. Il dilemma è semplice: o questo o la morte...

DOPO IL TENTATIVO DI ASSASSINIO DEL PROFESSOR FAURISSON

IL MITO E IL DOGMA *DEI 6 MILIONI DI CAMERE A GAS* O LA REALTÀ? PR FAURISSON NEMICO PUBBLICO N°1 O EROE INTERNAZIONALE DEL XX SECOLO?

I PRINCIPALI ARGOMENTI PSICOLOGICI

Il dogma *dei 6 milioni di camere a gas* è ormai un punto fermo come il dogma della redenzione. Chi si opporrebbe a un professore che rivelasse che Pol Pot (che non è mai stato processato per crimini di lèse-humanité!!!) ha ucciso 2 milioni di persone invece di 4 milioni, secondo le informazioni ufficiali? Chi si indignerebbe se venissimo a sapere che i boia ebrei dei campi di prigionia e di concentramento (Kaganovitch, Frenkel, Yagoda, Firine, Rappaport, Abramovici, ecc.) hanno massacrato 30 milioni di persone in URSS invece dei 60 milioni che vengono loro attribuiti? NESSUNO.

Perché mai annunciare l'ECCELLENTE NOTIZIA che non ci sono state 6 milioni di vittime ebree e non ci sono state camere a gas per sterminare 1.000 persone alla dovrebbe essere una cattiva notizia da sanzionare da parte della giustizia????

In 5000 anni di storia, questo caso è unico nel suo genere: è una folgorante illustrazione del noto fenomeno ebraico della geremiade. PAUL RASSINIER, deputato socialista e insegnante di storia, internato per anni nei campi tedeschi, ne uscì con un peso di 30 kg, morì a causa dell'internamento e fu perseguitato per i libri che scrisse per denunciare la verità. Dalla sua morte, le sue pubblicazioni sono state avvolte da una congiura del silenzio, senza dubbio in nome della democratica libertà di espressione...

Il PROFESSORE FAURISSON, che ha studiato il problema per 20 anni, è stato condannato anche se la giuria "NON HA OSSERVATO LA SERIETÀ DEL SUO LAVORO NEL DIBATTITO CON GLI SPECIALISTI E IL PUBBLICO"... (considerando della sentenza).

HENRI ROQUES, la cui tesi sul rapporto Gerstein è stata annullata per la prima volta nella storia, anche se il più importante storico dei media, Alain Decaux, oggi ministro socialista, ha pubblicamente attestato l'eccellenza di questa tesi. In realtà, questa tesi avrebbe dovuto essere inutile, visto che è stata contestata al processo di Norimberga!

ERNST ZUNDEL, in Canada, il cui processo fece scalpore. Non solo ha distrutto il mito dell'Olocausto, ma l'ingegnere specializzato in gasazioni negli Stati Uniti, F. LEUCHTER, ha dimostrato che ad Auschwitz non poteva esserci stata alcuna gasazione di esseri umani con il CICLONE B. Inoltre, il processo ha stabilito senza la minima ambiguità una CONGIURA INTERNAZIONALE DEI BANCHIERI SIONISTI E DEL BOLCHEVISMO. Inoltre, il processo ha stabilito, senza la minima ambiguità, una CONGIURA INTERNAZIONALE DI BANCHIERI SIONISTI E BOLCHEVISMO...

Nonostante la considerevole pubblicità che questo processo ha generato in Canada, NESSUNA INFORMAZIONE È STATA RILASCIATA NEI MEDIA, CHE HANNO AVUTO UNA MANIFESTAZIONE TOTALE.

Al colloquio tenutosi nel 1980 contro Faurisson (E A CUI NON ERA STATO INVITATO MOLTO DEMOCRATICAMENTE: "PARLIAMO DEI RIVISIONISTI MA NON CON LORO", disse, senza vergogna, uno sterminazionista FIDUCIOSO DELLA PROBABILITA' INTELLETTUALE E DELLA LIBERTA' DEMOCRATICA DI ESPRESSIONE!!),

Raymond Aron ha ammesso che non c'era nessun tipo di prova concreta, nessun documento scritto che stabilisse l'esistenza indiscutibile di camere a gas omicide...

ANNALES RÉVISIONNISTES viene sequestrato, sempre in nome della libertà di espressione democratica. Nessun diritto di replica per Il professor Faurisson, insultato sgarbatamente nel programma della Polac. Lo stesso giorno 70.000 giovani zombificati si tolgono le mutande per imitare una ragazzina belante che recita testi ignoranti. La pornografia e la droga si diffondono in modo molto democratico, così come la musica regressiva e patogena.

Da quando in qua la democrazia non permette la LIBERA ESPRESSIONE E LA RISPOSTA E LE EVIDENZE CHE FANNO INCOMPRENSIBILE UNA POSSIBILE BUGIA?

Faurisson implora, implora di essere messo faccia a faccia con più contraddittori davanti a un pubblico il più vasto possibile!!
MOSTRATEMI UN SOLO BUGIARDO IN 5000 ANNI DI GIUDEO-CRISTIANESIMO CHE ABBIA FATTO ALTRETTANTO!

La malafede, lo sbuffo generale, i gas lacrimogeni, le aggressioni e i tentativi di assassinio dimostrano in modo inaudito che FAURISSON ha ragione prima ancora di studiare i rapporti aritmetici e tecnici che riguardano la questione...

Inoltre, viene definito "nazista", come tutti coloro che sollevano la questione sacrosanta dell'ADORAZIONE PERPETUALE.

Eppure tutti sanno che Faurisson è democratico, antinazista e membro della Lega degli Atei. Notiamo di sfuggita che questa lega che grida il suo epicentrismo democratico non ha voluto tenere Faurisson tra i suoi membri PER LA NATURA DELLE SUE RICERCHE E SCOPERTE. Se il signor Lévy non è più ridicolo nel XX secolo, non lo è nemmeno il signor Homais!

Non c'è dubbio.

L'assolutezza di diciannove quarti conferita al dogma *delle 6 milioni di camere a gas* è la prova psicologica lampante della sua impostura.

Se Faurisson si fosse sbagliato, sarebbe stato smentito molto tempo fa di fronte a un pubblico il più vasto possibile, cosa molto facile per l'ebraismo al potere...

ARITMETICA E PROVE TECNICHE

6 milioni, o anche 4 milioni (supponendo che 2 milioni siano morti a causa della guerra, il che è inesatto), rappresentano un Paese come la Svizzera. Sono stati sterminati in 7 campi di concentramento nel 1943-44.

Conosciamo il numero esatto di crematori e i tempi di cremazione individuali e totali. In realtà, i forni crematori perfezionati furono installati solo alla fine del 1943 (lo conferma lo stesso Georges Wellers nel suo libro a favore delle camere a gas). Ciò significa che la cremazione divenne tecnicamente perfetta solo dopo l'installazione di questi forni. Le cremazioni di massa precedenti non potevano essere esaustive. Avrebbero scatenato epidemie di tifo in tutta Europa.

SE FACCIAMO FUNZIONARE I CREMATORI IN BASE ALLA DURATA NOTA DELLA CREMAZIONE DELL'OLOCAUSTO (MENO DI 2 ANNI) E ALLA DURATA INDIVIDUALE NOTA, IL RISULTATO È CHE I CREMATORI CONTINUERANNO A FUNZIONARE FINO ALL'ANNO 2020!!!

TUTTI i crematori, assolutamente necessari per prevenire il tifo, erano funzionanti. Sappiamo esattamente come funzionano.

TUTTAVIA, NON ESISTONO CAMERE A GAS CHE UTILIZZANO IL CICLONE B. Questo prodotto è stato utilizzato in Germania dai servizi di igiene fin dal 1921.

A questo proposito, è divertente visitare la camera a gas di Struthoff in Alsazia, dove si dice che l'acido cianidrico sia fuoriuscito attraverso un camino, dopo la gassazione, A QUINDICI METRI DALLA RESIDENZA DEL COMANDANTE....!!!

"Dopo il gasamento, abbiamo aperto la porta: le vittime, ancora palpitanti, sono cadute tra le nostre braccia. Cinque minuti dopo abbiamo portato via i cadaveri".

È un'assurdità, perché per effettuare un'operazione del genere servono 20 ore di ventilazione e maschere antigas...

Chiunque può informarsi sulla camera a gas utilizzata negli Stati Uniti per UNA (massimo 2) persone condannate a morte. LA SUA INCREDIBILE COMPLESSITÀ DIMOSTRA CHIARAMENTE CHE GASARE 2000 PERSONE ALLA VOLTA CON L'ACIDO CIANIDRICO È UN'ASSURDITÀ TECNICA.

Il fatto che il piccolo campo di Struthof sia stato scambiato per 40 anni per una camera a gas passerà alla storia come un esempio memorabile dell'ingenuità delle masse. Lo stesso vale per tutta questa vicenda, che non regge a qualche minuto di riflessione aritmetico-tecnica a livello di scuola elementare. È certo che se a un alunno della CM2 venisse sottoposto il problema dei *6 milioni di stanze per il gas* e lo risolvesse secondo le affermazioni della propaganda ufficiale, otterrebbe uno zero nel suo compito.

Nel 1949, al processo della DEGESH, il produttore del Cyclon B, l'amministratore delegato dell'azienda, il dottor Héli, e l'inventore del Cyclon B, il dottor Ra, affermarono che la gasazione nelle condizioni descritte era impossibile ed ESSENZIALE. NESSUNO CI PARLA DI QUESTO PROCESSO, COSÌ COME NESSUNO CI

DICE CHE IL RAPPORTO GERSTEIN, CHE LA GIUDEOCRAZIA HA ESALTATO PER 50 ANNI, È STATO CONTESTATO AL PROCESSO DI NORIMBERGA!

Un famoso giornale americano, l'AMERICAN JEWISH YEAR B00K, ci dice nel n° 43 a pagina 666, CHE IN EUROPA OCCUPATA DAI TEDESCHI NEL 1941, C'ERANO 3.300.000 Ebrei!

Possiamo ammirare la coscienza, la logica e la buona fede degli sterminazionisti in questo estratto di Le Monde del 21 NOVEMBRE 1979: "Ognuno è libero di immaginare o sognare che questi eventi mostruosi non abbiano avuto luogo. Purtroppo sono accaduti, e nessuno può negarne l'esistenza senza offendere la verità. Non dobbiamo chiederci come sia stato tecnicamente possibile un tale omicidio di massa: È STATO TECNICAMENTE POSSIBILE PERCHÉ È AVVENUTO.

QUESTO È IL PUNTO DI PARTENZA PER QUALSIASI INDAGINE STORICA SULL'ARGOMENTO.

Sta a noi ribadire semplicemente: non c'è, non ci può essere dibattito sui caminetti a gas"...

La cosa spiacevole è che è stato proprio sulla base del punto di partenza sopra citato e sottolineato che FAURISSON ha iniziato questo lavoro per dimostrare ai suoi studenti la relazione tra i caminetti a gas e i 6 milioni. La cosa spiacevole è che è stata questa "realtà" a fargli scoprire il più grande inganno della storia.

In ogni caso, alla stupefacente affermazione paranoica e dogmatica che la precede, la cui follia è evidente a chiunque (che voto potremmo dare a uno studente che scrivesse un saggio secondo tale logica?!). Un'insegnante e giornalista svizzera, la signora Paschoud (che nel frattempo ha subito le peggiori persecuzioni), ci dice: "Le camere a gas sono esistite, e così sia! Vorrei che qualcuno mi spiegasse perché, da più di 20 anni, i revisionisti vengono presi di mira nella loro vita professionale e privata, quando sarebbe una cosa semplice, PER CHIUDERLI DEFINITIVAMENTE, PRODURRE UNA E UNA SOLA DI QUESTE INNOMBRABILI EVIDENZE IRREFUTABILI CHE PRETENDONO DI POTER SPACCIARE SENZA STOP"...?

Chi può dire che queste due frasi non siano una risposta definitiva al folle testo che le precede?

Ma ecco il chiodo nella bara sovietica: "LA PUBBLICAZIONE DEGLI ARCHIVI RUSSI DI AUSCHWITZ PORTA IL NUMERO DELLE VITTIME DI AUSCHWITZ A 75.000 DURANTE IL PERIODO DELL'HITLERISMO...

FAURISSON VALUTA IL NUMERO TOTALE DELLE VITTIME DI AUSCHWITZ A CIRCA 150.000.

LA CONCLUSIONE È CHIARA: DA QUALSIASI PUNTO DI VISTA SI GUARDI IL PROBLEMA, IL DOGMA DEI 6 MILIONI DI STANZE NON HA SENSO:

TECNICA ARITMETICA PSICOLOGICA

FAURISSON È QUINDI UN EROE CHE RISCHIA LA VITA CONTRO PIÙ GRANDE, LA PIÙ UNICA, LA PIÙ INSOLITA E LA PIÙ INUTILE MENZOGNA DELLA STORIA.[7]

Le leggi staliniane, orwelliane e incostituzionali sul "crimine del pensiero" sono ormai la nona prova dell'impostura: tutti hanno capito...

Non abbiamo bisogno di leggi dittatoriali per imporre la VERITÀ...

---

[7] Quando diciamo "inutile", non ci riferiamo al grossolano e vergognoso sfruttamento politico e finanziario di questa geremiade.
Si noti anche che le incostituzionali leggi staliniane sui "crimini di pensiero" sono ora NINOVE PROVE dell'impostura: non servono leggi dittatoriali per imporre la verità.

IL MITO DELLA PRODUZIONE INDEFINITA E LA CANNIBALIZZAZIONE DELLA NATURA

L'umanesimo ha fatto dell'uomo l'ombelico dell'universo e il risultato è l'agonia dell'uomo e della natura: l'umanesimo è quindi ripudiato.

Nonostante un leggero arresto della crescita economica, il mito rimane radicato e assoluto. Ci ostiniamo a poetare più in alto di quanto abbiamo fatto con il liuto. Alcuni, come Cousteau, si rendono conto che ci stiamo occupando del letto di morte della natura. Il nostro pianeta ha un diametro di 10.000 km. È composto per 3/4 da acqua e per 2/5 da terra. Se togliamo le regioni polari, i deserti e altri luoghi inospitali, scopriamo che il nostro spazio vitale si riduce a una stretta striscia intorno al 50° parallelo. Una striscia davvero sottile e stretta.

Tuttavia, i Paesi industriali che si trovano proprio in questo spazio vitale hanno gradualmente investito molta terra fertile che di conseguenza non produce più nulla, perché hanno bisogno di questo tesoro per strade, case e, soprattutto, COMPLESSI INDUSTRIALI. Come tutti i nevrotici, crediamo fermamente che questo sia indispensabile per la nostra crescita economica, vitale per il nostro benessere, E UNA CONDIZIONE SINE QUA NON PER IL PROGRESSO.

Ci siamo abituati alla bella vita. Corriamo in farmacia o dal medico allopatico per ogni minima cosa, credendo che la medicina moderna, ahimè altamente qualificata, patogena e teratogena - ma chi lo sa - ci curerà e ci rassicurerà, e che vivremo una lunga vita nel comfort, naturalmente. Ci stiamo concedendo libertà che nessuna generazione precedente ha mai sognato. Grazie alle meraviglie della tecnica, il tempo e lo spazio si sono ridotti. Possiamo vedere il quadro generale e distinguere quello piccolo. Usiamo questa prospettiva iperanalitica della mente non solo per promuovere quella che erroneamente chiamiamo "educazione", ma anche per far girare gli ingranaggi dell'industrializzazione e della produzione di massa. Il risultato di questa produzione frenetica è una forma di isteria caratterizzata da un sintomo: la produzione non soddisfa più i nostri bisogni e porta alla vesania della produzione per la produzione, del consumo per il consumo.

Le nostre conoscenze e le nostre risorse sono ora utilizzate per un unico scopo: L'ESCLUSIVO PROCESSO DI UCCISIONE DELLA NATURA. In economia liberale, questo si chiama "crescita economica", e l'economia comunista non ha fatto altro che riprodurre inesorabilmente il crimine capitalista di mutilare irreversibilmente il nostro ambiente terrestre. PENSARE E AGIRE IN MODO ECOLOGICO HA SENSO.

Purtroppo, se coloro che sono conosciuti come "Contadini" (una parola che significa "contadini") erano consapevoli di questo significato, coloro che si definiscono "ecologisti" sono MOLTO VICINI A SAPERLO.

È chiaro.

Dobbiamo capire che la realtà profonda di ogni cosa è che: tutto in questo mondo è interdipendente e non si può prendere in giro la natura perché *non si arrende mai.*

Di conseguenza, la nostra intera civiltà deve adottare una direzione diversa dalla suicida strategia giudeo-cartesiana: deve essere RAGIONEVOLE, non redditizia nel breve termine e PARALOGICA.

La nostra economia sta consumando energia e materie prime infinitamente preziose, che sono state accumulate per migliaia di anni.

È un processo di consumo di cui non abbiamo motivo di essere orgogliosi, nonostante tutti i piccoli gadget che ci fornisce, che ammiriamo, con gli occhi spalancati, con l'ingenuità di un bambino di cinque anni a cui hanno appena regalato un trenino elettrico. Come sappiamo, la nostra società produce oggetti che non hanno alcuna possibilità di essere utilizzati tra 100 anni.

LA COSA PIÙ TERRIFICANTE È LA VELOCITÀ ESPONENZIALE CON CUI STIAMO CONSUMANDO MATERIE PRIME ED ENERGIA:

RADDOPPIA OGNI 40 ANNI. Possiamo quindi stimare quanto tempo ci resta per consumare ferro, alluminio, rame, carbone, petrolio, uranio, ecc.

Le grandi imprese si stanno affannando per trovare il modo di scongiurare l'inevitabile prima di aver sfruttato l'ultima goccia del prezioso petrolio del pianeta. È assurdo pensare che nuove scoperte di riserve ci permetteranno di prolungare il nostro saccheggio della natura.

IL TEMPO DELLA FINE DI TUTTO PUÒ ESSERE PROLUNGATO DI UN PICCOLO CHOUYA. È tutto ciò che possiamo sperare.

Nel frattempo, continuiamo a balbettare come robot, pronunciando slogan idioti in onore del "meraviglioso progresso".

TEORICAMENTE, potremmo curare questa psicosi di sfruttamento infinito del profitto senza onore e tornare a una "economia della natura". Per secoli abbiamo utilizzato fonti di energia rigenerativa come l'acqua e il legno.

Purtroppo, la realtà è che questo è quasi impossibile.

È difficile capire come si possa ridurre il consumo di materie prime e di energia, perché sul nostro piccolo pianeta devono vivere PIÙ DI 4 MILIARDI di esseri umani, 3 miliardi dei quali in Paesi che qualche comico nero definisce "in via di sviluppo"... Questi paesi sono RADICALMENTE incapaci di nutrire i loro cittadini e rifiutano lo sforzo necessario per limitare il tasso di natalità dei loro cittadini affamati.

Di tanto in tanto riceviamo documenti visivi, scritti e orali che descrivono lo sconvolgente orrore dei bambini che soffrono di malnutrizione e chiedono il nostro aiuto. È vero che le gigantesche somme investite per armare le nazioni del mondo allievierebbero per un certo periodo le loro sofferenze e ripulirebbero un po' l'ambiente, poiché l'industria, che inquina per definizione, non produrrebbe più armi. Questa visione caritatevole sarebbe solo un palliativo molto temporaneo. L'AIUTO SERVIREBBE ANCHE AD AUMENTARE IL TASSO DI NASCITA DELLE FAMIGLIE e, di conseguenza, la domanda di aiuti aumenterebbe in modo esponenziale...

Sappiamo che la maggior parte dei bambini di questi Paesi morirà di fame.

Tuttavia, il tasso di natalità e il ciclo di impoverimento si concentrano in nodi sempre più stretti.

Ciononostante, i nostri uomini d'affari continuano a considerare questi Paesi come mercati per i loro prodotti di massa, che sono talmente sovraprodotti da non trovare sbocchi nei Paesi in cui sono stati fabbricati. È vero che quando questi Paesi sono insolventi, la finanza, non potendo esercitare il suo totalitarismo nascosto delle Multinazionali, consegna i Paesi appropriati, in nome del diritto dei popoli all'autodeterminazione, al MARXISMO ESTERNO. Ci viene costantemente detto che, aiutando questi Paesi poveri, assicuriamo i nostri posti di lavoro e aumentiamo il nostro tenore di vita. Vale la pena per 4 miliardi di persone su un pianeta sovrappopolato comprare televisori, frigoriferi, automobili e viaggi per le vacanze?

Non ne vale la pena perché ci vorranno 40 anni, se abbiamo ancora materie prime, per dare questo piacere a 4 miliardi di persone, che alla fine di questi 40 anni saranno sette miliardi.

Inoltre, gli articoli forniti saranno già consumati o scaduti da tempo.

Siamo quindi guidati da GRIBI PARALOGICI CON I QUALI È IMPOSSIBILE QUALSIASI DIALOGO SINTETICO e che, per di più, anche se lucidi, NON POSSONO FARE NULLA A CAUSA DEL TOTALITARISMO ASSOLUTO DELLA FINANZA DETTA "GIURIDICA"...

La sovrappopolazione nel Terzo Mondo è un disastro

Sarebbe stato meglio promuovere una riduzione della popolazione del Terzo Mondo, ma molti politici dei Paesi interessati considerano il controllo delle nascite un eufemismo che nasconde il desiderio di sterminare i non bianchi. Hanno persino istituito un programma di natalità...

È quindi certo che l'aiuto ai Paesi sottosviluppati, e non a quelli "in via di sviluppo", è per noi UN'ULTERIORE FORMA DI SUICIDIO E NON DI AUTENTICA CARITÀ.

Ogni aiuto che riceviamo ci tornerà indietro come un boomerang sotto forma di un gigantesco esercito affamato che chiederà sempre più aiuto.

Aiutare le donne incinte significherà affamare i bambini in futuro. Non ci si può illudere su questo.

Saranno niagari di miserabili rifugiati che si riverseranno verso di noi giorno dopo giorno. E tutto questo in un contesto ubuesco, perché CHE AIUTO POSSIAMO OFFRIRE QUANDO LE NOSTRE MATERIE PRIME SARANNO VIRTUALMENTE DEPLETATE?

Recentemente ho letto nel "CARTER REPORT", tra un mare di vicoli ciechi, che, ad esempio, la Catalogna sarà un deserto entro la fine del XXI secolo...

Tra 60 anni ci saranno 12 miliardi di persone sul pianeta se la nostra civiltà giudeo-cartesiana, logica conclusione del giudeo-cristianesimo, non sarà completamente crollata.

MOLTO POCHI di noi capiscono che il processo di sterminio che chiamiamo crescita economica è legato in modo esponenziale all'aumento della popolazione del Terzo Mondo. Il ritmo con cui consumiamo le materie prime e l'energia del pianeta sta raddoppiando contemporaneamente alla popolazione, e questo nonostante il fatto che le POPOLAZIONI BIANCHE stiano diminuendo in proporzioni più che discutibili.

Guidati da demagoghi incompetenti che devono i loro stipendi alla "dittatura democratica della finanza" e che, COME I LORO MAESTRI, MANCANO COMPLETAMENTE DELLO SPIRITO DI SINTESI.

Siamo costretti a credere che la crescita economica sia più importante del futuro dei nostri figli.

Quindi la CRESCITA è il feticcio universale di questi demagoghi.

Un fatto evidente è che politici, preti, parroci vari e altri burattini e pagliacci (PENSATE CHE ABBÉ PIERRE HA VOTATO PER MAASTRICHT!!!!) ci stanno spingendo all'adorazione perpetua della CRESCITA ECONOMICA, un dogma sacrosanto come quello dell'OLOCAUSTO.

Pagheremo con le nostre vite e con quelle dei nostri figli.

La crescita economica è una splendida ninfea che osserviamo adorante mentre cresce, cresce e cresce fino a ricoprire l'intera superficie del lago, soffocandolo nello stesso miraggio che ci abbaglia.

Dopo tutto, abbiamo i maestri e i miti che ci meritiamo...

STATISTICHE ONU

Le cifre sono spaventose: un miliardo e mezzo di persone che vivono in povertà assoluta. Un miliardo di persone sull'orlo della povertà.

800 milioni di persone denutrite. Un miliardo di analfabeti.

E ogni giorno tutti si chiedono come sarà il XXI secolo. L'umanità è in ritirata, il progresso materiale è un regresso generale e la povertà per la maggioranza...

IL MITO DEL PROGRESSO

"La menzogna del progresso è Israele" (Simone Weil)

"Il suo saggio sul progresso è perfetto" (Gustave Thibon).

Nessun termine è più abusato di questo: "Vive le progrès", "on n'arrête pas le progrès" e altri slogan che la frivolezza popolare pronuncia inconsapevolmente.

Questa parola ambigua copre solo un aspetto del progresso: il progresso MATERIALE, TECNICO e i suoi inaspettati corollari.

Naturalmente sappiamo che l'uomo ha creato macchine, automobili, aerei, razzi, computer, frigoriferi, radio, televisioni, centrali termonucleari con i loro Chernobyl e il potenziale di trasformare i luoghi in cui sono installate in deserti radioattivi per millenni...

Ma questo progresso è una realtà profonda o fa parte della tragica chimera che la metafisica orientale chiama "MAYA", che significa "illusione"?

La medaglia del progresso ha molti angoscianti rovesci: la distruzione degli equilibri ecologici, la scomparsa di specie animali e vegetali ad un ritmo esponenziale, il collasso spirituale, morale e biologico dell'umanità attraverso alimenti industriali trattati chimicamente e RADICALMENTE NON SPECIFICI PER IL BIOTIPO UMANO, un metodo terapeutico patogeno e teratogeno, l'esistenza di scorie radioattive praticamente indistruttibili e non stoccabili, l'influenza di mostruose inversioni come il marxismo e il freudismo, in una parola, L'INQUINAMENTO UNIVERSALE DEL PIANETA, DELLE ANIME E DEI CORPI...

Questo è il triste prezzo del progresso.

IL VERO PROGRESSO DEVE ESSERE LA PERFETTA SIMBIOSI DI QUATTRO PROSPETTIVE:

Attrezzatura:

Ma senza conseguenze negative. Nell'Antico Egitto, quando uno scienziato faceva una scoperta che un giorno avrebbe potuto danneggiare l'uomo sintetico, cioè l'uomo considerato nella sua interezza all'interno della natura, LA CASTA SACERDOTALE LO OBBLIGAVA A SFIORARE SIMBOLICAMENTE IL PIPERO SU CUI ERA ESPOSTO. Uno strumento o un sistema che migliora il lavoro di un artigiano non dovrebbe mai essere rifiutato. Ma come diceva Simone Weil, "tutto il progresso materiale che porta al sistema concentrazionario delle fabbriche deve essere bandito". Questo "progresso" non può che portare alla dittatura della finanza, alla sovrapproduzione, al consumo eccessivo, ai prodotti tossici e senz'anima, al regno dell'usura (credito ufficiale), alle guerre economiche e internazionali e a tutte le forme di inquinamento concreto e astratto.

Ecco perché il tentativo tedesco di prima della guerra (1939) di tornare alla tradizione AUTARCHICA era destinato a fallire per il fatto stesso della dittatura assoluta della finanza, che un giorno porterà al globalismo, a un mondo inquinato e degenerato.

Il proletariato alienato, sfruttato dal capitalismo, facile preda di ideologie suicide di robotizzazione estrema, e che distrugge decine di milioni di persone "per il loro bene", è anche il prodotto di questo progresso fraudolento e inquinante...

Spirituale:

E questo è FONDAMENTALE prima ancora di essere materiale. Ma la spiritualità è scomparsa a tal punto che la maggior parte dei subumani rimasti sul pianeta non conosce nemmeno il significato della parola. Le persone sono diventate atee "inconsapevoli", come gli uomini più primitivi. Curiosamente, l'ateismo militante segna ancora un residuo di spiritualità. Le persone si odiano o si ignorano, le nazioni e gli individui si combattono per motivi irrisori, perché la psiche non ha più il senso del rigore, della verità, della giustizia o dell'amore. Tutte le forme di anormalità mentale o di delinquenza fioriscono, aumentano, si diffondono e diventano normative, come ad esempio l'omosessualità. La spiritualità è così poco appannaggio degli statisti di oggi che l'ateismo regna in politica come altrove in quasi tutto il mondo morente, e questo per la prima volta nella storia dell'umanità cosciente.

Morale:

Comporta una consapevolezza sempre più acuta del bene e del male.

Questa consapevolezza è data agli esseri dalla loro anima e non da astratte definizioni intellettualistiche. OGGI ASSISTIAMO ALLA LIQUEFAZIONE DEL SENSO MORALE...

Le conseguenze sono evidenti: guerre e rivoluzioni basate su esigenze corticali guidate dalla finanza piuttosto che sull'unica richiesta legittima dell'avvento di un'autentica élite degna di questo nome.

In un mondo totalmente privo dello SPIRITO DI SINTESI, la musica regressiva patogena e criminogena, le droghe e l'omosessualità (la cui eziologia è basata in particolare sulla carenza di vitamine e sulla masturbazione precoce incoraggiata dai TORDJMAN e Co), sono in crescita geometrica, così come tutte le forme di delinquenza, di cui quella giovanile è la più tragica.

Nel 1991, nonostante la pena di morte sia stata praticamente abolita, più di 20.000 persone sono morte violentemente negli Stati Uniti!

Estetica:

Implica il fiorire di un senso di bellezza.

E non quadri astratti creati dalla coda di un asino o dalle zampe di un uccello...

Al giorno d'oggi, la bruttezza diluisce l'umanità: È COME LA PAZZIA, LA BELLEZZA, L'ATEISMO, L'OMOSESSUALITÀ CHE È DIVENTATA NORMATIVA. I subumani nella loro ambiguità sessuale, avvolti nei loro blue jeans Lévis unisex, non hanno più nulla in comune nel loro aspetto biotipologico con un artigiano del Medioevo o con un nobile dell'epoca.

Rinascimento. L'arte pittorica si perde nell'orrore, secondo le parole dello stesso Picasso, che confessò allo scrittore Papini, di "sfruttare al meglio la stupidità e l'avidità umana"...

L'architettura spazia dall'orrore dei grattacieli e del Centro Pompidou alle "pattumiere del popolo" dei moderni complessi residenziali, che hanno molto a che fare con l'eziologia della delinquenza giovanile.

LA PENA È INESISTENTE O PUNIBILE PER LEGGE. Può finire in prigione chiunque abbia l'audacia di esprimerla se ostacola la criptodittatura (sempre meno cripto) che ci governa.

La letteratura si perde e annega nell'insignificanza, in formalismi infantili che non sono altro che un mantello di vuoto totale. La psicologia scompare e viene sostituita dagli inferni libidinosi freudiani, che non hanno alcuna base nella realtà scientifica.

Questo pansessualismo, questa demonia dell'economia marxista, si combinano per distruggere l'uomo DALL'INTERNO E DALL'ESTERNO.

QUINDI NON C'È UN VERO PROGRESSO.

Se il progresso fosse stato reale, non avrebbe ridotto il Terzo Mondo alla fame, il mondo occidentale al Quarto Mondo, agli intrallazzi politici e a tutte le forme di criminalità e inquinamento.

Il progresso come lo conosciamo è un'illusione, perché porta alla distruzione della specie umana e del suo ambiente. Il Mediterraneo e il Reno stanno morendo a causa dello scarico dei rifiuti industriali. 2000 laghi sono biologicamente morti in Svezia e 5000 in Canada. Le foreste stanno scomparendo non solo a causa dell'eccessivo consumo di carta, ma anche a causa dei gas tossici emanati dalle fabbriche e dalle automobili, come l'acido solforico.

Questo pseudo-progresso implica solo un progresso nell'approccio matematico-analitico alla mente.

IGNORA LA REALTÀ.

Quindi ha la stessa patologia delle malattie mentali che mostrano questo sintomo: distrugge se stesso e tutto ciò che tocca.

Stiamo tragicamente andando indietro, non in avanti. Questa regressione potrebbe portare a un suicidio collettivo, non a un vero progresso.

Un primate esperto di matematica con un bagno, una mitragliatrice, la lotteria, una pillola patogena e teratogena per il suo partner, l'Express, la televisione infantile e subliminale, non è più avanzato del suo antenato che aveva solo una fionda e un fiume in cui nuotare.

NON HA RISCHIATO DI DISTRUGGERE I SUOI SIMILI E LA NATURA, NÉ DI UCCIDERSI DOPO ESSERE STATO DISAGGRAZIATO DA WARBURG, MARX, FREUD, E STERMINATO ALLA FINE DALLA BOMBA ATOMICA DI OPPENHEIMER, PERFEZIONATA DALLA BOMBA AL NEUTRONE DEL SIGNOR S.T.COHEN...

SUICIDIO GLOBALE GIUDEO-CARTESIANO

In questo mondo analitico e speculativo, del tutto privo di intelligenza, cioè di spirito di sintesi e di senso morale, abbiamo realizzato:

La chemificazione del suolo, che lo rende sterile. (50 anni di fertilizzanti chimici rendono il terreno permanentemente improduttivo)

La chimicizzazione degli alimenti (coloranti, conservanti) e la chimicizzazione terapeutica causano la degenerazione della razza umana e malattie come i danni cromosomici ereditari (teratogenismo).

La scomparsa dell'umanità QUALITATIVA, del senso morale, dello spirito di sintesi e del senso estetico. Qualsiasi tipo di musica cantata o di pittura informe sarà apprezzata dalle masse zombificate.

La crescita esponenziale di una popolazione puramente quantitativa.

Le malattie virali cresceranno in progressione geometrica. LE A.I.D.S. NON POTRANNO CHE AUMENTARE IN PROPORZIONI ENORMI FINCHÉ NON CI SI OCCUPERÀ DELLA FEDELTÀ DELLA COPPIA. Sebbene la S.I.D.A. sia ancora agli inizi, questa verità elementare non ha più bisogno di essere dimostrata: è evidente...

Bombe atomiche, centrali nucleari e sottomarini atomici affondati possono generare Chernobyl.

Le scorie nucleari non neutralizzabili possono essere un vero e proprio cataclisma.

I rifiuti domestici, prodotti in modo esponenziale senza il tempo sufficiente per distruggerli, possono invaderci con tifo, peste e colera...

La scomparsa delle foreste per la pubblicità e la scheda elettorale, in particolare, avrà conseguenze ecologiche catastrofiche.

Le specie animali e vegetali stanno scomparendo a un ritmo allarmante, completando uno squilibrio ecologico irreversibile.

LA SCOMPARSA DELLA CLASSE CONTADINA, CHE È L'UNICO MODO PER GARANTIRE UNA VITA NAZIONALE AUTOSUFFICIENTE, PUÒ RIDURRE UN PAESE ALLA FAME DA UN GIORNO ALL'ALTRO ATTRAVERSO UN SEMPLICE DISORDINE POLITICO-FINANZIARIO ORGANIZZATO DALLA FINANZA.

La miscegenazione istituzionalizzata, che è un vero e proprio CRIMINE CONTRO L'UMANITÀ, sta creando un razzismo PERMANENTE E INEVITABILE. Degenererà nella LIBANIZZAZIONE DEI PAESI E NELLA GUERRA CIVILE.

LA LIBERTÀ PSEUDO DELLE DONNE le mascolinizza e le priva delle loro qualità di madri e mogli, assolutamente necessarie per l'EQUILIBRIO DEI BAMBINI. I divorzi e la mancanza di madri produrranno in tutto il mondo delinquenza giovanile, suicidi giovanili e una convergenza verso Michael Jackson, Madona e la droga... L'UMANITÀ È COSÌ VIRTUALMENTE PRIVATA DEL DIVENIRE.

La DISOCCUPAZIONE MONSTREALE raggiungerà presto i 2 miliardi di persone. Di queste, la generazione più anziana sarà qualificata, ma ci sarà una massa informe di persone non istruite, analfabete o inoccupate.

Le megalopoli saranno sature di automobili e gas nocivi. Il rifornimento di carburante diventerà impossibile. Le foreste già distrutte saranno corrose dai gas di scarico delle auto, come accade in Germania.

Lo strato di ozono scomparirà impercettibilmente, lasciando gli esseri umani esposti a radiazioni mortali.

Va notato che anche se annullassimo gli effetti dannosi di alcuni dei parametri sopra citati, ne basterebbe UNO per garantire la nostra distruzione (scorie atomiche, sovrappopolazione globale, scomparsa delle madri, ecc.)

Cosa farebbe un re, cioè una persona nata provvidenzialmente con uno spirito di sintesi, in una situazione del genere?

NULLA.

Il primo passo sarebbe quello di eliminare tutti gli esseri umani inadatti alla vita, lasciando agire selezione naturale. Dovremmo abolire tutte le forme di chimificazione alimentare e terapeutica, compresa la vaccinazione sistematica, che distrugge i sistemi immunitari. Dovremmo abolire totalmente la regola del denaro e sostituirla con il valore del lavoro. Dovremmo permettere che la gerarchia umana venga ricostituita in base alla densità spirituale di ciascun individuo, che è la NOSTRA SUPREMA INEQUALITÀ (ma la nostra uguaglianza davanti a Dio!).

Era l'antica realtà delle caste che l'Occidente degenerato non comprende più.

Nonostante l'abolizione sociale del sistema delle caste, esso non può essere abolito dal punto di vista psicologico: abbiamo amici e relazioni profonde solo con quelli della nostra casta.

UN BRAMINO OGGI È CONDANNATO ALLA TOTALE INCOMPRENSIONE E SOLITUDINE.

IL MARXISMO, CHE HA UCCISO E UCCIDERÀ DI NUOVO

In 1984 di George Orwell, la società socialista ha i suoi dogmi in ogni prospettiva ed è vietato, pena le più severe sanzioni, metterli in discussione.

Ecco dove siamo alla fine del XX secolo. NESSUNO osa mettere in discussione la democrazia, anche se è il peggiore dei regimi, poiché sta progressivamente portando alla distruzione radicale concreta e astratta, abulando e "liberando" il freudismo, la medicina e i fertilizzanti chimici, le vaccinazioni sistematiche che disintegrano il sistema immunitario, ecc...

Questo dogmatismo totalitario si è manifestato in modo spettacolare nel già citato caso Faurisson.

Non gli fu mai permesso di esprimersi liberamente sui giornali e sugli editori ufficiali. Gli fu inflitta una multa di 300.000.000 di centesimi, che non poté mai pagare. Tuttavia, fu stabilito che la serietà del suo lavoro non era in discussione. Chiese controlli più severi di quelli imposti da KATYN (!!!), ma non li ottenne MAI!

LA LICRA SEQUESTRA IL TRATTAMENTO DEL PROFESSORE PER PUBBLICARE IL GIUDIZIO E _OMETTE TOTALMENTE IL PASSAGGIO RELATIVO ALLA SERIETÀ DEL SUO LAVORO DA DISCUTERE CON GLI SPECIALISTI E IL PUBBLICO!!_

Onestà ebraica!

Ma non passa giorno senza che il "Grande Fratello" capitalista-marxista ci infligga il subliminale, ipnotico *"6 milioni di stanze per il gas"* che fa venire la nausea a tutti...

È apparso il divieto assoluto e atroce di discutere i dogmi. Agli imprudenti è stato promesso il rogo, proprio come nel Medioevo si bruciavano le streghe!

Eppure lo studio oggettivo di questo problema non lascia spazio a dubbi.

Guardiamo con obiettività alle realtà comuniste...

Queste realtà sono state denunciate da Solzhenitsyn, Pascalini e dallo stesso Kruscev. Possiamo parlare di 150.000.000 di morti...

È vero che non erano ebrei, che sono stati sterminati dagli ebrei, e che in questo caso 150 milioni di veri sono molto meno di 6 milioni di falsi! Questa è la contabilità di "questo vile seme di bestiame"...

Il regime comunista impose le seguenti misure nel modo più totalitario: disperse l'Assemblea Costituente e introdusse la pratica delle esecuzioni sommarie. Schiacciò gli scioperi e quando i contadini diseredati si ribellarono, li schiacciò nel modo più feroce. Ha distrutto la Chiesa e ha ridotto 20 province alla carestia.

Poi arrivò la terribile carestia del Volga del 1921. Infine, dopo aver rovinato la Russia con la guerra civile, chiese aiuto all'America. L'America, che aveva già finanziato la rivoluzione attraverso i suoi finanziatori ebrei, Warburg, Loeb, Schiff, Sasoon, Hammer, ecc. Ma la memoria del popolo è stata cancellata dal salvataggio di milioni di vite da parte dell'AMERICAN RELIEF ADMINISTRATION.

Va notato che i regimi socialisti, di qualsiasi colore, vivono solo attraverso il capitalismo, di cui sono sia il nemico che la propaggine...

I primi campi di concentramento in cui un numero enorme di persone è stato ammassato sono stati istituiti dal regime bolscevico (anche gli inglesi hanno allestito campi atroci in Sudafrica per i boeri, ma sebbene siano stati assassini, non hanno mai raggiunto le dimensioni di questi mattatoi per milioni di persone).

Negli 80 anni che hanno preceduto la Rivoluzione bolscevica, ci sono state 17 esecuzioni all'anno, nonostante i ripetuti attentati alla vita dei tartassati.

Ma la Cheka giustiziava più di 1.000 persone al mese, e nel 1937, sotto il terrore staliniano, ci furono 40.000 esecuzioni al mese...

DAL 1941 È PERFETTAMENTE CHIARO CHE IL CAPITALISMO LIBERALE HA COSTANTEMENTE AIUTATO LA RUSSIA A RAFFORZARE IL SUO REGIME IPERTOTALITARIO.

(Presumibilmente in nome dei diritti umani e civili fondamentali!).

A YALTA, senza alcun motivo apparente, le democrazie liberali riconobbero l'occupazione sovietica di Mongolia, Estonia, Lettonia e Lituania e 7 o 8 Paesi europei furono consegnati all'URSS.

Nei tre decenni successivi, il sito è stato abbandonato uno dopo l'altro.

In Africa, sempre più Paesi satellite si trovano in una situazione penosa... Quasi tutta l'Asia è in mano ai comunisti.

Portogallo e Spagna, nonostante qualche convulso rifiuto, sono caduti nel precipizio marxista.

PER 30 ANNI L'OCCIDENTE HA CEDUTO AL COMUNISMO TOTALITARIO PIÙ DI QUANTO QUALSIASI NAZIONE SCONFITTA ABBIA CEDUTO AL SUO VINCITORE.

Il Vietnam e la Corea del Nord sono stati ceduti, domani toccherà al Giappone, a Formosa, alla Malesia, alle Filippine, alla Thailandia e a 10 paesi africani e non solo...

Perché no, visto che un politico occidentale, Willie Brand, ha detto: "Accetterei la distensione anche con Stalin"...

ANCHE QUANDO GIUSTIZIAVA 40.000 PERSONE AL MESE, SENZA DUBBIO...

E osano parlarci di Hitler, che non ha fatto altro che mettere nei campi di concentramento ("non più dolorosi di quelli sovietici", come ci ha detto lo stesso Bloch-Dassault) i suoi nemici di lunga data che impedivano la rinascita della Germania...

Cosa significava la distensione in URSS?

Coloro che hanno cercato di attraversare il Muro della Vergogna per rifugiarsi in Occidente e sfuggire al paradiso sovietico sono stati assassinati senza pietà in nome della libertà democratica.

Nonostante i rischi noti che correvano, alcuni preferirono morire in questo volo eroico.

Come si manifestava questo rilassamento? Il solo fatto di cenare con un americano era un reato punibile con 10 anni di carcere.

I titoli recitavano: "Gli imperialisti americani assetati di sangue vogliono schiavizzare il mondo".

Questo è vero anche per il comunismo, perché i grandi miliardari che hanno finanziato il bolscevismo erano comunisti circoncisi (Hammer ha fondato il Partito Comunista Americano e non è mai stato disturbato durante il maccartismo!) MA È UN BEL TITOLO RILASSANTE?

Solo il partito governa E IN UN MODO INFINITAMENTE PIÙ TOTALISTA DEI TZAR.

In 40 anni ci sono state solo irrisorie elezioni farsa. Il popolo non ha ASSOLUTAMENTE ALCUNA INFLUENZA. Né la stampa né la magistratura hanno la minima indipendenza o libertà. QUALSIASI PENSIERO CHE NON SIA QUELLO DELLO STATO VIENE STRONCATO SUL NASCERE.

Dal caso Faurisson, siamo su questa strada...

Sotto questo terribile regime, i MOLOTOV e gli altri macellai che hanno ucciso milioni di persone non sono mai stati portati davanti a un tribunale e sono andati in pensione con comode pensioni.

LA COSTITUZIONE NON È STATA APPLICATA PER UN SOLO GIORNO.

Tutte le decisioni vengono prese in segreto da un piccolo gruppo di irresponsabili e poi si abbattono come un fulmine sul popolo.

Migliaia di persone vengono sottoposte a "diete speciali" negli ospedali psichiatrici e le iniezioni di sostanze chimiche distruggono parte delle loro cellule cerebrali.

Ci sono migliaia e migliaia di prigionieri politici.

Quando il regime ha condannato un uomo, questi non trova né alloggio né lavoro. I giovani non credono più nell'istruzione superiore, che è totalmente riduzionista e propagandista. Preferiscono non andare all'università.

Solzhenitsyn non capisce perché le democrazie abbiano usato un regime tanto peggiore del nazismo, quando il nazismo era l'unica forza politica in grado di sconfiggere il bolscevismo...

(Non ha letto il Mein Kampf, il che spiegherebbe molto bene tutto questo).

"Avremmo visto dopo", dice Solzhenitsyn.

"Abbiamo ucciso il maiale sbagliato", disse Churchill...

L'obiettivo finale dell'egemonia del dollaro non sarebbe un condominio americanomarxista, come quello annunciato da George Orwell in "1984", un condominio di cui Yalta sarebbe il primo passo?

Le delizie del comunismo cinese non sono migliori: 60 MILIONI DI PISELLI CINESI ESTERMINATI PERCHÉ NON VOLEVANO SEDERSI SUL LETTO BOLCHEVIANO DEI PROCESSI.

EPPURE TUTTI SANNO CHE CHANKAITCHEK E MAC ARTHUR ERANO PRONTI A IMPEDIRE ALLA CINA DI SPROFONDARE NEL COMUNISMO E CHE SONO STATI ENTRAMBI IMPEDITI DALL'IMPLACABILE INTERVENTO DEL GOVERNO DEGLI STATI UNITI...

Vale la pena di notare che i leader della Cina comunista sono stati addestrati dagli americani e dai gesuiti... (conferenza di Marc Blancpain).

In URSS, senza contare i milioni di vittime che perirono durante la rivoluzione finanziata dai banchieri ebrei americani, tra il 1932 e il 1939 furono sterminati 60 milioni di persone. Questo fatto denunciato dagli stessi comunisti nel programma "APOSTROPHES" di BERNARD PIVOT.

Come abbiamo detto, la stragrande maggioranza dei carnefici erano persone circoncise l'8° giorno, come FRENKEL e YAGODA, CHE SONO DA SOLI RESPONSABILI DI MILIONI DI MORTI.

Su questa verità c'è un silenzio assoluto, ma la cifra di 6 milioni di camere a gas viene sbandierata e ribadita ogni giorno dai media, nonostante l'impossibilità aritmetica e tecnica denunciata da RASSINIER e FAURISSON. Ci si chiede se esista un SINGOLO PFN al mondo che porterebbe in giudizio e verrebbe implacabilmente condannato per il solo fatto di aver minimizzato, a torto o a ragione, il numero delle sue vittime in una guerra che ha avuto luogo 50 anni fa e in cui il nemico è stato totalmente sconfitto...

QUESTO FATTO PSICOLOGICO DIMOSTRA DA SOLO L'IMPOSTURA DELL'OLOCAUSTO. Ecco perché solo le misure TOTALITARIE POSSONO MANTENERE ARTIFICIALMENTE IL MITO.

Un fatto storico è assodato: non appena il regime bolscevico fu instaurato nel 1918, cioè 15 anni prima del K.Z. di Hitler, furono istituiti campi di concentramento per i nemici del regime: monarchici, socialdemocratici, anarchici. I campi erano gestiti da boia ebrei. Il Commissariato del Popolo per gli Affari Interni era responsabile della Guepeu, della milizia e dell'amministrazione dei campi di concentramento.

Il sinistro YAGODA era a capo della N.K.V.D. OURITSKI, SORENSON, JEJOFF erano i suoi collaboratori.

Sotto il loro controllo funzionava la gestione principale dei campi: DAVIDOVITCH, BERMAN, erano i capi, e KOGAN, SEMEN, FIRINE, APETTER, erano responsabili di varie regioni o settori. APETTER era responsabile della GESTIONE GENERALE DELLE PRIGIONI.

Come osa qualcuno parlarci di 6 milioni di camere a gas, ANCHE VERE, quando sappiamo per certo che il campo di concentramento che ha torturato decine di milioni russi È STATO CREATO E MANTENUTO DA 50 BOURREAUX DI ORIGINE JEVESE?

Non ci vuole qualcosa di più di un enorme colpo di pistola?

Dobbiamo anche ricordare che l'ideologo MARX, come Lenin (un piccolo ebreo adottivo) e i membri del governo rivoluzionario, erano di origine ebraica, e che le loro vittime furono così numerose che gli storici non riescono a concordare per decine di milioni...

Chi è stato felice sotto questo regime in cui l'alcol ammorba quaranta milioni di persone? Si può mangiare un po', forse, a patto di sterminare i milioni di bocche che rimarrebbero senza lavoro, attraverso carestie organizzate o i gulag.

Come può questo regime nutrire il Paese quando sappiamo che l'Ucraina, che era il granaio del mondo sotto gli zar, non è più in grado nemmeno di fornire grano per la sola Ucraina?!!!

Chi si è ribellato a Praga, Berlino Est, Budapest, Danzica e Varsavia, se non gli operai e i contadini?

Il comunismo non ha mai difeso né il primo né il secondo, perché il comunismo, come tutte le forme di socialismo, Toglie TUTTO A TUTTI.

L'elenco dei gruppi umani sterminati da questo abominevole regime non ha fine. Un milione e mezzo di musulmani sono stati deportati o massacrati:

I MUSULMANI DELLA CRIMEA I BLAKARLES

LES KARATCHAIS

I CECENI GLI INGUSCI...

In un programma di Bernard Pivot, Mme Carrère d'Encausse, una storica molto ufficiale, ha detto questo:

"Anche se l'esperimento comunista fosse riuscito, il che non è affatto vero, non valeva un prezzo così spaventoso in termini di vite umane...".

Uno scrittore ebreo recentemente intervistato da Jacques Chancel ha detto, dopo aver evocato questo panorama: "COME PUÒ ESSERE UN UNICO COMUNISTA NEL MONDO"?

Porre questa domanda equivale a formulare una diagnosi psichiatrica.

In ogni caso, è certo che nella RUSSIA SOVIETICA NON C'ERA UN SINGOLO FUORI DALLA "NOMENKLATURA"...

TOLLERANZA, TOLLERANZA!

> *"In 1984, i più intelligenti saranno i meno normali".*
> *George Orwell.*

C'è tolleranza:

Per il marxismo, che stermina milioni di persone in tutto il mondo.

Per la pornografia e il permissivismo sessuale, che degradano l'essenza dell'uomo e lo bestializzano.

Per i film di violenza e sesso.

Per gli omosessuali, essi stessi vittime della tolleranza,

Per gli alimenti modificati chimicamente. Per aver incoraggiato la masturbazione (un fattore di omosessualizzazione) e il degrado morale e fisico.

Per gli assassini di 5 persone o gli stupratori di bambine. Per una pillola patogena, cancerogena e teratogena.

Per l'aborto self-service.

Per il traffico di feti e bambini ritenuti non nati e dopo gli esperimenti di laboratorio, QUANDO INIZIANO A CAMMINARE SONO GETTATI IN INCINERATORI (libro: "Bébés au feu"). (Mentre l'aborto per l'eugenetica È STATO RITENUTO UN CRIMINE DI UMANITÀ CONTRO IL NAZISMO AL TRIBUNALE DI NUREMBERG!!)

Per gli inquinatori di ogni tipo che rendono sterili laghi e mari e sterminano specie animali e vegetali...

NESSUNA TOLLERANZA PER LA VERITÀ:

Per il professor FAURISSON, CHE HA VOLUTO FARCI SAPERE LA NOTIZIA RICOSTRUTTIVA DELL'ERRORE DI 6 MILIONI DI CAMERE A GAS!

NESSUNA TOLLERANZA PER TUTTO CIÒ CHE È PULITO, GENUINAMENTE LIBERO.

C'È SOLO TOLLERANZA PER L'INTOLLERABILE.

C'È SOLO TOLLERANZA PER CIÒ CHE CI STERMINA.
C'è tolleranza per la "MUSICA CHE UCCIDE"... [8]

---

[8] MEYERLANSKI, circonciso l'8° giorno, padrino della MAFFIA statunitense, teneva al guinzaglio l'F.B.I. grazie a un dossier di ricatto che deteneva su HOOVER, capo dell'F.B.I. Nessuna lotta contro la MAFFIA era possibile finché Hoover era in vita, nemmeno grazie alla buona volontà di Robert Kennedy, che la Maffia assassinò (Canal+18/6/94).

MUSICA CHE UCCIDE

Il pubblico ingenuo crede che il Rock 'n Roll, il Rapp e la pseudo-musica di questi decenni siano forme di intrattenimento innocue e una moda passeggera di giovani eccitati. QUESTO È ASSOLUTAMENTE FALSO.

I Beatles non si sbagliavano quando dicevano:

"LA NOSTRA MUSICA È IN GRADO DI PROVOCARE INSTABILITÀ EMOTIVA, COMPORTAMENTI PATOLOGICI, PERSINO RIVOLTE E RIVOLUZIONI. IL ROCK'N'ROLL È IL CENTRO ENERGETICO DI UNA RIVOLUZIONE MONDIALE...".

Non sembra esserci alcuna ambiguità in questa affermazione, come dimostreremo. Sarebbe possibile che una tale esplosione ritmica regressiva non produca alcun effetto FISICO, PSICOLOGICO, MENTALE, MORALE, SPIRITUALE sull'individuo e sulle masse?

Solo un ritardato mentale potrebbe affermare l'innocuità di questo mega-crimine di lèse-humanité da cui traggono immensi profitti società finanziarie dall'identità inequivocabile.

Purtroppo questi idioti si trovano ormai a profusione, perché lo scopo di questa "musica" è proprio quello di produrre un numero esponenziale di disturbi mentali sull'intero pianeta...

Esaminiamo gli effetti di queste pseudo-musiche dal concreto all'astratto.

Vediamo innanzitutto l'isteria di massa, i disordini e le risse che scoppiano ai festival quando vengono suonati questi rumori atroci:

A Vancouver, durante uno spettacolo dei Beatles, sono bastati 30 minuti perché 100 persone venissero calpestate, aggredite e gravemente ferite...

A Melbourne, più di 1.000 persone hanno riportato gravi lesioni durante un festival rock.

A Beirut, una folla isterica di partecipanti ha potuto essere dispersa solo con l'aiuto di 5 tubi idraulici.

Ad Altamont, negli Stati Uniti, nel 1969, un festival dei Rolling Stones attirò 300.000 persone. Diversi giovani morirono per asfissia e tre per overdose.

A Cincinnati, negli Stati Uniti, al Coliseum River Front, nel 1975, undici giovani furono calpestati a morte dai 18.000 spettatori che abbatterono le barriere per entrare al festival. La band "the Who" iniziò il suo spettacolo come se nulla fosse accaduto...

Alla fine dello spettacolo, gli spettatori impazziti hanno invaso il palco, causando il soffocamento di alcuni spettatori.

Nel corso di un fine settimana di grande scalpore a Los Angeles, sono morti 650 giovani. I frigoriferi dell'obitorio erano già pieni e i corpi erano depositati nei corridoi lungo le pareti su entrambi i lati. Un terribile odore di morte pervadeva l'edificio. I corpi non potevano essere identificati. Le vittime erano giovani che avevano lasciato la casa di famiglia.

Riassumiamo citando "il grande ritmo" di FRANCK GARLOCK.

"I discepoli del caos e del disordine non avrebbero potuto trovare un veicolo più perfetto per promuovere e inculcare le loro idee e la loro "filosofia" nelle giovani generazioni di tutti i Paesi del mondo". Eppure, nei Paesi in cui la musica rock è più popolare - gli Stati Uniti e il Regno Unito - non solo il tasso di delinquenza giovanile è il più alto del mondo, ma anche il tasso di criminalità giovanile, di nascite fuori dal matrimonio, di atti di violenza, di omicidi e di suicidi è quello che cresce più rapidamente al mondo...".

Questi fatti più evidenti dimostrano quindi che la rivoluzione della pseudo-musica come il rock'n'roll, ecc. ha causato la più perfetta perversione della gioventù che il mondo abbia mai conosciuto.

"Pervertite la gioventù e conquisterete la nazione", ho sentito dire nella letteratura di sinistra. Questo va oltre la frase di CRÉMIEUX: "Possedete la stampa, possederete l'opinione"...

Quali sono gli effetti fisici e organici di questa pseudo-musica?

Sono tragici. La più importante è la progressiva ipotrofia della ghiandola genitale interna che, come ha dimostrato l'endocrinologo Jean Gautier, è l'organo del SENSO MORALE, dell'amore per Dio, della forza di volontà, dell'attenzione volontaria e delle più nobili qualità umane.

L'INSUFFICIENZA DI QUESTA GHIANDOLA PORTA AUTOMATICAMENTE AL RIDUZIONISMO MENTALE, ALL'ATEISMO E ALL'ASSENZA DI SENSO MORALE. Da 40 anni sappiamo che questa ghiandola è atrofizzata nelle persone affette da demenza.

Sono state fatte le più svariate osservazioni, a seconda del temperamento, sugli effetti patologici di questa musica ripetitiva e cantilenata, con i suoi testi ignoranti.

Devo dire che quando sento questo tipo di "musica" per caso, sento dei colpi dolorosi e insopportabili al cuore del mio corpo. La cosa ancora più straordinaria è che anche quando mi copro le orecchie, riesco comunque a sentire fisicamente questo scuotimento di tutto il mio essere. È ovvio, quindi, che per trovare piacere in queste scansioni, bisogna essere già disintegrati. Vengono quindi assorbite COME DROGHE di cui il tossicodipendente non può fare a meno. Rimangono insopportabili per chiunque abbia mantenuto il proprio corpo e la propria anima sani.

Sono stati osservati diversi effetti clinici: cambiamenti nella frequenza cardiaca e nella respirazione. Aumento delle secrezioni delle ghiandole endocrine, in particolare dell'ipofisi che, come è noto, è il conduttore automatico del corpo. (Il conduttore volontario sono i genitali interni). Quando la scansione è accentuata, la laringe si contrae; quando la musica "scende", si rilassa. Il metabolismo di base e i livelli di zucchero nel sangue cambiano durante un'audizione.

È quindi possibile "giocare" con l'organismo umano come se fosse uno strumento, e infatti alcuni compositori di musica elettronica manipolano il cervello cortocircuitando i flussi coscienti, proprio come fanno le droghe...

Il ritmo predominante della musica rock e pop condiziona il corpo e stimola le funzioni ormonali.

L'intensità amplifica gli effetti: sopra gli 80 decibel l'effetto è sgradevole e sopra i 90 diventa dannoso. Nei concerti rock si misurano 106-108 decibel al centro della sala e 120 vicino all'orchestra!

Gli otorinolaringoiatri stanno scoprendo anche problemi di udito nei giovani, una sordità precoce che normalmente colpisce solo gli anziani.

Si è registrato anche un aumento delle malattie cardiovascolari e dei disturbi dell'equilibrio.

Purtroppo, agli effetti "uditivi" corrispondono effetti "visivi" la cui negatività non corrisponde a quella degli effetti uditivi.

Dal punto di vista visivo, l'intensità dell'illuminazione speciale e l'uso di raggi laser causano danni irreversibili agli occhi di alcune persone. Se il raggio penetra nell'occhio, può bruciare la retina, creando un punto cieco permanente.

Inoltre, i lampi di luce intensa che esplodono al ritmo della musica provocano talvolta vertigini e fenomeni allucinatori.

INFATTI, IL GOVERNO BRITANNICO HA LANCIATO UN AVVERTIMENTO SU QUESTO TEMA E LO HA DIFFUSO NELLE SCUOLE. Il famoso musicoterapeuta ADAM KNIESTE ha detto questo sull'argomento:

"Il problema centrale causato dalla musica rock nei pazienti che ho curato deriva chiaramente dall'intensità del rumore, che provoca ostilità, esaurimento, narcisismo, panico, indigestione, ipertensione e una strana narcosi. IL ROCK NON È UN PASSATEMPO INNOCUO, È UNA DROGA PIÙ LETALE DELL'EROINA, CHE AVVELENA LA VITA DEI NOSTRI GIOVANI...".

A livello sessuale, le vibrazioni a bassa frequenza causate dall'amplificazione dei bassi, unite all'effetto ripetitivo del "beat", hanno un effetto considerevole sul liquido cerebrospinale.

A sua volta, questo fluido influisce direttamente sull'ipofisi, che controlla la secrezione ormonale. Il risultato complessivo è uno squilibrio degli ormoni sessuali e surrenali e un cambiamento radicale dei insulina nel sangue, cosicché le varie funzioni che controllano gli inibitori morali sono completamente neutralizzate.

Gli effetti psicologici non sono meno gravi: l'influenza DEPERSONALIZZANTE è estrema. Le persone subiscono un profondo trauma psico-affettivo.

Ecco i risultati più evidenti:

Cambiamenti nelle reazioni emotive che vanno dalla frustrazione alla violenza incontrollabile. Perdita del controllo cosciente e riflesso e della concentrazione.

Notevole riduzione del controllo dell'intelligenza e della volontà sugli impulsi subconsci.

Sovraeccitazione neurosensoriale che produce euforia, suggestionabilità, isteria e, in alcuni casi, allucinazione.

Grave compromissione della memoria, delle funzioni cerebrali e della coordinazione neuromuscolare.

Uno stato depressivo che porta a nevrosi e psicosi, soprattutto se si combinano musica e droghe.

Stato ipnotico o catalettico, che trasforma la persona in una sorta di zombie o robot. Tendenza al suicidio e all'omicidi, che aumenta notevolmente se si ascolta questo tipo di musica quotidianamente e per lunghi periodi.

Automutilazione, autoimmolazione, autopunizione, soprattutto in occasione di grandi raduni. Impulsi irresistibili di distruzione, vandalismo e disordini in seguito a concerti rock o festival...

Gli effetti MORALI seguono automaticamente da questa tragedia clinica: sesso, droga, rivolta, magia nera, satanismo, da un'altra epoca...

All'orrore degli effetti sonori e luminosi si aggiunge l'aggressione subliminale. L'aggressione subliminale consiste nell'introdurre nei testi elementi suggestivi che vengono ricostituiti dalla mente cosciente e influenzano la vittima, cioè tutti i giovani del mondo.

Non c'è bisogno di insistere su questo effetto molto reale, perché i testi stessi possono influenzare cinicamente, senza bisogno di effetti subliminali.

Ecco il testo di una canzone purtroppo famosa che illustra chiaramente un aspetto del mostruoso crimine di lèse-humanité che questi pseudo-musiques costituiscono:

"Dio mi ha detto di scuoiarti vivo
Uccido i bambini

Mi piace vederli morire
Uccido i bambini

Faccio piangere le madri
Le schiaccio sotto la mia auto
Voglio sentirle urlare

Date loro da mangiare caramelle avvelenate
E rovinare il loro Halloween...''

Ci si chiede perché il potere politico e giudiziario non intervenga per punire in modo esemplare tali crimini, dove la perversione si aggiunge all'infantilismo...

Nell'album KILLERS dei Queen, se si suona la musica al contrario si ottiene: "start smoking marijuana".

Nella canzone "When Electricity Came to Arkansas", c'è una sezione incomprensibile che suona al contrario: "Satan, Satan, Satan, he's God, he's God, he's God" e il messaggio si conclude con una risata demenziale.

Potremmo scrivere un libro elencando gli effetti subliminali, satanici e blasfemi, o l'incoraggiamento alla droga o alla sessualità bestiale.

È QUINDI CHIARO CHE L'INTELLIGENZA, LA VOLONTÀ, IL LIBERO ARBITRIO E LA COSCIENZA MORALE SONO SOTTOPOSTE A UN TALE ATTACCO ATTRAVERSO TUTTI I SENSI CHE LA LORO CAPACITÀ DI DISCERNIMENTO E DI RESISTENZA È DIMINUITA O NEUTRALIZZATA DEL TUTTO.

In questo stato di confusione mentale e morale, la strada è TOTALMENTE APERTA agli sfoghi più violenti di impulsi repressi, odio, rabbia, gelosia, vendetta, sessualità. Le rockstar, nonostante la loro patente debolezza, diventano IDOLI da amare.

È UN SURROGATO DEL SENTIMENTO RELIGIOSO PERVERTITO VERSO LA BESTIALITÀ E LA NEUTRALIZZAZIONE DELL'ESSERE.

Questo ammaliamento ha conseguenze macabre: le "groupiez" o ragazze che accompagnano l'"idolo", assecondano ogni suo capriccio per poi essere sostituite da altre ragazze nel tour successivo. Ci sono stati suicidi provocati dalla morte della "star" e omicidi come quello di John Lennon.

Nulla può resistere all'inevitabile erosione della coscienza, del cuore e della mente di chi ascolta queste spaventose regressioni musicali ritmiche da cui possiamo proteggere i nostri solo con il PRINCIPIO DI AUTORITA' e la spiegazione di tutto questo quando l'intelligenza del giovane sarà sufficientemente sviluppata. NEL FRATTEMPO, L'IMPERATIVO ASSOLUTO DEL DIVIETO È ESSENZIALE SE VOLETE SALVARE I VOSTRI FIGLI, PERCHÉ QUANDO SARANNO ABBASTANZA GRANDI DA CAPIRE, SARANNO GIÀ MARCI...

Lo spirito di questa sovversione si ritrova nel testo dell'anarchico JERRY RUBIN:

"Elvis risvegliò i nostri corpi, cambiandoli completamente. L'hard rock animale, che racchiude il suo segreto nell'ENERGY BEAT, penetrava con forza all'interno dei nostri corpi: il ritmo esaltante faceva emergere tutte le passioni che erano state represse, trattenute. Il sedile posteriore di un'auto era il teatro della rivoluzione sessuale, mentre la radio dell'auto fungeva da mezzo per questa sovversione. Il rock segnò l'inizio della rivoluzione. Abbiamo fuso una nuova vita politica con uno stile di vita PSICHEDELICO. Il nostro stile di vita, i nostri acidi, i nostri vestiti stravaganti, la nostra musica rock, questa è la VERA RIVOLUZIONE...".

IN MODO CHE TUTTO SIA PERFETTAMENTE CHIARO.

CHI FINANZIA?

Questo è il globalismo. Per essere sicuro di raggiungere i giovani indifferenti ai discorsi e alle strategie politiche, ha affidato all'agenzia WICCA il compito di creare studi di produzione rock per garantire la distribuzione mondiale delle opere dei gruppi più aggressivi e idioti. Tra gli studi di produzione più noti ci sono:

Zodiac Productions, Atlantic Productions, Capitol Records Inc. Mercury, Inter global music, aristo records, ecc.

Jerry Rubin non lascia dubbi su chi sia.

Un certo GURGY LAZARUS sta incassando comodi miliardi su questo immenso crimine di lèse-humanité. Una volta l'ho visto in televisione.

È così disgustosamente bella che non si potrebbe immaginare un direttore dell'Inferno peggiore...

Brutto simbolismo: "Abbiamo il volto della nostra anima", ha detto Carrel...

Quindi tutto questo fa parte del complotto globalista per condurre i giovani verso l'internazionalismo corrispondente all'avvento di un unico governo mondiale.

La successiva rottura dei legami con la famiglia, la religione, la nazionalità e l'etnia culturale fa sì che i giovani perdano il senso di appartenenza a un particolare gruppo o Paese, ma abbiano la sensazione di essere CITTADINI DEL MONDO; Il cittadino globalista, atonico, stupefatto, drogato, incapace di convinzioni diverse da quelle subite dalla subliminizzazione dei mass media, senza fede né legge, senza obblighi verso i genitori, Dio, la patria o il padrone, devoto come uno zombie votivo produttore di consumi agli Immondi che lo manipolano occultamente, mettendogli in mano la bandiera insanguinata della libertà psichedelica...

C'è un SINGOLO partito politico che si sia ripetutamente alzato, come fanno tutti per l'assurdità aritmetico-tecnica *di 6 milioni di camere a gas*, per denunciare questa disintegrazione della nostra gioventù globale?

Quale partito urla ogni giorno contro la musica che uccide e le droghe che "beneficiano e sono gestite dall'Alta Finanza ebraica"????

NESSUNO.

IL DOTTOR A. CARREL E LA MANIA DI RIBATTEZZARE LE STRADE CON IL SUO NOME

Come potrebbe la speculazione circoncisa che porta i popoli a lacrime sanguinose e a una degenerazione unica nella storia, accettare senza isterismi l'esistenza di un vero genio la cui coscienza forniva tutti i parametri necessari per un'umanità felice ed equilibrata?

Impossibile. Quindi i consigli comunali, in ritardo, si stanno piegando alle pressioni della circoncisione per cambiare i nomi delle vie Carrel. Stiamo parlando di 16 città. Non sono riuscito a scrivere a tutti i sindaci, ma mi sono almeno sforzato di parlare con i sindaci di Strasburgo, Béziers e Limoges.

Sindaci e consiglieri comunali, ho appreso dalla stampa che siete stati costretti a valutare se rimuovere il nome di ALEXIS CARREL dalla via che porta il suo nome nella vostra città.

Vorrei attirare la vostra attenzione su questo incidente grottesco, che si aggiunge al grottesco della nostra "sifilide" (Baudelaire).

Carrel è la più grande mente che abbia conosciuto dopo i Greci. La sua abilità chirurgica è di gran lunga superata dalla sua lucidità di pensatore e dal 1934, anno di pubblicazione de "L'uomo sconosciuto", tutto dimostra che aveva ragione su tutto e che lo stato di decomposizione purulenta in cui ci troviamo va ben oltre le sue previsioni, che non sono pessimistiche, ma realistiche.

TUTTE LE GRANDI CIVILTA' SONO STATE EUGENISTICHE e nessuna ha accettato la proliferazione esponenziale di fenomeni motori e psichici, di delinquenti e di criminali coccolati. Nessuna ha accettato il gigantesco olocausto di centinaia di milioni di bambini normali nel grembo delle loro madri...

NESSUNO.

Siamo governati dall'Alta Finanza ebraica e dal marxismo.

Io stesso sono un ebreo e mi vergogno di esserlo quando vedo il ruolo che i miei compagni ebrei stanno giocando nella rovina e nel suicidio dell'umanità, assistiti da pagliacci politici.

NESSUNO DI LORO ha la minima autorità intellettuale per farvi togliere dalle vostre città il nome di Carrel, che a capo dello Stato non sarebbe certo stato generato liberalismo e dal marxismo ebraico:

Una disoccupazione mostruosa che cresce in modo esponenziale. La chemificazione e la sterilizzazione del suolo.

La scomparsa di un'umanità qualitativa.

Un ritorno alla barbarie delle città americane, delle periferie francesi e dei massacri interetnici.

Malattie virali come l'AIDS generate dalla deliberata scomparsa di ogni morale e dall'espansione della pornografia.

Bombe atomiche e a neutroni, Chernobyls passato e futuro, l'invasione di scorie nucleari estremamente pericolose

L'invasione dei rifiuti domestici, con tifo, peste e colera che potrebbero portare alla scomparsa delle foreste e all'uccisione dell'agricoltura e degli agricoltori.

La scomparsa della classe media e delle PMI

La mescolanza etnica istituzionalizzata, con la libanizzazione dei Paesi e il razzismo endemico, creato e voluto dagli pseudo "antirazzisti" per i quali l'antirazzismo è solo un pretesto per la loro egemonia, per la loro dittatura assoluta, in particolare sui mass media.

La pseudo-libertà delle donne, che le priva del loro status di madri e mogli e abbandona i figli alla droga e alla delinquenza.

La musica che uccide è patogena, sia a livello mentale che somatico, e criminogena nelle megalopoli sature di automobili e gas nocivi che presto saranno inarrestabili.

La scomparsa esponenziale di specie animali e vegetali, che accentua lo squilibrio ecologico.

La scomparsa dello strato di ozono, che lascia l'uomo e la natura esposti a radiazioni mortali.

Si può essere certi che la gestione dello Stato secondo la coscienza di Carrel non avrebbe MAI ABORTITO UN SUICIDIO COME IL GIUDICE CARTESIANO implacabilmente ci assicura.

La lettura de L'HOMME CET INCONNU ve ne convincerà, e concluderò con una citazione dal libro che riassume perfettamente questa lettera:

"I GRANDI CRIMINALI NON SONO IN PRIGIONE, MA ALL'APICE DELLA SOCIETÀ LIBERALE"...

Non rendetevi ridicoli di fronte alla storia rinominando una strada che porta il nome di una vera élite, che avrebbe assicurato la sana sopravvivenza dell'umanità se avesse avuto il potere di farlo.

L'Institut sur l'Homme che Carrel aveva creato grazie al maresciallo Pétain era un'istituzione ragionevole e necessaria per proteggere l'umanità da coloro che, dotati di immensi difetti, la stavano distruggendo...

Cordiali saluti

IL SORPRENDENTE CHURCHILL

Tutte le strade che portano il suo nome dovrebbero essere rinominate!!

Un ex funzionario pubblico ha dichiarato al Toronto Star del 20 giugno 1992 che Churchill voleva che 100.000 inferiori fossero sterilizzati o messi nei campi! Egli ha rivelato che documenti governativi segreti, recentemente resi pubblici, rivelano che Churchill, dopo essere stato nominato Ministro degli Interni nel 1910, era preoccupato dal fatto del crollo morale e dal fatto che le persone di scarsa intelligenza facevano più figli delle classi istruite. Pensava che questo avrebbe portato al declino della razza britannica.

E ha aggiunto: "Credo che la fonte che alimenta il flusso della follia debba essere prosciugata e sigillata prima della fine dell'anno...".

In un articolo del 1920 (fotocopia allegata), pubblicò una riflessione molto intelligente e lucida sulla questione ebraica ed espresse chiaramente i pericoli dell'ebraismo speculativo internazionale...

Non c'è più una strada per Churchill!

Come dimostra l'articolo del 1920 (vedi traduzione), la lucidità di Churchill sul pericolo del suicidio planetario che stiamo vivendo per mano dell'ebraismo internazionale era perfetta, così come la sua disponibilità a praticare l'eugenetica, come ogni Paese ragionevole.

Una niagara di prove del 9 dimostra che aveva ragione su tutto di fronte alla generale decomposizione giudeo-cartesiana dell'umanità.

Ahimè, Churchill ha ceduto. Fu confiscato dall'ebraismo internazionale. Si lasciò investire dai finanzieri e ricordiamo come il finanziere Baruch influenzò Churchill, che rivoltò il colonnello Beck. Aveva fatto un accordo completo con Hitler, che fu rotto, costringendo Hitler a invadere la Polonia...

Fu probabilmente questa schiavitù contro la sua coscienza che lo spinse a bere. Fu letteralmente comprato dall'ebraismo, che pagò i suoi considerevoli debiti.

Nonostante la sua lucidità, si impegnò in una guerra totale contro la Germania, che stava eroicamente cercando di salvare l'umanità e di liberarla dall'atroce dittatura del dollaro, che ora ci sta sterminando...

Nel 1920 si sarebbe alleato con Hitler per combattere il bolscevismo, di cui, come Solzhenitsyn, conosceva bene le forze impulsive e ideologiche "circoncise".

Alleandosi con Stalin, ha suicidato l'umanità intera.

Quando Hitler gli inviò RUDOLPH HESS, quel "criminale della pace", per cercare di ottenere la pace in un'alleanza contro le forze bolsceviche, lo imprigionò senza nemmeno riceverlo PERCHÉ NON DOVEVA ESSERE ASCOLTATO, IN QUANTO L'EBBREISMO AMERICANO VOLEVA ASSOLUTAMENTE LA GUERRA, nella quale trascinò gli Stati Uniti, nonostante gli sforzi di vere élite come LINDBERG.

Eppure era lucido, perché nel 1945, di fronte all'ambasciatore americano, pronunciò queste storiche parole:

"Abbiamo ucciso il maiale sbagliato"...

SIONISMO CONTRO BOLSCEVISMO, UNA LOTTA PER L'ANIMA DEL POPOLO EBRAICO DI RT, HON. WINSTON CHURCHILL

(Estratto *dall'Illustrated Sunday Herald*, 8 febbraio 1920)

Alcuni amano gli ebrei e altri no; ma nessun uomo di buon senso può dubitare che essi siano, senza dubbio, la razza più formidabile e notevole che sia mai apparsa sulla faccia della terra". Disraeli, il primo ministro ebreo d'Inghilterra e leader del partito conservatore, fu sempre fedele alla sua razza e orgoglioso della sua origine. In una nota occasione disse: "Il Signore tratta le nazioni come le nazioni trattano gli ebrei.

"È certo che se consideriamo lo stato miserabile della Russia, che, tra tutti i Paesi del mondo, ha trattato gli ebrei nel modo più crudele, e se, per contrasto, notiamo la fortuna del nostro Paese, che sembra essere stato preservato dai terribili pericoli di quel tempo, dobbiamo ammettere che nulla di ciò che è accaduto da allora nella storia del mondo è stato in grado di invalidare la verità della fiduciosa affermazione di Disraeli.

EBREI BUONI E CATTIVI

In nessun luogo l'incessante conflitto tra il bene e il male, sempre presente nel cuore umano, raggiunge una tale intensità come nella razza ebraica. In nessun luogo la dualità della natura umana si esprime in modo così forte e terribile. Dobbiamo agli ebrei, nella Rivelazione cristiana, un sistema etico che, anche se completamente separato dallo spirituale, sarebbe incomparabilmente il dono più prezioso fatto all'umanità, un dono ricco, va detto, di tutta la saggezza e la conoscenza fuse insieme. È sulla base di questo sistema e di questa fede che l'intera civiltà attuale è sorta dalle rovine dell'Impero romano. È POSSIBILE CHE QUESTA STESSA SORPRENDENTE RAZZA POSSA, AI GIORNI NOSTRI, DARE VITA A UN PROCESSO CHE, SVILUPPANDO UN ALTRO SISTEMA DI MORALE E FILOSOFIA TANTO MALVAGIO QUANTO IL CRISTIANESIMO È STATO BENEFICO, SE NON VIENE STRONCATO SUL NASCERE, RIDURREBBE IRRIMEDIABILMENTE IN CENERE TUTTO CIÒ CHE IL CRISTIANESIMO HA RESO POSSIBILE.

Sarebbe quasi come se il Vangelo di Cristo e il Vangelo dell'Anticristo fossero predestinati a nascere dallo stesso popolo, e che questa razza mistica e misteriosa fosse stata scelta per le manifestazioni supreme sia del divino che del satanico.

NAZIONALE" EGIZIANI

Non c'è errore più grande che attribuire a ciascun individuo una parte riconoscibile delle qualità che compongono il carattere nazionale. In ogni Paese e in ogni razza ci sono uomini di tutti i tipi, alcuni buoni, altri cattivi e la maggior parte nella media. Non c'è errore più grande che negare a un individuo, a causa della sua razza o origine, il diritto di essere giudicato in base ai suoi meriti personali e al suo comportamento. Nel popolo ebraico, con il suo genio particolare, i contrasti sono più evidenti, gli estremi più marcati, le conseguenze più evidenti.

In quest'epoca fatidica, ci sono tre principali correnti di pensiero politico tra gli ebrei. Due di queste portano efficienza e speranza all'umanità, e in misura molto elevata, ma la terza è radicalmente distruttiva.

In primo luogo, ci sono gli ebrei che, vivendo in ogni Paese del mondo, si identificano con quel Paese, entrano nella sua vita nazionale e, pur aderendo fedelmente alla propria religione, considerano cittadini a tutti gli effetti del Paese che li ha accolti.

Un ebreo che vive in Inghilterra direbbe: "Sono un inglese che pratica la religione ebraica". Si tratta di un concetto dignitoso e utile al massimo grado. In Gran Bretagna sappiamo bene che durante la grande lotta l'influenza di quelli che possono essere chiamati "ebrei nazionali" in molte parti del Paese è stata schiacciante dalla parte degli Alleati; e nel nostro esercito i soldati ebrei hanno svolto un ruolo di primissimo piano, alcuni salendo alla testa dell'esercito e altri vincendo la Victoria Cross per il loro coraggio.

Gli ebrei nazionali russi, nonostante la posizione di inferiorità di cui soffrivano, riuscirono a svolgere un ruolo onorevole e utile nella vita nazionale della Russia stessa. Come banchieri e industriali, promossero energicamente lo sviluppo delle risorse economiche della Russia e furono i primi a creare quelle straordinarie organizzazioni che sono le società cooperative russe. In politica, il loro sostegno è stato in larga misura per i movimenti liberali e progressisti, e sono stati i più forti sostenitori dell'amicizia con la Francia e la Gran Bretagna.

EBREI INTERNAZIONALI

In violenta opposizione a tutta questa sfera di sforzi ebraici, sono sorti i progetti dell'Internazionale ebraica. I membri di questa sinistra confederazione provengono, per la maggior parte, dalle sfortunate popolazioni dei Paesi in cui gli ebrei sono perseguitati a causa della loro razza. La maggior parte di loro, se non tutti, ha abbandonato la fede dei propri antenati e ha rimosso dalla propria mente qualsiasi speranza spirituale di un altro mondo.

Questo movimento tra gli ebrei non è nuovo. Dai tempi di Spartakus e Weishaupt a quelli di Karl Marx, e poi di Trotsky (Russia), Bela-Kun (Ungheria), Rosa Luxembourg (Germania) ed Emma Goldman (Stati Uniti), questa cospirazione mondiale per rovesciare la nostra civiltà e ricostituire la società sulla base di uno sviluppo arrestato, di un'invidiabile malaffare e di un'impossibile uguaglianza è cresciuta costantemente.

Ha svolto, come ha dimostrato la scrittrice moderna Mrs Webster, un ruolo definitivamente evidente nella tragedia della Rivoluzione francese.

È stata la molla di tutti i movimenti sovversivi del XIX secolo. Ora questa cricca di personaggi straordinari, provenienti dalla malavita delle grandi città d'Europa e d'America, si è aggrappata ai capelli del popolo russo ed è diventata praticamente il padrone incontrastato di questo enorme impero.

TERRORISTI EBREI

Non è necessario soffermarsi sul ruolo svolto da questi ebrei internazionali, la maggior parte dei quali sono atei, nell'effettiva realizzazione della rivoluzione bolscevica russa. È senza dubbio della massima importanza. Il loro ruolo è superiore a tutti gli altri.

Con l'eccezione di Lenin,[9] la maggior parte delle figure di spicco è ebrea. Inoltre, sia la forza trainante che l'ispirazione provenivano da leader ebrei. L'influenza di russi come Bukharin e Lunacharsky non poteva essere paragonata al potere di Trotsky o Zinovieff, il dittatore della Cittadella Rossa (Pietrogrado), o di Krassin o Rudec, tutti ebrei. Nell'istituzione sovietica, la preponderanza di ebrei è ancora più sorprendente. E la parte dominante, se non principale, del sistema di terrorismo applicato dalla Commissione straordinaria per la lotta controrivoluzionaria fu presa in mano da ebrei e, in alcuni casi notevoli, da donne ebree.

Lo stesso nefasto dominio fu esercitato dagli ebrei durante il breve periodo di terrore in cui Bela Kun governò l'Ungheria.

Lo stesso fenomeno si verificò in Germania (in particolare in Baviera) per tutto il tempo in cui si permise a questa follia di scendere sui tedeschi temporaneamente prostrati. Sebbene in tutti questi Paesi ci fossero molti non ebrei che erano altrettanto cattivi dei peggiori rivoluzionari ebrei, il ruolo svolto da questi ultimi, se si considera l'insignificanza del loro numero rispetto alla popolazione, è sconcertante.

PROTETTORE DEGLI EBREI

Inutile dire che le più intense passioni di vendetta si esacerbarono nel cuore del popolo russo. Ovunque si potesse esercitare l'autorità del generale Denikin, la popolazione ebraica veniva sempre protetta e i suoi ufficiali facevano notevoli sforzi per prevenire le rappresaglie e punire coloro che le istigavano. Questa situazione prevalse a tal punto che la propaganda petlurista contro il generale Denikin lo denunciò come "protettore degli ebrei". Le ragazze Healy, nipoti di Tim Healy, raccontando la loro esperienza

---

[9] Lenin era un piccolo orfano ebreo adottato dalla famiglia Ulyanov.

personale a Kiev, hanno dichiarato che, a loro conoscenza, in più di un'occasione, gli ufficiali che avevano commesso reati contro gli ebrei erano stati degradati e inviati al fronte.

Ma le orde di briganti che infestano la vasta area dell'Impero russo non esitano a soddisfare il loro gusto per il sangue e la vendetta a spese di popolazioni ebraiche innocenti, ogni volta che se ne presenta l'occasione. Il brigante Makhno, le orde di Petlura e Gregorieff, che segnano tutti i loro successi con i più ignobili massacri, hanno trovato ovunque tra le popolazioni semidistrutte, in preda a una mezza furia, un'avida reazione all'antisemitismo nella sua forma più turpe.

Il fatto che in molti casi gli interessi degli ebrei, come i loro luoghi di culto, siano eccezioni all'ostilità universale dei bolscevichi, ha avuto l'effetto di associare sempre più la razza ebraica agli orrori che vengono ora perpetrati.

È un'ingiustizia nei confronti di milioni di persone innocue, la maggior parte delle quali sono a loro volta vittime del regime rivoluzionario.

Diventa quindi particolarmente importante creare e sviluppare un forte movimento ebraico che allontani la mente delle persone da queste associazioni fatali. Ecco perché il sionismo ha un significato così profondo per il mondo intero.

UNA PATRIA PER GLI EBREI

Il sionismo offre una terza sfera alle concezioni politiche della razza ebraica. In netto contrasto con l'internazionalismo comunista, presenta agli ebrei un'idea nazionale di natura imperativa.

L'opportunità e la responsabilità di fornire alla razza ebraica di tutto il mondo una patria e centro di vita nazionale sono ricadute sul governo britannico in virtù della conquista della Palestina.

La statura di Balfour come statista e il suo senso della storia non tardarono a cogliere questa opportunità.

Furono fatte dichiarazioni che decisero irrevocabilmente la politica della Gran Bretagna.

L'energia feroce del dottor Weissman, la mente dietro gli aspetti pratici del progetto sionista, sostenuta da molti dei più eminenti ebrei inglesi, nonché dalla piena autorità di Lord Allenby, sono tutti concentrati sulla realizzazione e sul successo di questo movimento profondamente motivante.

È chiaro che la Palestina è troppo piccola per accogliere più di una frazione della razza ebraica. È anche chiaro che la maggioranza degli ebrei nazionali non vuole andarci. Ma se, come potrebbe accadere, durante la nostra vita, venisse creato uno Stato ebraico sulle rive del Gurdine, sotto la protezione della Corona britannica, e che comprendesse tre o quattro milioni di ebrei, sarebbe un evento nella storia del mondo, positivo da ogni punto di vista, e particolarmente in armonia con gli interessi più genuini dell'Impero britannico.

Il sionismo è già diventato un fattore fondamentale nelle convulsioni politiche della Russia, come potente influenza concorrente nei circoli bolscevichi del sistema comunista internazionale. Nulla può essere più significativo della furia con cui Trotsky attaccò i sionisti in generale e il dottor Weissmann in particolare.

La crudele penetrazione della sua mente non gli lascia alcun dubbio sul fatto che i suoi obiettivi di uno Stato comunista mondiale sotto la dominazione ebraica sono direttamente vanificati e impediti dal nuovo ideale che indirizza le energie e le speranze degli ebrei di tutto il mondo verso un obiettivo più semplice, più vero e più raggiungibile.

La battaglia che sta iniziando tra ebrei sionisti e bolscevichi non è altro che la battaglia per l'anima del popolo ebraico.

DOVERI DEGLI EBREI FEDELI

In queste circostanze è particolarmente importante che gli ebrei nazionali di tutti i Paesi che sono fedeli alla loro terra d'adozione si facciano avanti in ogni occasione, come hanno già fatto molti ebrei inglesi, e assumano un ruolo di primo piano in tutte le misure per combattere la cospirazione bolscevica. In questo modo potranno difendere il nome ebraico e chiarire al mondo intero che il movimento bolscevico non è ebraico, ma ripudiato con veemenza dalla grande massa della razza ebraica.

Ma la resistenza negativa al bolscevismo in tutti i campi è insufficiente. Sono necessarie alternative positive e praticabili nelle prospettive morali e sociali, costruendo con la massima rapidità possibile un Centro Nazionale Ebraico in Palestina che possa diventare non solo un rifugio per gli oppressi delle sfortunate terre dell'Europa centrale, ma anche un simbolo dell'unità ebraica e il tempio della gloria ebraica.

È un compito che richiede ogni benedizione...".

***

Ahimè, Churchill non capì che il sionismo e il bolscevismo erano legati, che avremmo ululato su un falso olocausto e taciuto sul vero olocausto di decine di milioni di persone da parte degli ebrei rivoluzionari e concentrazionisti bolscevichi...

Non ha capito che gli innocenti generano i Marx, i Freud e i Soros.
Non ha capito la tragedia della circoncisione dell'ottavo giorno...

E ora "questo rito sta per distruggere tutto ai confini delle nazioni" (Dominique Aubier).

SAGGIO SU GIUDEO-CRISTIANESIMO, GIUDEO-CARTESIANESIMO E DOGMA DELL'OLOCAUSTO

Non è sorprendente che Eisenhower, Churchill e Pio XII non abbiano mai menzionato l'Olocausto ebraico nelle loro memorie, né prima né dopo la loro stesura, anche se gli Stati Uniti, l'Inghilterra e il Vaticano disponevano di una rete di spionaggio molto efficace?

Tutti sanno, ad esempio, che il Vaticano aveva una rete così efficiente in Polonia che le camere a gas non avrebbero mai potuto sfuggire alle sue sottili e implacabili indagini. Non avrebbe potuto trascurare i traffici necessari per l'acquisto e la produzione delle camere a gas come non avrebbe potuto trascurare i traffici e le fatturazioni dei forni crematori, di cui sapeva tutto.

Questa semplice osservazione rivela la statua gonfiata dell'impostore, confermata dalla REAZIONE PSICOLOGICA di chi riceve la buona notizia dell'inesistenza delle camere a gas e dall'enorme gonfiatura della cifra di 6.000.000 sottolineata dalle dimostrazioni aritmetiche e tecniche.

È sorprendente non trovare alcun accenno all'Olocausto né nella Crociata in Europa di Eisenhower né nella Storia della Seconda Guerra Mondiale di Churchill, entrambe scritte DOPO IL PROCESSO DI NUREMBERG. Eppure i media ci parlano così tanto dell'Olocausto, anche nei film tradizionali. È vero che il cinema è interamente nelle mani dei circoncisi.

È anche vero che gli occidentali sono particolarmente adatti all'ipnosi dell'Olocausto.

I neri avrebbero probabilmente reagito in modo diverso: sarebbero stati molto orgogliosi di questo sterminio e avrebbero avvertito gli ebrei di che se avessero continuato a lamentarsi ne avrebbero sterminati dieci volte tanti.

Gli asiatici avrebbero offerto le loro più umili scuse, aspettando pazientemente il momento di sterminare bugie e bugiardi.

Noi, invece, trattiamo questa menzogna come un dogma religioso degno di adorazione perpetua, senza mai menzionare i 50 boia ebrei dei campi di prigionia e di concentramento che hanno sterminato 60 milioni di persone in URSS...

Eppure tutti li conoscono, da quando Solzhenitsyn ha pubblicato i loro nomi e le loro fotografie nel secondo volume di Arcipelago Gulag.

Il dogma è dunque quello della millenovecentoottantaquattresima religione di Stato, così ben descritta da George Orwell nel suo romanzo "1984". Il dogma è ben custodito dalla LEGGE ANTICONCETTIVA E ANTIDIRITTI UMANI dell'inquisizione stalino-gaysotiana.

Quindi dobbiamo aver perso tutta la nostra eredità spirituale, che si è metamorfosata in egoismo e materialismo puzzolente. Viviamo nella religione di Stato dei media della democrazia liberale.

Come la religione di Stato cristiana, ha i suoi dogmi innaturali, le sue richieste di CREDENZE ASSOLUTE. Va da sé che gli eretici saranno perseguitati, poiché l'allineamento con 1984 di Orwell e Brave New World di Huxley diventa la conditio sine qua non per la sopravvivenza.

I dogmi fondamentali di questa società innaturale sono i seguenti:

Tutte le razze sono assolutamente uguali, tranne, come diceva Coluche, "gli ebrei che sono più uguali degli altri", e che hanno, è implicito in, molte qualità superiori (Cfr: ROTHSCHILD, MARX, FREUD, EINSTEIN, PICASSO, OPPENHEIMER, S.T COHEN, BENEZAREFF, SOROS, FLATOSHARON, WARBURG, HAMMER, GURGILAZARUS, DAVID WEILL, SIMONE VEIL, MEYERLANSKI, padrino della MAFIA, e altri)...

Il razzismo è il più enorme dei crimini, a parte il razzismo anti-bianco, che è una virtù comprensibile: non è in alcun modo un crimine, nemmeno un reato. Tutte le nazioni devono essere multirazziali, tranne ISRAELE (!!!) perché gli ebrei hanno bisogno di una patria. Gli altri non ne hanno affatto bisogno, e possiamo negrizzarli, arabizzarli, asiatizzarli ad libitum...

Il paradiso arriverà sulla terra quando tutte le razze saranno scomparse, quando il sangue sarà mescolato, tranne quello ebraico, che deve mantenere la propria identità. Il militarismo è un male, a meno che non venga usato contro il Sudafrica o un nemico di Israele.

I maschi femminilizzati e le femmine mascolinizzate sono normali e desiderabili, così come l'omosessualità.

Preservare il proprio gruppo etnico è quindi un crimine. D'altra parte, potete massacrarli o ridurli alla fame, se siete un presidente marxista, nel qual caso avrete diritto ad aiuti e strette di mano dai nostri delicati presidenti liberal-socialisti.

Questi presidenti marxisti di Africa, America e Asia non saranno mai trattati come criminali di lèse-humanité e godranno, come Pol Pot, della piena libertà. Questo titolo è riservato esclusivamente a coloro che impedirebbero agli ebrei di fare del male, mettendoli nei campi o uccidendoli con la guerra.

Adolphe Hitler è ASSOLUTAMENTE CATTIVO, E IL SOCIALISMO NAZIONALE È LA PEGGIORE INVENZIONE DELLA STORIA.

Non importa che Hitler abbia dato al suo Paese un lavoro e un ideale in pochi anni. LE NOSTRE PSEUDO-DEMOCRAZIE, DOVE TUTTO È DISINTEGRATO E MARCIO, SONO IL REGIME POLITICO IDEALE.

Questo deve essere insegnato fin dalla scuola materna e QUALSIASI deviante può essere SOLO UN IRRILEVANTE PSICOFO CHE DEVE ASSOLUTAMENTE ESSERE "STALINO-GAYSSOTISTA"...

L'Olocausto, che è in realtà UN'INCEPZIONE ARITMETICOTECNICA, è il peggior crimine della storia, ma non i 200 milioni di goys sterminati dal COMUNISMO INTERNAZIONALE, Ebraico nella sua essenza attraverso i suoi IDEOLOGI E FINANZIATORI.

Siamo tutti colpevoli dell'Olocausto e possiamo redimerci solo aderendo, o addirittura arrendendoci incondizionatamente, alle democrazie liberalsocialiste.

Che questo si risolva in un INQUINAMENTO BIOLOGICO, MORALE, ECOLOGICO, ECONOMICO, PORNOGRAFICO, TOSSICOLOGICO A LIVELLO PLANETARIO, non ha alcuna importanza per i sinarchi della Giudeocrazia globalista

COMPLETAMENTE privi di SENSO MORALE E DELLO SPIRITO DI SINTESI.

L'importante è affermare la pseudo-democrazia con l'uguaglianza di SOROS, WARBURG e dei disoccupati, che presto saranno un miliardo sul pianeta secondo il Club di Roma.

È OVVIO CHE SENZA LA SCHEDA ELETTORALE I CIRCONCISI PERDONO OGNI POTERE, POICHÉ VOTIAMO SOLO PER COLORO CHE ESSI MANIPOLANO.

Se una tradizione religiosa prendesse il potere democraticamente, le elezioni verrebbero annullate molto democraticamente. A chi mi dice che la democrazia permette di scegliere democraticamente un regime diverso dal proprio, ricordo il recente annullamento delle elezioni algerine...

Solo i partiti schifosi con una totale mancanza di valori reali possono essere eletti.

Questi dogmi spregevoli e innaturali sono insegnati nelle scuole, predicati dai governi, affermati dai tribunali e aggiunti ai dogmi di tutti i movimenti cristiani.

EPPURE, NONOSTANTE IL FATTO CHE IL PIÙ IDIOTA DEGLI IDIOTI POSSA VEDERE CHE QUESTI DOGMI IMBECILLI SONO LA RICETTA IDEALE PER IL CAOS SOCIALE ED ECONOMICO E PER L'ESTINZIONE RAZZIALE, MILIONI DI RAGAZZI ABBRACCIANO BELANTEMENTE QUESTE CREDENZE SUICIDE CHE VANNO CONTRO TUTTE LE LEGGI DELLA NATURA.

PERCHÉ?

Semplicemente perché questi facili dogmi esercitano un potere demagogico religioso di gran lunga superiore a quello delle Chiese istituite. Soddisfano il bisogno di appartenere a un branco che ha abdicato a ogni vera libertà. Alimentano un certo bisogno di ordine e persino un ideale confuso per una massa che ha abdicato a ogni libertà.

Sono tanto comuni tra i cattolici praticanti quanto tra i membri dell'Unione Atea.

Il fatto psicologico schiacciante è come questi fantasmi di uomini si sottomettano al sudicio nonnismo delle scuole. Quale uomo degno di questo nome non preferirebbe morire o uccidere piuttosto che baciare la testa di un maiale, come abbiamo visto in televisione?

Le masse non hanno senso critico e senza guide spirituali sono perse.

Infine, questi dogmi assurdi non richiedono alcuna autodisciplina, sono distaccati da qualsiasi Trascendenza e incoraggiano l'egoismo e il compiacimento.

L'uomo, che è diventato la sua stessa caricatura, vuole credere a tante sciocchezze. A queste aggiunge la sua fede incondizionata nella messinscena dell'Olocausto, che diventa IL dogma fondamentale della nuova religione. Una religione che non sa nemmeno di aver adottato.

Tutto questo, e lo vediamo al di sopra dell'obiettivo del MÊLÉE e di qualsiasi partito privato, è l'antitesi radicale e assoluta del socialismo nazionale.

Nota sul nazionalsocialismo: la palese disuguaglianza dei gruppi etnici.

Era legittimamente preoccupato per il suo gruppo etnico e non per l'odio razziale (la consapevolezza che aveva del pericolo dell'ebraismo internazionale, così ben espressa da Churchill nel suo articolo del 1920, non aveva nulla a che fare con l'odio razziale, un'etichetta che gli ebrei gli hanno imposto come alibi nella loro lotta contro Hitler e che continuano a fare dal 1934).

Hitler sosteneva una comunità di popoli con un patrimonio e un sangue comune. Voleva la purezza etnica (come quella praticata dagli ebrei, con l'eccezione, per motivi di penetrazione, delle figlie della nobiltà o dell'alta borghesia), l'addestramento militare, la disciplina e uomini e donne responsabili.

Sosteneva la maternità come LA virtù principale.

Sembra quindi che lo scopo principale del clamore sull'Olocausto, a parte gli inauditi vantaggi politici e finanziari, sia quello di DIMOSTRARE CHE HITLER HA AVUTO RAGIONE IN TUTTO CIÒ CHE È ESSENZIALE.

Qualsiasi mente obiettiva che abbia studiato il problema di Hitler e del nazionalsocialismo sa che questo organizzatore aveva in tempi record, portato il suo paese dal marciume di Weimar, dove TUTTO

ERA JEWISH, ad una incredibile e meravigliosa comunità in armonia con la natura!

Hitler proteggeva persino gli animali con un codice speciale, e danneggiarli in qualsiasi modo era un crimine.

Aveva dato alla sua patria un'eredità germanica, valori fondamentali e uno scopo elevato.

IL RISULTATO È STATO IL MIRACOLO SOCIALE ED ECONOMICO CHE TUTTI CONOSCIAMO E CHE IN POCHI ANNI, CON 6 MILIONI DI DISOCCUPATI, HA STUPITO IL MONDO INTERO.

I CIRCONCISORI NON EBREI HANNO QUINDI IDEATO LA MESSINSCENA DELL'OLOCAUSTO PER VELARE IL PIÙ POSSIBILE LA VERITÀ SENZA MAI METTERLA IN DISCUSSIONE, ANCHE SE SAREBBE UN'OTTIMA NOTIZIA!!

È quindi perfettamente chiaro che distruggere il mito dell'Olocausto, che di per sé non significa nulla rispetto ai 60 milioni sterminati in URSS da 50 boia ebrei, è un colpo mortale per la religione liberalsocialista.

Ergo: credere nell'Olocausto = democrazia.

Ciò che stupisce del dogma dell'Olocausto è che per anni dopo la guerra NESSUNO NE HA MAI PARLATO. Poi, dopo 8 o 10 anni, c'è stata un'esplosione isterica. Quando alla gente viene mostrata l'assurdità ARITMETICA, TECNICA E PSICOLOGICA di questa favola (una favola, oltretutto, concepita in modo grottesco, perché se gli ebrei avessero detto che 3 milioni del loro popolo erano stati massacrati fucilandoli o impiccandoli, l'Olocausto sarebbe stato PERFETTAMENTE CREDIBILE, nonostante la reale inflazione aritmetica anche con questa cifra), non ne vogliono sapere e reagiscono come i musulmani alla carne di maiale.

SONO ALLERGICI ALLA VERITÀ SE QUESTA SCONVOLGE I LORO CONDIZIONAMENTI.

Rimangono emotivi e non possono usare la loro intelligenza, come i bambini, come le persone ipnotizzate.

La cosa notevole è che, come disse Hitler, "più grande è la bugia, più ci credono". Come potrebbe quindi non essere facile per gli ebrei, che dominano tutto e in particolare i media, trasformare questo mito assurdo in verità storica? Una verità mai da controllare, come l'imprudente FAURISSON o lo sfortunato NOTIN, che non era affatto interessato all'Olocausto ma voleva usare questo esempio mediatico per dimostrare il potere condizionante della stampa, condizionante perché ipnotico, come l'ateo-Levy-Sion...

Sembra che le persone vogliano sentirsi in colpa: sembra che il senso di colpa sia un'eredità psicologica del cristianesimo, un condizionamento strutturale.

Quando i nostri antenati furono cristianizzati, troppo spesso con la forza, i Padri della Chiesa iniziarono un programma educativo di sottomissione, superstizione e autosvalorizzazione.

Il senso di colpa è iniziato con il modo stupido in cui è stato trattato il peccato originale, che l'endocrinologia mi ha mostrato essere sessuale, ma che avrebbe dovuto essere trattato in modo molto diverso (un cattivo uso della sessualità provoca un'esacerbazione della tiroide della tentazione e un'insufficienza dei genitali interni. Possiamo capire le tragiche conseguenze quando sappiamo che l'esacerbazione della tiroide produce orgoglio e immaginazione morbosa, e che la riduzione dell'attività dei genitali interni diminuisce l'amore di Dio, lo spirito di sintesi e il senso morale). Le sfortunate Sorelle e i Fratelli che si accusavano di aver dormito con il diavolo venivano bruciati vivi. Queste succubi e incubi erano vittime di una tiroide turgida, di un'incapacità di essere all'altezza della loro castità, e immaginavano di aver compiuto il crimine dei crimini andando a letto con il diavolo, tanto più che il loro stato ghiandolare insoddisfatto aveva procurato loro un vero orgasmo.

La psicologia generale era quindi che eravamo peccatori nati malvagi e corrotti e che non potevamo fare altro che inchinarci e chiedere perdono a un Dio ebreo. La carne è cattiva, dobbiamo odiare la carne, odiare noi stessi, essere colpevoli, confessare e quindi essere salvati.

Nel primo cristianesimo, l'applicazione isterica di questo senso di colpa prese una piega desolante. Le ragazze disprezzavano il proprio corpo ed erano convinte che qualsiasi rapporto sessuale fosse malvagio (FC: "Gesù concepì senza peccato": sottintendendo che il rapporto carnale di Giuseppe e Maria, gli sposi legali, fosse un peccato!) e che le condannasse all'inferno eterno.

Uomini e donne vagavano per tutta l'Europa torturandosi e flagellandosi, odiando la vita e implorando la morte di liberarli. È nauseante e innaturale, ma dobbiamo conoscere i fatti perché influenzano le nostre vite di oggi.

La parola CRISTIANESIMO GIUDA è perfettamente esplicita. Le origini del cristianesimo sono ebraiche. Il lavaggio del cervello comunista procede rigorosamente con la stessa metodologia psicologica. Il dogma dell'Olocausto è esso stesso il prodotto di due millenni di sclerosi dogmatica.

I bianchi sono quindi psicologicamente condizionati a subire l'egemonia ebraica. Paradossalmente, se la mia lucidità di fronte ai fatti sfugge a questo, è proprio perché sono ebreo.

Questo condizionamento del senso di colpa rende facile la manipolazione dei bianchi da parte dei media, delle professioni liberali, dei governi e del sistema giudiziario, tutti totalmente "circoncisi" (non si dovrebbe usare la parola "ebreo", che ha solo un significato strettamente religioso: il gangsterismo normativo del giudeo cartesiano non è ebreo).

Era un gioco da ragazzi spingere i bianchi all'integrazione razziale, all'immigrazione massiccia di non bianchi, alla liberazione delle donne, che avrebbe sterminato il concetto di famiglia e ridotto i bambini al dolore, al suicidio, alla droga, alla delinquenza, alla musica patogena...

Un altro gioco da bambini era quello di "olocaustizzarli"...

Questa fede dogmatica nel mito assurdo e incontrollato dell'Olocausto è una conseguenza diretta del modellamento psicologico operato dal cristianesimo storico.

Non è necessario essere cristiani praticanti per essere profondamente olocausti. Gli umanisti patentati, che sono cristiani senza superstizione, ridotti a divinizzare l'uomo che diventerà omonizzato in tre secoli, sono altrettanto infetti, se non di più, visto che costituiscono l'intera classe politica.

Ci sono alcuni cristiani che sono consapevoli della necessità di preservare l'etnicità e che, come Churchill, non hanno dubbi sul pericolo mortale di una speculazione internazionale amorale, asintetica e circoncisa. Ma rimangono influenzati dalla Bibbia ebraica.

Questi cristiani più o meno lucidi basano la loro filosofia di vita e di futuro sulle sabbie mobili della perversione giudaica.

Si può leggere un libro più pieno di sterminio di popoli, vigliaccheria, incesto e altri orrori?

La storia è abbastanza chiara: È SEMPRE STATO NEI PAESI CRISTIANI, E SOLO IN QUESTI PAESI, CHE HA REGNATO LO SPECULAZIONISMO ATEO JEWISH FINANZA, DELLE IDEOLOGIE OMICIDA E DELLA SCIENZA INQUINANTE.

Il cristianesimo storico, che dal III secolo ha dimenticato tutte le regole di vita che fanno l'uomo e lo uniscono al Trascendente, è stato la prima enorme multinazionale ebraica che ha fatto da nido a TUTTE LE SPECULAZIONI GIUDICANTI CARTESIANE DEL BOLCHEVISMO SOCIALE LIBERALO.

È perfettamente comprensibile che, pur non essendo un nemico dichiarato della Chiesa, Hitler abbia cercato di proteggere i giovani dall'influenza giudeo-cristiana.

Oggi, una massa di schiavi egoisti, materialisti e pornografici (la più grande fortuna in Inghilterra appartiene a un pornografo, mentre la regina è solo 57esima nella lista delle fortune inglesi: un simbolo irrisorio dell'inversione di tutti i valori), non sarà mai in grado di raggiungere una specie umana altamente evoluta, capace di condurre il mondo dal caos a un'età dell'oro.

Quando vediamo nei documentari e nelle fotografie la bellezza dei giovani tedeschi del Terzo, i loro occhi limpidi e pieni di ideali, ci diciamo che LORO AVREBBERO POTUTO. Quanto a noi, guardiamo l'orrore biotipico dei non morti olocaustici nei sotterranei, avvolti in quell'uniforme di stronzate internazionali che sono i bluejeans LEVIS. La Chiesa pastorale ha avuto l'immenso merito della carità della cultura monastica, lo splendore di Vézelay e di Chartres, la santità di Francesco d'Assisi e di Monsieur Vincent. Ma la Chiesa dogmatica ha trasformato la storia in una sclerosi dottrinaria in cui le temibili nozioni di eresia e anatema, che il paganesimo aveva ignorato, hanno fatto scorrere mari di sangue e lacrime...

Il dogma, una sfida all'intelligenza elementare e al senso morale, un insieme di cose astruse e contraddittorie, ha ereditato dalla Sinagoga un Dio esclusivo, tirannico e geloso, il Dio della giustizia dei teologi, che proviene da una mentalità primitiva dove la giustizia tribale si basa legge di Talion e sulla pratica del capro espiatorio.

Era inevitabile che questa religione di dottrinari e teofagi, che da circa 2000 anni ignora le regole che fanno l'uomo e lo uniscono a Dio, culminasse nel CARTESIANISMO GIUDIZIARIO, cioè la speculazione atea dei Rothschild della finanza liberale che riduce a tutti gli inquinamenti e le carestie mondiali, di Marx che bolscevizza, robotizza e stermina gli uomini a decine di milioni, di Einstein e dei danni genetici dell'energia nucleare, di Oppenheimer e della sua bomba atomica, di S. T. Cohen e della sua bomba a neutroni.T. Cohen e della sua bomba al neutrone, di Freud e del suo abulismo pornografico, di Djérassi e della sua pillola patogena e teratogena, di Weisenbaum e di e dei suoi computer che trasformeranno gli uomini in mappe, di Picasso e della sua arte da ossario...

In 5000 anni di razzismo, SCONOSCIUTO FINO AD OGGI, coloro che praticano la circoncisione l'8° giorno di vita (causa FONDAMENTALE di un trauma ormonopsichico che spiega il loro COSTANTE PARTICOLARISMO NEL TEMPO E NELLO SPAZIO) hanno fondato quattro religioni rivoluzionarie: l'Ebraismo, l'Islam, il Cristianesimo e il Marxismo. Quest'ultimo, l'ATHEA MISTICA, è il punto di arrivo suicida del giudeo-cartesianesimo, che a sua volta ha portato il giudeo-cristianesimo alla sua fine.

Non c'è dubbio che Ponzio Pilato, un romano, abbia condannato Cristo al supplizio romano della croce.

Ma è certo che i Giudei insistettero molto perché la tortura avesse luogo. La comunità ebraica non voleva che ci fosse la minima ambiguità sulla loro NON-complicità con l'uomo che era considerato uno Zelota, mentre i Romani annegavano senza pietà nel sangue qualsiasi rivolta.

È perfettamente comprensibile che la comunità ebraica volesse chiarire ai Romani che non aveva alcuna inclinazione alla rivolta e che, per loro, questo agitatore di alto profilo rappresentava un grande pericolo potenziale.

Ma è questo il problema storico della Crocifissione?

Infatti, è proprio nel momento in cui il Rothschildo-Soros-Marxo-Freudo-Einsteino-Picassismo sta distruggendo tutti i valori contenuti nel simbolo di Cristo che la Chiesa sceglie di svicolare vergognosamente davanti alla circoncisocrazia globalista.

È un triste stato di cose, con la Chiesa che schiaccia i suoi valori mentre l'ortodossia ebraica non si è mossa di un millimetro. Un grande rabbino disse una volta:

Se fossi cattolico sarei un fondamentalista, perché come ebreo sono certamente un fondamentalista...".

Possiamo vedere che il rabbinato è perfettamente complice degli atei circoncisi speculatori che sono tutti criminali davanti alla Torah.

Lei non dice nulla e Israele riceve SOROS con grande clamore...

Georges Steiner sintetizza il tutto in questo apoteosi: "Da 5.000 anni parliamo troppo, parole di morte per noi stessi e per gli altri".[10]

---

[10] Pochi anni dopo la stesura di questo libro, il suicidio è diventato la principale causa di morte tra i giovani: *viva la pseudo-democrazia ebraica...*

CASO TOUVIER

Ogni giorno mi viene in mente una frase di uno dei miei amici e colleghi quando penso al modo in cui le persone si comportano:
"I circoncisi dell'ottavo giorno finiranno per esercitare un'egemonia totale sull'umanità a causa dell'inadeguatezza mentale della maggioranza degli esseri umani"...

Un libro di mille pagine non renderebbe giustizia a questo fenomeno perché sarebbe così inesauribile. Mi vengono in mente alcuni simboli.

La signora Klarsfeld, una donna non ebrea, che per 50 anni ha assistito alla decomposizione dell'umanità sotto l'egida dei circoncisionisti, una decomposizione che non deve nulla né al Terzo Reich né a Vichy, e che si ostina a perseguire, a distanza di cinquant'anni, gli pseudo-criminali della guerra di due regimi che avevano restituito onore e pulizia al suo popolo.

È una testimone silenziosa dei macrocrimini giudeo-cartesiani di lèse-humanité che sono diventati normativi. Eppure sa benissimo che né sotto Vichy né sotto il Terzo Reich ha visto un bambino drogato, un bambino suicidarsi, 4 milioni di disoccupati, l'invasione degli immigrati, l'aborto di bambini sani (ricordate che l'aborto per motivi eugenetici legittimi è stato ritenuto un crimine di lèse-humanité contro la Germania ai processi di Norimberga!), l'inquinamento chimico, la scomparsa delle foreste, la pornografia, la tentacolare Mafia, e così via.

Arno Klarsfeld, che non è ebreo perché sua madre non lo è, ha potuto fare la stessa osservazione storica e perseguire lo sfortunato Touvier, senza stupirsi di vedere 50 avvocati, circoncisi o massoni, scagliarsi contro un vecchio canceroso di 80 anni che aveva un solo avvocato, e questo 50 anni dopo la fine di 2 regimi a cui l'attuale marciume non deve nulla... ma dove tutto, assolutamente tutto, è "circonciso"...

Barbie, che sapeva di essere condannato in anticipo in uno stupido circo.

Avrebbe potuto disonorare la Resistenza, di cui sapeva tutto, e non ha detto una parola.

Poteva mettere sotto processo questi cinquant'anni di crimini di lèse-humanité che non devono assolutamente nulla al nazismo, ma TUTTO al liberal-bolscevismo circonciso. Non ha fatto nulla e si è lasciato condannare come uno straccio...

Touvier, che senza dubbio deve aver risparmiato 23 ebrei lasciandone fucilare 7, perché è dubbio che i tedeschi si sarebbero accontentati di così poco, dopo l'assassinio di Philippe Henriot, la cui lucidità possiamo misurare 50 anni dopo rileggendo i suoi discorsi, che impallidiscono di fronte all'atroce realtà...

Touvier avrebbe potuto giustificare la sua opzione politica sottoponendo a un processo implacabile i 50 anni di macrocrimini, che non devono nulla a Vichy: dopo un'accusa così radicalmente schiacciante, avrebbe polverizzato l'aula, ottenendo la suprema vittoria di essere comunque condannato. Non ha detto NULLA.

Sia Barbie che Touvier si sono comportati come complici dei loro accusatori...

E la dimostrazione suprema della stupidità goyish: Maître Trémollet de Villers, l'avvocato di Touvier, che, nella lettera che segue questo preambolo, mi risponde:

"Io difendo Touvier, non tutta l'umanità"...

Tuttavia, la parte avversa aveva ingenuamente e ufficialmente dichiarato che si trattava soprattutto del processo Vichy...!

L'epicentro del problema era quindi per il signor Touvier giustificare la sua opzione politica nel 1940 di fronte al marciume per eccellenza e presumibilmente democratico di quei 50 anni, non doveva nulla a Vichy...

Non riusciamo a capire.

Come ho detto e come vedremo, non si tratta tanto di una questione ebraica quanto di una questione di insondabile stupidità goyish...

Gli ebrei hanno il dono del decreto. I Goy, il dono delle stronzate...

Questo processo, 50 anni dopo, di un vecchio canceroso che aveva scelto la pulizia, che aveva visto sparare a BRAZILLACH, che per me vale 100.000 compagni di vita, che aveva assistito a 50 anni di putrescente decomposizione giudeo-cartesiana e visto i nostri figli suicidarsi in un contesto ebraico spietatamente materialista, mi ha ispirato a scrivere le seguenti lettere...

LETTERA A MAÎTRE TRÉMOLLET DE VILLERS
(AVVOCATO DI PAUL TOUVIER)

Mio caro Maestro,

Ho letto "Oublier Vichy" di Me Klein e il suo libro "Touvier est innocent".

È difficile per me esprimere la mia indignazione, che richiederebbe di far esplodere un libro di 1.000 pagine per essere sollevato in un secondo. Ci sono poche parole per esprimere l'orrore indicibile che provo per questa terribile vicenda, che dimostra che i miei simili non conoscono limiti quando si tratta di arroganza, isteria e sconsideratezza.

Sembra anche che ci sia qualcosa di incommensurabile nella mancanza di coraggio e di intelligenza dei Goy: dopo tutto, perché sopportano così tante bugie, come si lasciano subliminare in questo modo?

Eppure le prove sono sotto gli occhi di tutti e solo l'ipnosi può impedirci di vederle... Leggendo questi libri, appare subito evidente quanto segue: Da un lato, Touvier, che è stato processato e graziato dal Presidente Pompidou, non deve affrontare di nuovo la giustizia: farlo è in contraddizione formale con la Costituzione e i diritti umani.

Inoltre, 50 anni DOPO LA GUERRA è un evento unico nella storia dell'umanità sottolinea clinicamente la prodigiosa isteria di Klarsfeld e dei suoi simili, che rimangono PERFETTAMENTE MUTI riguardo ai 50 carnefici circoncisi dei campi di prigionia e di concentramento che sterminarono circa 60 milioni di Goys in URSS, guidati da KAGANOVICH, cognato di Stalin.

STIAMO ASPETTANDO I PROCESSI E I MEMORIALI:

Deve trattarsi di una svista, di una negligenza o di semplice distrazione da parte del signor KLARSFELD??

D'altra parte, il libro di Me Klein mostra con disarmante ingenuità ciò che lei sostiene: si tratta del processo a Vichy e della maggioranza dei francesi che vedevano nel Maresciallo il restauratore della Francia al di là del piccolo pasticcio che avevamo appena vissuto sotto la Terza Repubblica.

Dico "minore" perché oggi siamo immersi in una grande purina, visto che la Repubblica di Weimar è infinitamente più *grave* su scala globale (ecologia, droga, criminalità, dittatori marxisti sanguinari proiettati nel mondo, mafia, 150 guerre, iatrogenismo, teratogenismo, scorie nucleari, Chernobyl ecc.)

Questi crimini di lèse-humanité non devono nulla al Terzo Reich o a Vichy, ma tutto, assolutamente tutto, al contesto capitalista-marxista, dove i circoncisi dell'ottavo giorno regnano sovrani...

(Non dico "ebrei" perché questi maestri e le loro speculazioni sono criminali di fronte alla Torah e l'unica cosa di cui possono essere accusati i veri ebrei è di mantenere un silenzio complice di fronte a questi impostori).

Il vero processo risiede quindi nella scelta politica del signor Touvier e in nessun altro luogo.

Egli è indiscutibilmente "colpevole" di questa opzione, ed è per questo che spetta a lui giustificarla con un'accusa terribile e radicale...

Nel suo libro sono riportate le lettere del colonnello Rémy, eroe della Resistenza, e del generale Laurent, che avrebbe fatto fucilare Touvier all'epoca della guerra: entrambi si esprimono senza ambiguità a favore di Paul Touvier.

Non ci si può aspettare questo da persone isteriche come Klarsfeld, che non hanno imparato nulla da 5.000 anni di storia sulle esazioni e sul parassitismo ebraico!

La modestia e l'auto-efficacia dovrebbero guidarli, soprattutto se sappiamo, come tutti hanno potuto scoprire dal 1979, che il mito dei *6 milioni di camere a gas* è un'assurdità aritmetico-tecnica, come è stato definitivamente dimostrato dal rapporto Leuchter, uno specialista delle gassificazioni negli Stati Uniti, e dal contro-rapporto Leuchter richiesto dagli stessi sterminazionisti...

In 5.000 anni di storia, i parametri qualitativi e quantitativi per un potenziale antisemitismo sanguinario non si sono mai combinati meglio di oggi.

Secondo il suo libro, c'è quindi da spiegare il fatto "banale" che Touvier abbia salvato 23 ebrei lasciandone fucilare 7 (una rappresaglia molto irrisoria da parte dei tedeschi per l'assassinio di Philippe Henriot), ma soprattutto c'è da spiegare le ragioni della scelta politica di Touvier alla luce di questi 50 anni di macrocrimini contro l'uomo e l'umanità, che non devono nulla di radicale al Terzo Reich o a Vichy...

In questi cinquant'anni, c'è un gigantesco atto d'accusa contro i miei compagni ipercriminali di lèse-humanité, un atto d'accusa indiscutibile e irrefragabile.

A cosa stiamo assistendo da 50 anni a questa parte in questo mondo democratico con la sua marxmerdia e la sua ateo-sion?

Che cosa vediamo visto che né Hitler né il maresciallo Pétain hanno alcuna responsabilità (tornerò un po' indietro per quanto riguarda il super crimine contro i DIRITTI UMANI che il MARXISMO TENTACOLARE compie nella più totale impunità).

Dal 1917, il regime sovietico ha mantenuto il potere esclusivamente attraverso il terrore. In 4 anni Lenin massacrò più di 2 milioni e mezzo di cittadini. Kaganovitch, Yagoda, Frenkel, Jejoff, Rappaport, Abramovici, Ouritski, Firine, Apetter e altri 50 circoncisi l'8° giorno, massacrò 60 milioni di persone nei campi di concentramento, nei campi di lavoro forzato, nei GULAG (vedi Solzhenitsyn).

L'URSS è stato il primo paese al mondo a istituzionalizzare il terrore come sistema di governo. L'unico scopo della Cheka era quello di sterminare gli anticomunisti. DJERINSKY non disse forse: "Siamo a favore del terrore organizzato"?

Lenin disse anche: "Il terrore deve essere legalizzato, come principio, nel modo più ampio possibile"...

5 milioni di contadini russi sterminati sotto lo stalinismo. Perché sono stati sterminati? Perché si opponevano alla collettivizzazione forzata e innaturale.

Circa 8 milioni di morti in Ucraina Una carestia deliberata e dantesca fu organizzata in pieno inverno. Gli ucraini furono privati del grano e delle sementi.

Questa deliziosa squadra governativa di circoncisi ha sterminato le minoranze etniche dei VOLGA, dei KAJAKS, dei CHECHENES, dei KIRGHISES, dei TATARS...

20 milioni di russi furono rinchiusi nei campi di concentramento, dove morirono di fame, epidemie e sfinimento...

I CAMPI TEDESCHI PER EBREI E COMUNISTI NON ESISTEVANO ALLORA!

Non dimentichiamo che l'intera squadra di governo sovietica era "circoncisa l'ottavo giorno", così come i banchieri statunitensi che sovvenzionavano questo delicato regime per lo sviluppo dei diritti umani (Warburg, Loeb, Sasoon, Hammer ecc.)...

I bambini venivano puniti per delinquenza con la pena di morte all'età di 12 anni!

Le esecuzioni sono state effettuate per piccoli furti, fughe all'estero, scarso rendimento dei lavori agricoli e scioperi.

Stalin estese il suo impero in Asia e in Europa attraverso il terrore. Provocò genocidi in Lituania, Lettonia ed Estonia, che furono ripopolate dai russi.

Nei satelliti europei si pianificò il terrore: gulag, pena di morte, una pallottola nella nuca, come a Katyn più tardi (il metodo abituale, da sempre), la cortina di ferro, il muro della vergogna, per impedire a chiunque di fuggire dal paradiso comunista...

I finanziatori circoncisi degli Stati Uniti e i politici occidentali finanziano i tiranni marxisti dell'Asia, dell'Africa e dell'America del Sud, che massacrano i loro popoli, li consegnano alla fame, come in Eritrea, e li torturano con pneumatici in fiamme al collo, cosa che va di moda...

I Paesi che non ricevono aiuti sono quelli che hanno uno stile di vita umano e dignitoso, ma che, per derisione, violano i diritti umani!

Cile (recentemente congratulato dalla Banca Mondiale per i suoi eccezionali risultati sociali ed economici!!!), Corea, Taiwan e Sudafrica, che viene marxizzato con l'alibi dell'apartheid e che domani sarà lasciato alla miseria marxista e ai massacri intertribali...

Ma i neri dell'Africa sono tutti in miseria, TRANNE QUELLI DELL'APARTHEID!

I neri del Mozambico cercano di raggiungere quelli del Sudafrica dove la vita è bella. Ma le mine poste al confine li fanno esplodere: un atroce muro della vergogna che rispetta la libertà dei diritti umani.

D'altra parte, i tiranni Jaruzelski, Castro, Tito, Duc Tho, Mengistu, Chadli, Brezhnev e altri e i loro successori hanno intascato miliardi di dollari USA, così come tutti gli atroci e sanguinari dittatori marxisti di ogni continente. Il denaro "umanitario" che ricevono viene usato per loro stessi e per comprare le armi che il Cremlino consegna loro...

Quando si ricorda com'erano l'Angola e l'Etiopia! Oggi i tiranni rossi li hanno abbandonati alla fame, alla miseria e ai massacri.

Che disprezzo per i diritti umani questa complicità della nostra "bêtisentia" nell'espansione tentacolare del marxismo attraverso le banche circoncise, le nostre tasse e le armi del Cremlino...

Ma, a parte questo, queste decine di milioni di morti non circoncisi non valgono i 6 milioni (anche reali) di Auschwitz! 1000 goys non valgono UN ebreo e possono essere immersi e massacrati nel marxismo sanguinario.

In URSS il marxismo andava bene per gli altri: il 95% degli emigranti russi negli USA era circonciso l'ottavo giorno!

Nei 25 anni tra il 1960 e il 1985, l'Africa ha visto una cinquantina di colpi di Stato per installare tirannie rosse che uccidevano in massa e affamavano.

I nostri difensori dei diritti umani non hanno mai invitato le democrazie a protestare contro l'instaurazione di questi regimi atroci che avrebbero massacrato e affamato i loro popoli installando regimi marxisti.

La sinistra, che si dichiara democratica, non ha obiezioni quando si tratta di rovesciare un regime di destra in cui tutti sono felici, con una sanguinosa dittatura marxista. L'aberrazione e la cecità sono evidenziate in modo eccezionale dai giornalisti non ancora completamente robotizzati:

MICHEL COLLINOT ha espresso la sua indignazione: "Quando vedo il Cile sulla scena mondiale perché il generale Pinochet lo ha salvato dalla dittatura comunista, e allo stesso tempo la nostra Assemblea rifiuta una risoluzione d'urgenza sulla dittatura di

CHADLI, che ha assassinato 1.500 manifestanti in una settimana, mi chiedo in quale grado di cecità e malafede siamo caduti"...

GIESBERT, scrivendo su Le Figaro, ha criticato "l'indignazione selettiva della classe politica e intellettuale francese". Il Presidente della Repubblica e il Primo Ministro sono rimasti in silenzio quando le mitragliatrici del Presidente Chadli hanno ucciso centinaia di studenti inermi delle scuole secondarie algerine, mentre l'intera intellighenzia francese ha denunciato "l'orribile dittatura di Pignochait, che ha usato solo cannoni ad acqua contro i manifestanti"...

Si tratta, ovviamente, dell'orribile regime che di recente si è congratulato con la Banca Mondiale per le sue conquiste sociali ed economiche, conquiste positive che non si vedranno mai in una dittatura di assassini rossi e affamatori.

Duc Tho, il leader comunista del Vietnam, ha vinto il premio Nobel per la pace (con Kissinger!). Aveva appena messo in tasca il premio quando invase il Vietnam del Sud. Un milione di boat people è fuggito. 500.000 moriranno nel Mar della Cina!!

Silenzio sui diritti umani e chiusura delle serrature delle banche per queste persone: se necessario, saranno costrette a tornare nel loro inferno, anche se preferiscono morire...

Abbiamo visto un solo evaso politico da Taiwan, dal Cile, dalla Corea del Sud o anche dal Sudafrica? Quaranta dannati dittatori marxisti in Africa!

Viva i diritti umani...

E Klarsfeld, con le sue inclinazioni comuniste, è complice di questi macro-crimini di lèse-humanité...

Naturalmente coccola e assiste i 40 tiranni sanguinari con i soldi dei finanzieri circoncisi e le nostre 139 tasse distribuite dal nostro Mitterrand di destra e di sinistra, in attesa di liquidare marxisticamente la Costa d'Avorio, il Marocco, la Tunisia, lo Zaire, il Togo ecc.

È già in atto: presto tutta l'Africa, compreso il Sudafrica, sarà un'immensa carestia, in attesa di diventare un immenso cimitero dove i diritti umani e civili trionferanno una volta per tutte!

Dobbiamo supporre che Klarsfeld, l'ottuagenario flagello delle vestigia di regimi che hanno ignorato tali immensi orrori, nella sua vena comunista, plauda alla miseria indiana in Nicaragua.

I 200.000 indios Miskitos, Sumos e Ramas, descritti dai razzisti sandinisti come inassimilabili, videro i loro villaggi bombardati e i loro resistenti giustiziati sommariamente. Il Ministro degli Interni, Tomas Borge, non ha forse detto:

"Siamo determinati, se necessario, a eliminare fino all'ultimo Miskito per stabilire il sandinismo sulla costa atlantica del Nicaragua"...

Questo è certo!

Come scrisse Jacques Soustelle su Le Monde nel 1984: "villaggi bruciati, raccolti distrutti, stupri, deportazioni"...

Lunga vita ai diritti umani del signor Klarsfeld...

Il macrocrimine dell'attuazione tentacolare e mondiale del marxismo è di per sé così orribile, così monumentale in termini qualitativi e quantitativi (lo schiacciamento dell'uomo fisico e mentale) che, anche se fossero vere le 6 milioni di camere a gas (sappiamo che si tratta di un'assurdità aritmetico-tecnica), sarebbero un'inezia rispetto a questo crimine dantesco e universale...

C'è molto da dire sul crimine del freudismo, che si unisce al crimine marxista nel disintegrare l'uomo dall'interno. Riduce l'uomo a dimensioni fallovaginali e non è estraneo alla mentalità marxista che prepara, e alla pornografia mondiale che porta i giovani alla debilità di Madona e Michael Jackson, alla droga e al suicidio...

Questo crimine freudiano rientra interamente nell'orbita capitalista-marxista e non avrebbe avuto alcuna possibilità di manifestarsi sotto Hitler o Pétain. È un dato di fatto!

Ma questo gigantesco crimine marxista globale non è l'unico grande crimine di lèse-humanité di questa pseudo-democrazia in cui i circoncisi SONO GLI UNICI VERI MAESTRI.

Quali orrori ci sono stati imposti negli ultimi 50 anni, da quando né Hitler né Pétain avevano alcun potere?

I nostri figli sono stati secolarizzati, privati di qualsiasi educazione morale o spirituale e consegnati alla "musica che uccide" patogena e criminogena (attraverso l'esagerata produzione fisiologica di adrenalina ed endorfine), alle droghe, alla delinquenza e ai suicidi a migliaia (la seconda causa di morte tra i bambini e gli adolescenti). Sotto Hitler o i Marescialli, non c'è stato un solo bambino che si sia suicidato, che abbia assunto droghe o alcol. Qualcuno nella Germania nazista o nella Francia di Vichy ha mai visto un pensionato costretto a sparare al figlio, che era diventato un mostro sotto l'effetto della droga?

La chemificazione del suolo, che diventa sterile in 50 anni.

La sistematica chimicizzazione degli alimenti e dei farmaci, che colpisce gli esseri umani a livello cromosomico, porta alla degenerazione generale e a malattie degenerative come il cancro, le malattie cardiovascolari e i disturbi mentali.

La scomparsa di un'umanità qualitativa con la sovrappopolazione in aumento esponenziale, la scomparsa di qualsiasi spirito di sintesi, come il SENSO MORALE.

Il senso estetico che ci permette di prendere come "valori" le uniformi dei blue jeans o Picasso è scomparso.

Un ritorno alla barbarie, come si vede nel Sud e nel Nord America e nelle periferie di Francia, Inghilterra e altrove.

Malattie virali come l'AIDS, che aumenteranno in progressione geometrica poiché non si parla più di amore e fiducia alle coppie.

Bombe atomiche come quelle di Hiroshima e Nagasaki (inutili crimini di guerra, tra l'altro), centrali nucleari e le loro potenziali Chernobyl, sottomarini atomici affondati con i loro inevitabili pericoli.

Rifiuti nucleari stoccabili e non neutralizzabili.

Rifiuti domestici invasivi che non possono essere trattati in tempo.

La scomparsa delle foreste tanto utili per le irrisorie schede elettorali, destinate esclusivamente ai burattini asserviti all'Alta Finanza e al marxismo circonciso. Il tutto con conseguenze ecologiche incalcolabili. Specie animali e vegetali che scompaiono a ritmo esponenziale, completando uno squilibrio ecologico irreversibile.

Scomparsa della classe contadina, assassinio dell'agricoltura, l'unico modo per garantire una vita autosufficiente. Il minimo disordine politico-economico può ridurre un Paese alla carestia, perché può eliminare anche il cibo patogeno e trattato chimicamente...

La miscegenazione istituzionalizzata, che crea un razzismo permanente e inevitabile che degenera automaticamente in libanizzazione (Germania, Francia) e guerre civili.

La pseudo-liberazione delle donne, che sradica le loro qualità di madri e mogli, sta portando a un numero delirante di divorzi, mentre i bambini, lasciati a soffrire, diventano delinquenti. Tutti i bambini portati in tribunale sono figli di coppie separate o di madri che lavorano intensamente fuori casa (Pr Heuyer). Tutte le donne benestanti possono apparentemente compensare questa carenza. In realtà, i problemi psicologici sono evidenti, anche se non lo sono secondo i criteri della psicologia materialista. Così questi giovani sfortunati si tufferanno in Michael Jackson e il loro futuro umano sarà cancellato... Rimarranno con la disoccupazione, la droga e il suicidio. Per inciso, i giovani con un'educazione cattolica anche mediocre non si suicidano mai!

Secondo il Club di Roma, la disoccupazione raggiungerà presto il miliardo. Miliardi di poveri, affamati e analfabeti.

Le megalopoli saranno saturate da gas nocivi. Il rifornimento di carburante diventerà impossibile. Le foreste, già distrutte, saranno ulteriormente corrose dai gas di scarico.

La pornografia diffusa è un fattore di degenerazione fisiologica e psicologica, di omosessualizzazione (masturbazione precoce incoraggiata + carenza di vitamina E) e di AIDS. Lo strato di ozono sta scomparendo, lasciando gli esseri umani esposti a radiazioni mortali.

Aborto self-service di bambini sani, mentre i ritardati mentali e i criminali vengono coccolati.

La pillola patogena e cancerogena, che causa blocchi ovarici, arresto della crescita e frigidità (Pr Jamain).

Tutti questi crimini, senza eccezione, sono il risultato del capitalismo marxista assassino e suicida.

Chiunque abbia letto MEIN KAMPF e visto le imprese di Hitler e del Feldmaresciallo ne è perfettamente convinto. Non c'è alcuna ambiguità.

Nessuno di questi crimini sarebbe stato possibile sotto Vichy o il Terzo Reich.

Sia Hitler che il Maresciallo avevano rispetto per la natura. Si preoccupavano anche dei diritti umani, non dei diritti della feccia. L'abolizione della pena di morte in un contesto di tali atti omicidi contro gli innocenti è un'oscenità.

Salviamo gli stupratori e gli assassini di bambine, salviamo gli assassini di vecchie signore, ma massacriamo gli indios del Nicaragua finché il paese è marxista!

Queste, caro Maître, sono le ragioni della scelta politica di Monsieur Touvier, che ammiro e rispetto.

Io stesso, all'età di 20 anni, cresciuto in una famiglia finanziaria circoncisa, mi sono unito alla lotta contro Hitler, ho creduto!

Ma questi 50 anni di orrori globali, con i miei simili che tirano tutti i fili, mi hanno aperto gli occhi.

Chiunque abbia conservato la propria intelligenza al di là di tutti i parametri giudeo-cartesiani che la distruggono sarà, come me, d'accordo con la realtà dei fatti.

Se nessuno capisce più le basi, il suicidio del pianeta sotto l'egida dei miei simili è destinato ad avvenire molto presto.

De Gaulle disse che "i francesi erano vitelli". Se sono zombie, allora meritano il suicidio, con vittime e carnefici mescolati.

Essendo l'epicentro di questa vicenda l'opzione politica del signor Touvier, rimango il vostro testimone chiave, se lo desiderate.

A te, cuore e luce

Roger Dommergue de Ménasce, volontario nel 1944, insegnante in pensione dopo 40 anni di insegnamento secondario e superiore. Ufficiale al merito e alla dedizione francese.

Nel 1994, 50 anni dopo, lo sfortunato TOUVIER è stato condannato per aver permesso la fucilazione di 7 ebrei e averne salvati 23 nel 1944.

Un crimine inespiabile!

NEL 1994 il dottor Goldstein ha massacrato 51 palestinesi. Non una parola!

Entrambi gli eventi sono stati menzionati nel programma 7/7 di Anne Sinclair nel giugno 1994. Tam-Tam per uno, silenzio totale per l'altro.

Sarebbe divertente se non fosse così radicalmente disgustoso...

CASO TOUVIER: LETTERA AL PRESIDENTE DELLA CORTE D'APPELLO DI VERSAILLES

15 marzo 1994

Signor Presidente, membri della giuria,

Alla vigilia del processo Touvier, è mio dovere di ebreo, professore e filosofo portarvi questa testimonianza.

Disapprovo radicalmente e assolutamente questo processo Touvier, questa farsa portata avanti contro il signor Touvier che, cinquant'anni fa, ha fatto parte dell'ultimo regime pulito in Francia. Quando mi sono arruolato per combattere il nazismo nel 1944, credevo ingenuamente che fosse per poter vivere sotto un regime ancora più pulito di quello del Maresciallo.

A cinquant'anni di distanza, mi rendo conto che giace in assoluta putrefazione e decomposizione, che l'orrore e l'inversione sono diventati la norma, e che i miei congeneri tirano tutti i fili in ogni campo, compresa la giustizia, schiavizzati da leggi incostituzionali e staliniste...

Miei congeneri, non dico "ebrei" ma la setta dei circoncisi l'8° giorno, perché questa gente NON è ebrea: tutte le speculazioni suicide che regnano nel liberal-marxismo sono criminali ed eretiche davanti alla Torah.

Poiché i miei colleghi hanno dichiarato inequivocabilmente che si trattava soprattutto del processo a VICHY e che il signor Touvier serviva solo da alibi a tale scopo, gli ho consigliato, una volta risolta la parte iniqua del processo (Touvier già sotto processo, 50 anni dopo, 7 ebrei fucilati per salvarne 23), di giustificare la sua opzione politica 50 anni dopo di fronte alla quintessenza del marciume dell'attuale regime, senza dubbio il peggiore dei regimi poiché uccide l'umanità e il pianeta in tutte le loro manifestazioni.

Ho quindi inviato la lettera di cui allego una copia al signor Trémollet de Villers, che ha il gravoso compito di usare un alibi per difendere l'intera umanità.

Questa lettera evidenzia l'oscenità onnipresente e iniqua di questa farsa giuridica perpetrata dalla Klarsfeldomania: date la polizia e i tribunali al signor Lévy, non sarà più ridicolo, e questo è il XX secolo...

Queste persone, con le quali mi dissocio, stanno concentrando tutti i parametri dell'antisemitismo come mai prima nella storia.

Purtroppo, temo che le prossime manifestazioni dell'antisemitismo che rimbomba ovunque, e che la loro morsa totalitaria sui media non può nascondere, diventeranno una realtà angosciante che non ha bisogno di revisionismo...

Aggiungo che l'aspetto farsesco di questo processo, questa maxi-geremia fuori tempo massimo, è monumentalmente accentuato di fronte ai VERI PROBLEMI ANAGRAFICI che il giudeo-cartesianesimo ci costringe ad affrontare.

Sotto il Terzo Reich, come sotto Vichy, non erano possibili né SOROS né MARX, né, ovviamente, la decadenza che il loro regno implica.

Vogliate accettare, signor Presidente e membri della Corte, l'assicurazione del mio più profondo rispetto.

COSA AVREBBE DOVUTO DIRE TOUVIER
PERCHÉ HO SCELTO IL MARESCIALLO

Perché sotto il Maresciallo non c'era Soros, che può destabilizzare una moneta con una telefonata, possedendo, come Warburg, Hammer e altri, poteri mostruosi che nessun sovrano nella storia dell'umanità ha mai posseduto.

Proprio perché sotto il Maresciallo non c'erano politici comprati e pagati, immersi nella loro nullità e nei loro schemi.

Perché il Maresciallo ha liberato la Francia dalla più vergognosa delle tutele, quella della finanza. Perché sotto il Maresciallo non c'era il marxismo che sterminava decine e decine di milioni di persone sotto l'egida di Kaganovitch, Frenkel, Jagoda, Firine, Jejoff, Appeter, Abramovici e altri 50 circoncisi l'8° giorno.

Non c'erano milioni di disoccupati.

Non c'è stata la distruzione di contadini, artigiani, piccole e medie imprese a vantaggio delle multinazionali della finanza internazionale "che gestiscono la droga".

C'era anche una missione di restauro rurale.

Non c'erano giovani disordinati, vestiti con la divisa delle stronzate internazionali, i blue jeans di Lévy, abbandonati alla disoccupazione, alla disperazione, alla droga, al suicidio, alla musica patogena e criminogena attraverso l'esagerata produzione fisiologica di endorfine e adrenalina, che porta a una mentalità tossicodipendente.

Non c'era la stupefazione organizzata da MARX MERDIA e ATHÉE-LEVY-SION. Non c'erano le bombe atomiche, le bombe al neutrone o le Chernobyl di Einstein, Oppenheimer e S.T. Cohen.

Non c'era il freudismo, che era abulico, pornografico e propedeutico alla mentalità marxista. Non c'era la pornografia di Benezareff e dei suoi simili.

Non c'è stata una degenerazione di massa limitata all'ateismo.

Non c'era la distruzione della famiglia da parte delle madri che lavoravano fuori casa, il divorzio à la carte, la pillola patogena e teratogena, l'aborto self-service.

Non c'è stata una crescita mostruosa ed esponenziale del crimine.

Non c'era il nucleare, non solo con i suoi Chernobyl, ma anche con le sue scorie non immagazzinabili e non neutralizzabili.

Non c'è stata distruzione di foreste, specie animali e vegetali. Non c'è stata la morte della terra attraverso la chimica di sintesi.

C'è stata la chemioterapia diffusa degli alimenti e delle terapie, così come l'aumento esponenziale delle malattie cardiovascolari e del cancro, che continuano a crescere nonostante la ricerca ufficiale non affronti le VERE CAUSE.

Non c'è stata alcuna dispersione di Maffia.

Non c'era l'ergastolo per uno stupratore e assassino di bambine o per un assassino di vecchiette: in effetti, non c'erano criminali di questo tipo sotto il suo regime!

Non c'è stata un'espansione normativa dell'omosessualità e della pedofilia.

Non c'era l'AIDS e l'organizzazione della dissolutezza dei bambini con il pretesto di combattere questo flagello, che sarebbe stato completamente debellato dall'amore e dalla fedeltà della coppia. [11]

Non c'è stata l'invasione degli immigrati con la libanizzazione dei Paesi e il razzismo organizzato da un ANTIRAZZISMO PSEUDO.

Non si è parlato del caos sanguinoso del SOROSMARXISMO e delle sue 150 guerre dalla caduta di Vichy e del Terzo Reich.

Non c'erano nemmeno Boudarel o Pol Pot, i riconosciuti sterminatori di 4 milioni di cambogiani. (A tutt'oggi, non sono stati minimamente disturbati).

Inoltre, non c'erano dittatori marxisti sanguinari che sterminavano il proprio popolo e lo riducevano alla fame come vediamo in Africa, Sud America, Asia...

In una parola, ho scelto il marchese perché avrebbe cristallizzato una Francia libera dalla perversione...

---

[11] Vedi pagina successiva lettera al cardinale Lustiger.

LETTERA AL CARDINALE LUSTIGER, ARCIVESCOVO DI PARIGI

7 aprile 1994

Eccellenza,

Quando vedo questo disgustoso programma sull'AIDS, che non è altro che un incitamento universale alla dissolutezza, quando NON UNA VOLTA i presentatori hanno detto che l'unica profilassi per questa malattia è l'AMORE E L'AFFIDABILITÀ DI COPPIA, quando vedo una madre che dice: "Mio figlio di 10 anni sa che deve usare il preservativo per fare sesso"... sono sconvolta e mi sento morire...

Quando vedo questa zombificazione dei Goy, manipolata interamente dai circoncisi dell'8° giorno, con la complicità del silenzio del rabbinato e di voi, mentre TUTTE le speculazioni dei circoncisi regnanti sono criminali davanti alla THORA E ANCHE davanti al Vangelo, mi chiedo quale sia l'opzione tra la zombificazione e l'inutile eroismo.... L'UNICO che esprime idee in linea con la salute della Francia è LE PEN e vi ho visto e sentito condannarlo!!!

Non c'è più nulla da fare, NULLA. Vi invio una copia di una pagina della CONJURATION JUIVE CONTRE LE MONDE CHRÉTIEN del Copin Albancelli. Dedicata all'arcivescovo di Tours nel 1909, non è stata nemmeno ritagliata!

Quindi la stupidità dei goyish non era molto inferiore a quella di oggi, visto che nemmeno un arcivescovo ha capito l'importanza di questo libro, ora vietato da leggi staliniste, antidemocratiche e anticostituzionali.

Come capisco i giovani che hanno conservato un'anima e che preferiscono suicidarsi di fronte a un mondo del genere, in cui anche voi tacete anche se vi vediamo sempre in televisione.

L'ho mai sentita dire con forza che l'unica soluzione all'AIDS è l'amore e la fedeltà di coppia, che questa è la vera libertà e non la dissolutezza diffusa orchestrata dai Freud, dalle Simone Veil, dai Benezareff e dai loro simili?

Sapevate che qualsiasi attività sessuale organica o mentale prima della pubertà (intorno ai 18 anni) è un massacro del corpo e della mente (crollo morale, cedimento fisico, tubercolosi, schizofrenia, indebolimento del sistema immunitario multi-patogeno, degenerazione della razza)?

I sessuologi circoncisi non ve lo diranno, anzi, è proprio il contrario. Cosa direte a Dio quando lo incontrerete presto?

"Signore, non potevo fare nulla, e così ho sostenuto i miei marci congeneri finanziari e pornografici con i miei silenzi ben fatti! Puoi essere certo, Signore, che non mi avrebbero messo dove sono se avessero pensato che avrei detto la verità elementare...".?

Con chi posso parlare oggi oltre a THIBON, che è molto anziano ed è l'ultimo filosofo cristiano con cui vado molto d'accordo nonostante il disaccordo sul dogma, ma che è d'accordo con me sull'essenziale della coscienza?

Non mi aspetto da te una risposta maggiore di quella che otterrei da SOROS, BENEZAREFF o SIMONE VEIL, con i quali (simbolo enorme!) ti ho visto...

A voi la parola,

COR E LUX

ALLORA?

Il mondo moderno è nato dal denaro e perirà a causa di esso. Chi è il denaro?

Chi ha finanziato contemporaneamente i tedeschi, gli alleati e la rivoluzione bolscevica, per poi venire in Europa nel 1919 come negoziatore di pace? Il finanziere WARBURG.

Nel 1940, chi possedeva tanto petrolio quanto le 3 potenze dell'Asse? Il finanziere Hammer.

Chi può destabilizzare una valuta con una telefonata? SOROS.

La finanza circoncisa, il marxismo circonciso, la scienza circoncisa e il freudianesimo circonciso sono quattro autismi superiori che stanno sterminando l'umanità attraverso il regno dell'anti-pensiero.

L'epicentro psico-ormonale causale è la circoncisione all'ottavo giorno dalla nascita.

La sintesi del dominio circonciso non è realmente pianificata. È relativamente inconsapevole perché i circoncisi, e questa è la loro sfortuna, sono del tutto privi dello spirito di sintesi.

D'altra parte, hanno un talento non comune per la speculazione a breve termine. Questo spiega perché i Protocolli degli Anziani di Sion sono necessariamente un falso.

Questa sintesi di dominio suicida è solo relativamente elaborata nella coscienza ed è di natura empirica (concertazioni, aiuto reciproco internazionale, abbandono di coloro che saranno molto più utili alla causa come vittime dell'antisemitismo).

Questa sintesi dominante è quindi automatica: la scomparsa delle élite provvidenziali che sono l'essenza stessa di ogni teocrazia naturale, l'inadeguatezza mentale della stragrande maggioranza degli esseri umani, la principale risorsa della strategia circoncisa, conferisce loro automaticamente tutti i poteri poiché l'uguaglianza pseudo-democratica che hanno imposto massonicamente e laicamente promuove ipso facto la disuguaglianza di Warburg e dei disoccupati...

L'unica soluzione al futuro dell'umanità nel caos liberalomarxista circonciso è l'abolizione radicale e assoluta della circoncisione all'ottavo giorno, il primo dei ventuno giorni della prima pubertà.

Salverebbe l'umanità in extremis, ma vedo poche possibilità che questo libro venga compreso e che un capitale tutto "ebraico" ne attui la consapevolezza.

Nell'ultima parte di questo libro, "Follia e genio", studieremo ora le basi fondamentali della società, senza le quali essa si riduce necessariamente al caos e all'annientamento che stiamo vivendo alla fine del XX secolo.

FOLLIA E GENIO

(Opera del dottor Jean Gautier, endocrinologo).

Il seguente testo magistrale mi è stato insegnato dal dottor J. Gautier, endocrinologo e fisiologo di genio. Il suo lavoro meriterebbe mille premi Nobel e va completamente oltre il giudeo-cartesianesimo, le cui equazioni convergono tutte verso la polverizzazione dell'uomo.

L'epicentro del suo lavoro, che getta una luce prodigiosa sulla nostra conoscenza dell'UOMO, si basa sulla scoperta fondamentale della predominanza funzionale del sistema ormonale sul sistema nervoso e sull'essere umano in generale.

Il sistema nervoso svolge un ruolo molto marginale nelle attività complesse, ma soprattutto ci permette di registrare i nostri automatismi e fa da ponte tra la nostra natura ormonale e le nostre azioni.

Può ovviamente attivare una ghiandola endocrina, ma questo non significa che la controlli funzionalmente.

In effetti, le nostre azioni sono istigate dal nostro sistema nervoso, ma è la nostra natura ormonale a determinare la qualità delle nostre azioni.

Facciamo un esempio molto semplice: Chopin è al pianoforte, si apre una porta e lui trasale, è una tiroide emotiva, una persona ipersensibile.

Krusciov è al pianoforte. Si apre una porta. Non si muove. È un adrenalico, per nulla emotivo e insensibile. I loro sistemi nervosi reagiscono in modo diverso, a seconda della loro natura ghiandolare.

È quindi il sistema ormonale il nostro padrone psicofisiologico. È il re dell'organismo; il sistema nervoso è solo il primo ministro.

Il dottor Gautier è stato così in grado di far luce su razza, ereditarietà, tipi ghiandolari,[12] le conseguenze della mutilazione sessuale alla

---

[12] Tesi sul tiroidismo: "Dandismo, ipertiroidismo fisiologico" (1971).

prima pubertà, che ha anche evidenziato, e molte altre cose ancora, come il ruolo delle endocrine organiche.

Il mio unico merito è quello di aver penetrato i misteri del suo lavoro e di aver cercato di renderlo il più chiaro possibile.

La presentazione che segue, all'epicentro della sopravvivenza umana, non è la più semplice del suo lavoro, ma è affascinante.

Va notato che la lettera di Valérie Giscard d'Estaing risale a poco prima dell'inizio del suo settennato.

Eppure la politica seguita da questo Presidente della Repubblica è stata l'antitesi radicale e assoluta della consapevolezza espressa in queste pagine.

Perché?

Perché tutti i politici di tutti i partiti sono soggetti alla dittatura assoluta dell'alta finanza e del marxismo circonciso.

Sono quindi radicalmente imprigionati nelle parole d'ordine del partito, in cui sono stati gettati come cemento.

Ci sono menti superiori che "sanno bene", ma che sanno anche che devono ignorare ciò che sanno se vogliono fare carriera.

Non ce ne sono molti.

Poi c'è la stragrande maggioranza dei politici che, essendo stati formati dall'asilo fino a concorsi assurdi come l'ENA, l'Agrégation o il Polytechnique, concettualizzare nessuno dei criteri di elaborazione psicologica più elevati, e che di conseguenza credono di agire liberamente nella loro cricca, mentre in realtà sono perfettamente robotizzati. Il condizionamento pseudo-democratico è irreversibile. Il risultato è che tutti i politici di tutti i partiti stanno inconsciamente lavorando "liberamente" verso il caos e la decadenza universale.

Ogni "cambiamento" annunciato è un'illusione: il cambiamento può avvenire solo introducendo nella vita delle persone i concetti di spiritualità autentica e di intellettualità superiore.

Altrimenti, il cancro e la follia progrediranno verso il nulla. Andiamo al nocciolo della questione.

Quando si parla di posterità, le opere umane variano molto. Alcune rimangono, altre affondano.

Solo i CLASSICI hanno diritto alla longevità.

Le opere umane sono state create da menti diverse. Quelle che sono sempre ammirate hanno delle particolarità che si possono trovare nell'uomo di genio. Quelle che svaniscono dalla memoria umana hanno a che fare con la mentalità dei pazzi. È facile capire che la sopravvivenza dell'umanità dipende dalla perfetta comprensione di questi due concetti.

Per essere sani, dobbiamo vivere in un ambiente sano. Questo ambiente è sia concreto - cibo, igiene - sia astratto - istruzione, libri, media. In altre parole, tutto ciò che nutre il nostro corpo attraverso lo stomaco e la nostra mente attraverso i neuroni del cervello. *In altre parole, l'uomo della situazione attuale, nutrito di pane bianco totalmente morto (carenza di vitamina E), zucchero bianco (chela il calcio dal corpo e dai denti), cibo e farmaci chimici (patogeni e teratogeni), tabacco, alcol (cancerogeni), Freud, Marx, della scienza di Einstein e Oppenheimer, del sistema bancario di Rothschild, Rockefeller, Hammer, Warburg, Soros e altri, che creano l'intera situazione economica, può quest'uomo essere in buona salute, non è forse guidato da lucidi pazzi, e non dai geni che sono essenziali per l'equilibrio e la salute dei popoli?*

La pittura di Picasso e tutti gli altri orrori cosiddetti "astratti" (quando la pittura può essere tutto tranne che "astratta"), o il Centro Pompidou, possono stimolare lo sviluppo del senso della bellezza allo stesso modo di Chartres, Bach o Giotto?

Il progresso, come lo chiamiamo noi, avanza a passi da gigante, grazie a una curiosa inflazione semantica. Promosso dalla cosiddetta "scienza", secondo la stessa inflazione, non include in alcun modo concetti morali, spirituali, estetici e autenticamente intellettuali, e condiziona purtroppo la VITA DELL'UOMO IN TUTTO IL SUO STATO.

Determina le condizioni alle quali l'uomo non può adattarsi.

Porta in superficie un oceano di problemi pratici, teorici, finanziari, sociali e politici che sono ASSOLUTAMENTE INSOLUBILI senza tornare a prospettive estranee all'attuale assopimento.

La vita moderna, che avrebbe dovuto portare una maggiore facilità di esistenza e un maggiore benessere, sta incoraggiando gli uomini ad avere sempre meno rispetto per la persona umana.

Ogni individuo è sempre più sacrificato allo Stato, all'uomo massa, che ha tutti i diritti e nessun dovere...

La minima osservazione ci mostra che tutto va di male in peggio in questa società del XX secolo. Nei pochi anni trascorsi dalla lettera di Giscard d'Estaing, la situazione è notevolmente peggiorata (3 milioni di disoccupati, 6 milioni di immigrati, S.I.D.A., droga mondiale, mafia, ecc.) I POLITICI DI SONO TOTALMENTE IMPOTENTI E SONO IN BALIA DI FORZE CHE SFUGGONO AL LORO CONTROLLO E CHE SPESSO IL LORO CONDIZIONAMENTO NON RICONOSCE.

Le guerre, che hanno un'origine esclusivamente finanziaria, sono senza dubbio solo l'inizio criminale di quella che ci attende, a meno che il collasso biologico dovuto alla chimicizzazione della terra, del cibo e delle medicine, e un ambiente marcio, non rendano impossibile la vita sulla terra in un lasso di tempo ancora più breve.

È quindi essenziale sapere se le idee prevalenti nell'ufficialità sono quelle di persone sensate o se sono le invenzioni immaginarie e puramente speculative di cervelli squilibrati.

Non basta che un'idea abbia una parvenza di logica perché sia buona e non sia fonte di collassi spirituali, biologici, ecologici e di altro tipo, e quindi di lotte fratricide, persecuzioni e conflitti internazionali.

Gli scienziati ufficiali (amanti dell'analisi e della specializzazione) trovavano molto difficile studiare gli esseri umani, quindi cercavano di applicare loro ogni tipo di indagine: microscopi, analisi chimiche, misure fisiche ed elettriche, dati di laboratorio.

Questi dati di laboratorio hanno preso il sopravvento sulle osservazioni fatte dall'uomo migliaia di anni e che erano state racchiuse in parole, in "immagini verbali". Si tratta, infatti, di piccole sintesi che rendono conto di alcune proprietà umane molto diverse tra loro, ma che erano state riconosciute come aventi un'identica origine (ad esempio, "sensibilità" per rendere conto sia della sensibilità fisica che di quella mentale).

L'alto valore attribuito ai dati di laboratorio è giustificato?

Chi ha ragione? Lo scienziato ufficiale che procede per analisi o gli esseri umani il cui linguaggio è come una sintesi?

Non è certo perché gli uomini si sono sbagliati sui fenomeni universali che i loro sensi non hanno saputo cogliere, che la loro sensibilità ha impedito loro di percepire ciò che accadeva dentro di loro. Gli scienziati ufficiali si trovano quindi in una grave impasse quando si tratta di fraintendere l'uomo. Sarebbe utile sapere se il loro pensiero non sia diametralmente opposto a quello dell'Uomo di genio.

Guardiamo alla realtà.

Non solo l'impatto senza precedenti della scienza sull'uomo biologico e sull'ecologia è tragico, ma il corollario della progressione della follia banale è sconcertante (follia "banale" per differenziarla dalla follia "maggiore" che la produce) e condanna senza appello la psichiatria ufficiale.

Non solo sono in aumento tutte le forme di delinquenza (omicidi, abuso di droghe, omosessualità, varie forme di delinquenza e, ahimè, la delinquenza minorile), ma dopo la seconda guerra mondiale la follia è raddoppiata negli Stati Uniti. Vent'anni fa (intorno al 1960-1970), il numero di pazzi era di quaranta milioni.

Questa enorme cifra non può che aumentare in progressione geometrica, poiché alle cause fondamentali che hanno dato origine a questa demenza se ne aggiungono altre patogene. In un Paese di 200.000.000 di abitanti, questa cifra è già apocalittica.

Inoltre, assisteremo alla normalizzazione della follia, del crimine e dell'omosessualità, mentre le vittime di criminali, stupratori e pedofili non interesseranno più a nessuno.

Non saranno più le folle vestite di blue jeans sbavanti, con acconciature afro-look o teste rasate a essere esibizioniste, ma quelle che si ostinano a vestirsi con eleganza e a mantenere la propria personalità.

Le persone sane di mente saranno accusate di follia e sovversione, perseguite nei tribunali per conto di grandi criminali che apriranno le prigioni e aboliranno la pena di morte.

In una parola, gli assassini saranno trasformati in giudici, poiché tutte le forme di crimine, anche quelle condannate a Norimberga (l'aborto per motivi di eugenetica!), saranno legalizzate: la vendita di armi a tutti i Paesi marxisti, il marxismo, la pillola patogena, la pornografia, la chemificazione e così via.

Il sistema giudiziario sarà intasato da delinquenti, ladri e intrallazzatori a tutti i livelli e non potrà farcela. Il "razzismo" aumenterà a causa della contrapposizione antifisiologica e antipsicologica di gruppi etnici diversi. Negli Stati Uniti, la rapina a mano armata da parte di tossicodipendenti non viene sanzionata due anni dopo la commissione del reato. Nulla migliorerà, e negli USA nessuno osa uscire di casa senza una pistola dopo le 17.00.

Quindi tutti devono capire l'importanza di discriminare tra follia e genio.

Non è affatto rassicurante pensare che coloro che sanciscono la nostra libertà non siano affatto consapevoli di questo problema fondamentale.

La conoscenza di questo problema risolverà ipso facto il problema dell'evoluzione dell'uomo e della conservazione del suo ambiente.

Cosa dobbiamo pensare di queste persone intelligenti che hanno un dono straordinario, una deformazione esagerata della mente che dà loro sia un grande talento che grandi debolezze mentali e morali?

Possono governarci senza distruggere noi e loro stessi?

In televisione, un avvocato di origine ebraica ha parlato brillantemente a favore dell'espansione dell'anarchia sessuale, travestita da "libertà".

La sua presentazione, tuttavia, era SPIRITUALE, MORALE, ESTETICA E INTELLETTUALE. Eppure ha ottenuto i voti di 9 testimoni presenti sul set (è vero che erano stati accuratamente scelti tra gli imbecilli, come la loro biotipologia rivelava a colpo d'occhio).

Che cos'è un criminale comune che ha ucciso per miseria, per passione o anche per interesse, rispetto a questo mostro dalle sembianze umane che gode della stima generale senza che la giustizia si muova per agire contro di lui per grave incitamento alla dissolutezza?

Non possiamo chiederci se siamo soddisfatti di aver combattuto contro il nazismo durante la guerra, per poi vederci governati 35 anni dopo dalla stessa élite marcia contro cui il nazismo stava combattendo?

Il nazismo avrebbe accettato questa sporca caricatura della libertà che permette la manipolazione di tutti i politici con il niagara delle droghe, delle scie chimiche, della pornografia, della pillola, dell'aborto, della delinquenza, dell'omosessualità, del freudismo, del marxismo, degli scandali finanziari, della mafia, ecc?

Il problema è quindi acuto: autori la cui abilità linguistica e la cui gestione dei sentimenti e delle ideologie non sono seconde a nessuno spesso veicolano idee perverse, antiumane, squilibrate.

Ecco perché dobbiamo studiare la differenza tra il pazzo e l'uomo di genio.

Non c'è dubbio che JEAN-JACQUES ROUSSEAU sia uno dei pazzi. Le sue idee, il suo stile, le sue concezioni sono commentate favorevolmente da molti professori, eppure tutti gli psichiatri oggi concordano nel diagnosticarlo come affetto da demenza senile.

Chi ha ragione, i professori o gli psichiatri?

Potrebbe essere allo stesso tempo pazzo nella sua vita e ragionevole nel suo lavoro? L'idea è infantile.

Se siamo capaci di sbagliare così tanto sulle qualità mentali di un autore, corriamo il rischio di fare una pessima scelta di intelligenze negli esami e nei concorsi ufficiali che usiamo per formare i nostri insegnanti, i nostri studiosi, i nostri avvocati e i nostri governanti.

Allo stato attuale, i nostri esami e concorsi non ci permettono di selezionare persone capaci di aspirare alle qualità dell'uomo di genio.

Nelle circostanze attuali, questa affermazione non sembrerà scioccante per nessuno, se non per coloro la cui integrità mentale è stata distrutta dalla situazione che stiamo per analizzare.

Gli uomini di genio sono assenti dall'ufficialità e ALBERT CAMUS mi ha confidato che, dopo la scomparsa di CARREL e del suo amico SIMONE WEIL, attualmente non ce ne sono più. D'altra parte, ci sono sempre più autori che vanno contro l'uomo.

(Un noto autore di origine ebraica ci ha recentemente detto, tra una serie di esempi di aberrazioni, che "l'istinto materno non esiste" e che "gli omosessuali non sono né malati né pervertiti". Queste affermazioni sono state fatte nonostante la totale ignoranza dell'endocrinologia).

Una volta conosciute le qualità fondamentali dell'uomo di genio, saremo in grado di creare una vera élite capace di guidare le nazioni. Quali qualità hanno in comune i pazzi e gli uomini di genio?

MEMORIA

Le persone affette da demenza che hanno conservato una certa dose di intelligenza la conservano bene. Alcuni possono avere una delle più potenti e superare a pieni voti un esame mnemonico come il tirocinio in medicina o l'agrégation in legge. Alcuni possono recitare più di mille versi. Altri possono ricordare i lineamenti di una persona che ha posato davanti a loro per mezz'ora e disegnarne il ritratto. Altri ancora possono eseguire un'addizione complessa su una semplice lettura.

Gli uomini di genio hanno una memoria molto meno efficiente e spesso si lamentano della loro memoria. Spesso manca la memoria vera e propria che ci permette di ricordare fatti precisi. La memoria per i nomi, i numeri e gli eventi può parzialmente carente. Questo tipo di memoria si riscontra spesso in persone molto brave a parlare, ma prive di qualità brillanti.

Il genio è caratterizzato soprattutto dall'ordine nella mente. La mente geniale non ricorda molte cose nei minimi dettagli, ma tutto è organizzato nella sua memoria in base al valore delle idee. Alcune sono primarie e fortemente fissate. A queste sono collegate le idee secondarie e a queste quelle accessorie.

LA MENTE DEL GENIO È GERARCHICA

È addestrato al lavoro intellettuale, all'elaborazione, alla scoperta. Non sono assolutamente addestrati a parlare o a scrivere a ruota libera sugli argomenti più disparati senza alcuna profondità.

Al contrario, i ricordi dei dementi sono strani, originali, pieni di stranezze e generalmente molto eterogenei. Corrispondono alle sensazioni che li hanno colpiti. Le loro tendenze affettive determinano la scelta dei ricordi senza discriminare i criteri superiori di cui parleremo in seguito.

Il giudizio e la volontà sono le forze trainanti del genio. Immaginazione.

È molto viva nel pazzo come nell'uomo di genio.

Si potrebbe dire che questo è il tratto dominante più intenso e caratteristico. Ma la qualità è molto diversa in ogni caso.

Nei dementi è: esuberante, facile, esagerato, fantastico, anarchico, favolistico, disordinato.

Nell'uomo di genio è: disciplinato, obbediente a sentimenti elevati, sotto lo sforzo della mente e della volontà.

Deve prendere coscienza dell'intera realtà senza rifiutare alcun elemento che possa distorcere l'oggettività, e in particolare deve accettare nel suo campo di coscienza le idee che non adulano le sue tendenze o ideologie. Senza queste condizioni, la conoscenza non può essere raggiunta.

Di conseguenza, il suo cervello rispetta tutti i valori umani nel tempo e nello spazio.

La sua immaginazione non vaga e tende verso una meta. È uno sforzo di scoperta all'interno del quadro fornito dall'esperienza. Tutti i dati di questo quadro sono integrati. Utilizza le più diverse elaborazioni psicologiche per produrre un'opera specifica e desiderata. L'immaginazione del demente, invece, non ha limiti né regole. Non ha uno scopo. Lo spirito di scoperta è diverso nel pazzo e nell'uomo di genio.

Il pazzo può avere un'ispirazione, un'intuizione, ma la sua scoperta sarà spontanea e imprevedibile. Quella di una mente brillante sarà il frutto di un grande sforzo perseguito con grande difficoltà. L'intuizione lo aiuta e la forza di volontà gli permette di avere successo.

LOGICA E RAGIONE

Gli psicologi pensavano di poter riconoscere un pensiero valido dalla qualità del suo ragionamento e della sua logica. La loro affermazione era parzialmente errata. Sono infatti queste le qualità più sviluppate in alcuni pazzi.

Sono molto sviluppati nei persecutori perseguitati.

La loro logica è forte, impeccabile, brutale e implacabile. Per questo vengono definite "morbose", come se una tale sequenza di idee superasse i limiti della normalità, rivelando uno stato patologico.

La logica dell'uomo di genio è molto più precaria: è difficile essere logici quando non si è pazzi!

È quindi meno rigida, più sciolta, più sfumata, lasciando spazio al sentimento "che percepisce la realtà più direttamente dell'intelligenza" (Carrel), all'intuizione.

Il pazzo è letteralmente vittima di una catena di argomentazioni. Egli dà importanza e intensità solo a una sistematizzazione che rende schiava l'intelligenza e la priva di qualsiasi iniziativa efficace. In molti dementi, la vicinanza di due fatti nel tempo e nello spazio li collega ineluttabilmente nella loro mente come causa ed effetto. Il genio è molto meno sicuro di questo, perché l'esperienza gli ha insegnato che due fenomeni che si verificano vicini possono avere solo connessioni remote tra loro. Non vuole essere schiavo delle apparenze.

Ad esempio, vedo che l'ipotalamo regola le endocrine, quindi è il sistema nervoso che le controlla. Ma l'osservazione basata su un'analisi ristretta porta all'errore.

In realtà, è il sistema nervoso a essere controllato funzionalmente dal sistema ormonale, in quanto è il primo a costituirsi.

Questo è solo uno delle migliaia di esempi.

Il pazzo usa solo le sue sensazioni in relazione ai fenomeni. Il genio sostituisce la sua mente e non conclude mai con un'osservazione strettamente analitica e quantitativa.

Sa che se lo facesse, perderebbe il suo campo visivo della realtà totale. Per questo agisce costantemente con intelligenza e comprensione.

Il folle argomenta la sua interpretazione unicamente sulla base dei suoi sensi e delle sue emozioni, e in modo così stringente, così lontano dai fatti, così implacabile, che il suo squilibrio mentale diventa evidente.

Pensate all'avvocato che predicava una "libertà" sessuale anarchica con un'argomentazione che sfidava il più elementare equilibrio mentale.

A questo proposito, va ricordato che l'uso della sessualità prima della pubertà (intorno ai 18 anni) porta a uno squilibrio tiroideo che fa cadere l'individuo nel degrado, a perdere il senso morale e a diventare un abulico, una preda perfetta per la situazione demenziale.

Cosa manca ai dementi:

Attenzione volontaria. Forza di volontà.

Elaborazioni psicologiche superiori. Il senso morale.

Questa è l'identità fondamentale della follia.

Vale la pena di notare che questa identità è perfettamente compatibile con le grandi capacità mnemoniche e analitiche richieste nei concorsi di assunzione...

Le nostre élite!

PERDITA VOLONTARIA DELL'ATTENZIONE

Gli psichiatri, anche nell'attuale stato di decadenza, sono completamente d'accordo: i pazzi non hanno attenzione, ma solo attrazione e preoccupazione.

È una buona idea definire l'ATTENZIONE.

Non basta concentrare la mente per molto tempo su qualcosa che vi piace, che vi gratifica, che vi attrae, per dimostrare che state prestando attenzione.

Oggettivamente, le forze e gli esseri naturali si presentano a noi in due forme: una piacevole, facile e utile, che ci attrae; l'altra difficile, dolorosa e dannosa, che provoca in noi la tendenza a fuggire, suscitando al tempo stesso uno stato di paura e di ansia che si traduce in preoccupazione. In questi casi non c'è una vera attenzione.

La vera attenzione ci aiuta a concentrare la mente su sensazioni noiose, dolorose, sgradevoli, faticose e talvolta dannose; può anche permetterci di allontanarci da sensazioni e idee piacevoli, facili e che ci danno piacere, nell'interesse di una vera obiettività, senso morale e altruismo. La vera scoperta può essere fatta solo attraverso un'attenzione potente, perché deve prendere in considerazione TUTTI gli aspetti di un fenomeno, dal più alto aspetto spirituale al più modesto aspetto materiale.

INTELLIGENZA

Nel genio, si manifesta nella bellezza, nell'armonia, nell'ordine, nel pensiero misurato e nel coraggio di fronte al conformismo.

Il pazzo si manifesta con l'eccesso, il disordine, l'esuberanza e lo squilibrio.

IDONEITÀ AL LAVORO

Il genio recupera tutte le sue facoltà quando si mette al lavoro. Il pazzo è incoerente, lunatico. Non riesce a dirigere il suo lavoro. Un giorno lavora furiosamente e il giorno dopo non riesce a fare nulla. È il giocattolo delle sue tendenze e della sua vitalità.

I VARI DEFICIT DI ATTENZIONE NEL FOLLE

Alcune persone sono disattente a tutto. Sono le persone intellettualmente instabili: i loro sensi non sono fissi. I mongoli e i mixedematosi non sono attratti da nulla. Altre persone difettose sono attratte solo da sensazioni forti, ma i loro pensieri vengono rapidamente deviati dalla minima cosa vista o sentita.

Sono i maniaci, gli idioti, i dementi precoci e senili. Altri, a seconda del loro stato funzionale e organico, presentano torsioni sentimentali che modificano l'attenzione con il loro modo di vedere.

Così, un pazzo circolare in stato di agitazione avrà idee ottimistiche, mentre in stato di depressione malinconica avrà idee pessimistiche.

È lo stato funzionale che determina la qualità dell'attenzione.

La persona demente può essere fissata nei suoi modi: sarà difficile farla smettere di lavorare, anche per un pasto. I malati di demenza senile raccontano sempre le stesse storie. Le persone malinconiche e perseguitate hanno una preoccupazione delirante, ad esempio un'idea di vendetta, che rimane dominante e dalla quale non riescono a liberarsi. Questo dominio della loro mente fa sì che tutte le sensazioni, le idee e gli eventi vengano distorti e interpretati per alimentare il loro tema delirante di sistematizzazione. Inoltre, alcuni maniaci o paralitici generali hanno un'attenzione talmente carente da giudicare come benefici e vissuti elementi per loro dannosi.

Le persone malinconiche vedono ciò che è buono per loro come cattivo.

Poiché i pazzi non hanno alcun controllo sulle loro sensazioni e idee, non hanno modo di prestare attenzione.

Purtroppo, questa mancanza di attenzione non è caratteristica solo dei pazzi. È anche caratteristica degli pseudo-intellettuali che dicono la loro nei media e degli scienziati ufficiali, mentre è normale nei bambini, negli uomini primitivi e nelle persone normali in stato di sogno.

Perdita di forza di volontà

La psichiatria concorda sul fatto che i pazzi sono abulici. Dobbiamo anche definire la forza di volontà.

Un'azione compiuta per un lungo periodo di tempo e con perseveranza può non comportare affatto l'esercizio della volontà. Ciò accade se questa azione vi piace, lusinga i vostri sensi, le vostre passioni, le vostre convinzioni che non volete mettere in discussione nemmeno di fronte ai fatti il vostro interesse sociale e materiale, ma non è orientata al senso morale e all'obiettività.

La forza di volontà, invece, consiste nel fare cose dolorose e faticose che vanno contro le nostre tendenze e convinzioni naturali. Ciò è dovuto a un'idea superiore di altruismo e a un senso di moralità verso un obiettivo lontano e non egoistico.

Nella vita di tutti i giorni, la forza di volontà viene utilizzata per evitare di farsi del male, ad esempio non fumando (cosa molto difficile perché il fumo è proprio la causa dell'abulia) o non facendo del male al prossimo.

Quando facciamo del bene per rispetto alla persona umana, compiamo un atto di volontà.

Per uno scienziato che scrive e scopre per saperne di più, per trarre profitto o per mettersi in luce, non esiste la volontà.

La volontà dello scienziato appare solo quando, con perfetta probità e imparzialità di indagine, promulga dalle conoscenze acquisite solo ciò che sarà utile all'uomo dal punto di vista della sua persona morale. Questo elemento altruistico è essenziale per il concetto di volontà.

In effetti, in tutti gli esseri possiamo trovare un impulso persistente ad agire con forza che è simile all'ossessione: *questo tipo di ossessione è molto marcata negli abutlici.*

Le persone affette da demenza non hanno una volontà propria perché pensano solo a se stesse.

Sono fondamentalmente egoisti. Non provano sentimenti per gli altri. Pensano solo a soddisfare le proprie tendenze. Obbediscono solo a ricompense e punizioni. L'insegnamento e il ragionamento non hanno alcuna influenza su di loro.

Va notato che i bambini piccoli - fino all'età di 18 anni! Sono parenti dei dementi. Ma se il ragionamento ha poco valore, *l'esempio e l'autorità sono i due seni della vera educazione.*

"Mi lavo e sono coraggioso perché papà si lava ed è coraggioso.

"Non tocco i fiammiferi perché papà me lo proibisce" (e non "perché posso accendere il fuoco", che è incomprensibile per un bambino molto piccolo).

Senza questi due principi *non può esistere l'educazione.*

È ovvio che più i genitori sono spiritualmente e intellettualmente evoluti, migliore sarà l'educazione che daranno ai loro figli. Così potranno condurre i loro figli a Carrel e Chopin invece che alla discoteca, alla droga, a Marx e a Freud. Vorrei ricordare che non ci sono delinquenti o suicidi tra i bambini che ricevono un'educazione cattolica, anche mediocre. D'altra parte, ho conosciuto molti fratelli muratori i cui figli si sono suicidati...

PERDITA DEL SENSO MORALE

Le persone affette da demenza non hanno il concetto di giusto e sbagliato. Altruismo è una parola vuota per loro.

Non hanno gentilezza, sono bugiardi, ipocriti, malvagi, perversi, pronti a picchiare altri malati, a strappare e rubare i loro vestiti, o a fare quello che vogliono. Non hanno pudore e pensano solo a soddisfare i loro istinti riproduttivi quando ne hanno. Non possono resistere alle loro allucinazioni o ai loro impulsi. Sono capaci di qualsiasi crimine.

PERDITA DELLE ELABORAZIONI PSICOLOGICHE SUPERIORI

Dobbiamo parlare a lungo di questa capacità, poco conosciuta dopo il crollo dei valori reali.

La trattazione che segue si basa su studi fisiologici: sono infatti le possibilità psichiche a essere conferite dalle funzioni ghiandolari. Diciamo subito che non può esistere *un vero intellettuale* senza la gestione di queste elaborazioni che sole permettono di accedere alla *conoscenza.* Il demente ne *è totalmente privo.*

Il reclutamento di una vera élite dovrebbe su queste possibilità mentali, non su speculazioni analitiche o ideologie riduzioniste e suicide.

Questo non è mai il caso dei dementi.

Astrazioni

Abbiamo praticamente tutto da imparare in psicologia.

Quando i matematici e i fisici si sono resi conto che i numeri non potevano essere utilizzati per determinati ragionamenti matematici, hanno ideato dei simboli alfabetici per sostituirli. I filosofi, da parte loro, si sono resi conto che la maggior parte dei dati sensoriali e sentimentali che possediamo rende più difficili alcune elaborazioni intellettuali, come la *sintesi*.

Ma non hanno cercato di perfezionare gli elementi ideativi.

È così che si è arrivati a credere che conoscenze perfettamente definite, come dati di laboratorio, visioni al microscopio, figure e formule algebriche, potessero essere utilizzate per elaborazioni psicologiche.

Si tratta di un errore grave e definitivo.

Tutti i dati esatti contengono in sé i valori che sono intimamente legati ad essi. Essi formano alcuni elementi caratteristici che permettono di essere posseduti dalla mente solo sotto forma di un'entità definita *che non può essere utilizzata per elaborazioni psicologiche.*

Sono quindi costretti a rimanere così come sono e possono essere utilizzati solo per *applicazioni scientifiche.*

Grandi scienziati come *Carrel* e *Leconte de Nouys* ci hanno messo in guardia *da questo errore fondamentale.*

Non sorprende quindi che la mente non possa indicare, con misurazioni, la forma da dare a un aeroplano o a una nave per aumentarne la velocità. Questo si può ottenere *solo attraverso l'esperienza.*

Si dà il caso che le nostre idee ordinarie differiscano poco dalle sensazioni, paragonabili a visioni microscopiche, analisi chimiche, misurazioni matematiche o fisiche, mentre le altre idee sono idee-sentimenti, che derivano da concezioni metafisiche precedentemente stabilite e distorcono l'interpretazione di tutti i fenomeni.

In conclusione, le elaborazioni psicologiche superiori non possono essere effettuate con idee sensoriali ma con astrazioni.

Che cos'è un'astrazione?

Sembra un pensiero che contiene in sé una quantità di oggettività, di sentimenti, di pensieri, una sorta di complesso come "folla", "paese", "fascino", "altruismo". La fisiologia ci insegna che l'astrazione è qualcosa di molto diverso.

Ogni immagine verbale corrisponde a una parola, composta da una serie di funzioni organiche. La vista, l'udito e il tatto forniscono elementi per la parola. L'intero viso e in particolare la bocca, la lingua, le labbra e la faringe sono serviti come organi di risonanza per pronunciare la parola, collaborando con la faringe che dà la voce.

Ma non è tutto.

Ogni immagine verbale è il frutto di uno stato emotivo, cioè di un insieme di funzioni organiche: polmonari, cardiache, digestive, eliminatorie, ecc. e di tutti i metabolismi che modificano il loro ritmo in misura maggiore o minore, a seconda dell'immagine verbale costituita.

Tutti questi fenomeni sono diretti dal sistema ormonale.

Nelle circostanze ordinarie della vita, la parola, con tutte le partecipazioni endocrine che collegano le sue varie funzioni sensoriali e muscolari, è molto avvantaggiata dallo stato emotivo che la presiede e che è come un comportamento in divenire. Può essere innescato, se necessario, con una rapidità che non può essere raggiunta dal ragionamento della mente. Può quindi contribuire a salvaguardare l'esistenza del soggetto, da qui la sua utilità.

Ma questa partecipazione sensoriale ed emotiva alla parola, che è il suo grande vantaggio nella vita di relazione, è altamente dannosa quando si tratta di esaminare un fenomeno relativo all'uomo.

La parola deve essere intrinsecamente intellettuale e riferirsi strettamente al fenomeno in esame. La parola deve essere priva di tutti gli elementi funzionali che la personalità dell'osservatore potrebbe apportarvi.

Questa parola deve cessare di essere un'immagine verbale e diventare puramente ideologica, non suscitando più alcuno stato vitale nel ricercatore, né alcuno dei suoi sentimenti.

Liberata così dalle idee preconcette e dalle teorie metafisiche che prediligeva, la parola divenne un appellativo appropriato e imparziale che avrebbe portato il nome di astrazione.

DISCRIMINAZIONE DI VALORI ASTRATTI

Le tendenze analitiche delle scienze positive ci hanno abituato a considerare ogni elemento che compone un'oggettività, una forza, un pensiero, come dotato di un analogo valore ideativo.

Il peso, le dimensioni, la consistenza, la composizione chimica e atomica e le varie proprietà fisiche e chimiche di un corpo sono, per il chimico o il fisico, elementi che hanno un valore ideale equivalente ai loro occhi.

Quando vogliamo stabilire *una nozione di identità*, o meglio di *sintesi*, dobbiamo selezionare le caratteristiche che hanno un valore predominante e distinguere le più importanti da quelle secondarie.

Lo stesso vale per le idee e le astrazioni che ci vengono presentate. *Questa discriminazione è assolutamente indispensabile in alcuni casi, e in particolare in tutto ciò che ha a che fare con l'uomo.*

Uno degli esempi più importanti deve essere menzionato qui, *perché si trova al crocevia della conoscenza e dell'evoluzione umana.*

È l'onnipotenza funzionale del *sistema ormonale*. È questo che fa luce sull'uomo: la razza, l'ereditarietà, la sessualità, le diverse nature di uomini e donne, la mentalità dei mutilati sessuali, i bambini, l'educazione, ecc.

Gli endocrinologi ufficiali hanno riconosciuto che il nostro sistema nervoso è *interamente duplicato* dal nostro sistema ormonale.

Ciò significa che non esiste una sola funzione fisiologicamente considerata che non possa essere raggiunta sia con il sistema ormonale che con quello nervoso.

Siamo perfettamente consapevoli che alcune funzioni, come la riproduzione, il funzionamento dell'apparato genitale nelle donne, la pubertà e l'ereditarietà, si svolgono senza l'intervento del sistema nervoso e che sono le nostre endocrine a farlo.

In queste condizioni, si poneva il problema di quale dei due sistemi fosse funzionalmente predominante.

Qui abbiamo una notevole discriminazione di astrazioni: due sistemi diversi il cui modo causale è in opposizione: il sistema ghiandolare agisce per fenomeni chimici e il sistema nervoso per eccitazioni fisiche.

Per risolvere *questo vasto problema, è essenziale abbandonare le opinioni, i sentimenti e le concezioni personali e preoccuparsi solo dei fatti, altrimenti si cade in un grave errore.*

Questa capacità di discriminazione è raramente riscontrabile negli esseri umani, e ancor meno negli accademici, la cui formazione mnemonico-analitica li porta a fissarsi ossessivamente su ciò che è stato appreso attraverso l'analisi, *senza riuscire ad andare oltre nel tempo e nello spazio.*

Per esempio: "Vedo l'ipotalamo che regola le endocrine", *quindi* è il sistema nervoso che dirige il sistema ormonale...

Questo ragionamento analitico è rigorosamente logico e convincerà chiunque abbia una mente analitica.

La cosa spiacevole è che questa logica è assurda e che la sintesi che comprende questa osservazione *porterà a una conclusione radicalmente opposta.*

Va notato che questo tipo di logica fallace governa attualmente l'intero pianeta, ed è naturale che *questa logica sia la formula per il suicidio dell'umanità.*

È ovvio che se fosse altrimenti, se i nostri leader avessero il potenziale mentale per elevarsi dall'idea-sensazione a un vero pensiero, *non saremmo in una così grande ignoranza su tutti i processi della vita relazionale umana.*

È evidente, quindi, che non si può chiedere a un folle di dimostrare tale capacità mentale.

Il demente non ha idea di cosa sia la discriminazione, perché in alcuni casi non riesce nemmeno a distinguere tra ciò che gli è utile e ciò che gli è dannoso.

Non riesce a formare astrazioni perché non riesce a mantenere a lungo un'idea nella mente (meditazione), soprattutto se è sgradevole e richiede uno sforzo. *Non può formare astrazioni e meditare su di esse.*

NOZIONE DI IDENTITÀ

Gli scienziati ufficiali sono analisti appassionati.

Essi ritengono che, suddividendo il più possibile tutte le particolarità e le proprietà di un ente, arriveranno a una conoscenza più completa delle oggettività e dei problemi. Poiché questo lavoro di analisi è stato ampiamente codificato, è stato fornito un elenco di indagini affinché i ricercatori possano scoprire tutte le particolarità inerenti a un ente.

Così l'analisi è diventata soprattutto una questione di manipolazione e di routine, e *assolutamente non di intelligenza*.

Un soggetto mediocre, perfino un relativo pazzo, con una laurea e un po' di abilità, può essere capace di analisi.

Mentre i metodi analitici si applicano facilmente alle entità materiali e alle forze costanti, sono difficilmente applicabili agli esseri umani.

Nell'uomo si possono fare ricerche di laboratorio sull'insieme somatico e sul funzionamento fisico e chimico dei vari organi, perché vi sono alcune costanti. *Ma nessuna di queste modalità di indagine è applicabile* alla vita di relazione.

Ciò significa che la vera conoscenza dell'uomo sfugge radicalmente al metodo analitico.

Questa verità filosofica, elementare per la cultura di un adolescente normalmente costituito, è *ignorata dagli accademici ufficiali con diploma*.

Così, all'interno della *psichiatria* ufficiale, manifestazioni umane come la follia e il genio sfuggono alla conoscenza ufficiale perché *i criteri che le definiscono sono* sconosciuti.

La variabilità e l'instabilità del metabolismo funzionale e intellettuale umano pongono problemi radicalmente intrattabili per i test di laboratorio.

L'essere umano è in uno stato di continua trasformazione, in un'evoluzione organica che progredisce costantemente. Il suo pensiero cambia ed evolve continuamente. In questo modo, diventano sede di continue modificazioni fisiologiche. Queste sono insite nell'aspetto delle immagini verbali da cui nascono le emozioni. *Per le indagini analitiche, quindi, l'Uomo rimane radicalmente sfuggente.*

Gli endocrinologi lo hanno sperimentato più di chiunque altro. Hanno condotto una quantità considerevole di ricerche sperimentali che, per la maggior parte, si contraddicono l'una con l'altra.

Solo quelli relativi all'asportazione degli organi ghiandolari hanno dato risultati praticamente coerenti. Ma a questi risultati non è stato dato il giusto peso. E in tutte le loro conseguenze.

Gli endocrinologi stanno quindi spiegando solo molto lentamente alcune funzioni organiche e *non sanno ancora nulla dell'uomo.*

L'analisi è quindi un mezzo quasi inesistente per raggiungere la conoscenza.

Può essere indubbiamente *un aiuto prezioso*, ma se impostato come un assoluto, *sarà fonte di ogni tipo di confusione.*

Il mondo moderno, in tutti i suoi aspetti, ne è un esempio perfetto. Va detto, inoltre, che l'enorme quantità di dati accumulati rende impossibile discriminare o vedere con chiarezza.

Per la maggior parte degli esseri, segnati dall'attuale sistema di istruzione e quindi chiusi alla Conoscenza, *dobbiamo ricordare le esperienze di Cannon.*

Ha dimostrato la predominanza delle endocrine nelle nostre emozioni e sentimenti.

Quando un gatto si trova di fronte a un cane che abbaia, la secrezione surrenale lo porta a diventare combattivo.

Se si rimuove l'intero sistema simpatico del gatto, questo mantiene le sue tendenze combattive. Un cane privato del suo sistema simpatico è ancora dotato di tutte le qualità di un cane normale.

Come si spiega allora che le ghiandole surrenali, private di tutte le connessioni nervose, *continuino a funzionare normalmente?*

Da 20 anni i biologi si trovano di fronte a un problema che l'analisi non sarà mai in grado di risolvere.

Così ci troviamo a *regredire nella conoscenza dell'uomo,* e questo cartesianesimo inaugurato dal materialismo di Spinoza (circonciso l'ottavo giorno) e ripudiato da Cartesio, *è una paralisi sulla strada della conoscenza dell'uomo e della conoscenza in generale.* La scienza *moderna* è troppo dannosa per l'uomo e per il pianeta, troppo distruttiva dei valori morali e spirituali, *e quindi della salute organica e mentale*, perché si possa la minima considerazione per essa.

Dimostreremo che la mentalità di chi l'ha concepita sfiora la follia e che è la perfetta antitesi del concetto di genialità.

Se l'analisi non può portare alla *conoscenza*, lo stesso non si può dire della *nozione di identità*.

Questo concetto viene continuamente utilizzato dai medici per formulare una diagnosi.

Il medico cerca una serie di segni. Seleziona i più salienti, i più caratteristici, e poi estrae dalla memoria i segni identici che corrispondono alla descrizione patologica.

Ciò che stupisce è che il medico che utilizza questa modalità di elaborazione psicologica quando visita un paziente è incapace di praticarla quando si occupa di dati astratti.

Questo è il massimo dell'astrazione. Un esempio spettacolare è *la tragica storia del dottor Semmelweiss*.

Utilizzando *il concetto di identità*, questo medico ungherese scoprì il motivo per cui le partorienti morivano negli ospedali in proporzioni che a volte raggiungevano il 100%. Osservò alcuni fatti molto semplici: nella stanza in cui le ostetriche, *che si lavavano le mani*, si occupavano delle future madri, la percentuale di decessi era relativamente bassa. Non era così nel reparto dove le partorienti erano assistite da medici che venivano a curarle *senza lavarsi le mani, dopo aver partecipato a sessioni di dissezione.*

In quest'ultimo caso, la mortalità raggiungeva comunemente il 95-100%.

Semmelweiss ebbe un'epifania, confermata dal fatto che uno dei suoi amici era morto dopo un'iniezione anatomica, *mostrando esattamente gli stessi sintomi delle donne in travaglio, che morivano come mosche.*

Informò le università di tutto il mondo (cosa che nessun ricercatore che non fosse un medico e un professore potrebbe fare oggi) e *ridusse allo 0% il tasso di mortalità delle donne che partorivano nel suo ospedale, ma nessuno nel mondo medico universale lo capì e non ricevette altro che derisioni.*

Finì per impazzire e suicidarsi inoculandosi la malattia di cui morivano in massa le partorienti, come per dare un'ultima disperata dimostrazione della sua fondamentale scoperta che, dopo di lui, avrebbe salvato milioni di donne.

Grazie a lui nacquero l'igiene, l'ostetricia e la chirurgia moderna.

Questo esempio potrebbe indurci a credere che la follia sia vicina al genio. Anche questa sarebbe una conclusione analitica affrettata, nonostante la sua ovvietà. *Ma non è questo il caso.*

L'uomo è sano di mente solo nella misura in cui il suo sistema ormonale è in equilibrio. L'interruzione di questo equilibrio può portare alla follia.

In un essere evoluto con tendenze tiroidee (emotive, sentimentali), i genitali interni *devono rimanere attivi. È il più sensibile alle influenze di contrasto.* Semmelweiss dovette affrontare una marea di malafede e di sciocche confraternite in tutto il mondo. Ha dovuto combattere la malignità e l'animosità. Il risultato nella sua mente fu una preoccupazione tiroidea che squilibrò i suoi genitali interni (o interstiziali).

I veri colpevoli della sua follia erano i suoi coetanei, la cui stupidità non conosce scuse.

Si potrebbe pensare che oggi le nozioni di identità presentate da ricercatori originali siano accolte meglio.

Ho impiegato 15 anni per trovare tre persone che formassero una giuria alla Sorbona per la mia tesi: "Il dandismo, un ipertiroidismo fisiologico". Oggi sarebbe impossibile difenderla. (25 anni dopo).

Le élite capaci di sviluppare una nozione di identità e quelle in grado di comprenderla sono completamente scomparse.

Il suicidio dell'umanità è quindi certo, perché non può sopravvivere senza un vero genio. La nozione di identità è legata al sentimento, in altre parole ai genitali interni.

Ma questo endocrino non è favorito dai concorsi tecnocratici, analitico-mnemonici (agrégation, internat, E.N.A., polytechnique ecc.).

Né da un'educazione secolare priva di qualsiasi base religiosa, morale o spirituale.

Né dalle vaccinazioni diffuse, che danneggiano gli organi genitali interni e il sistema immunitario e preparano la strada alla follia, alle malattie cardiovascolari e al cancro, che aumenteranno di pari *passo* con l'*inutile ricerca* analitica *ufficiale*.

Né con la chemioterapia del suolo.

O la chemificazione degli alimenti.

Né dalla chemificazione terapeutica né dalla bruttezza generalizzata degli edifici residenziali.

Non attraverso la musica regressiva e patogena o la pornografia.

Né l'influenza marxista né quella freudiana.

Né dalla disintegrazione della famiglia, né dalle donne che lavorano fuori casa e che affidano i loro bambini all'asilo nido...

L'interstiziale è quindi più basso rispetto all'epoca della mia tesi e molto più basso rispetto all'epoca di Semmelweiss.

Di conseguenza, questi concetti, come l'intero libro, *possono essere compresi solo da coloro che hanno miracolosamente conservato un organo genitale perfettamente sano.*

Poiché sono così rari, sembra che l'umanità sia condannata a un declino irreversibile.

SINTESI

Lo studio che stiamo conducendo è una sintesi.

Per una mente analitica che non riesce mai a vedere l'insieme, che rimane vittima delle idee-sensazione senza potersi elevare a un vero pensiero, sarà sempre *la contraddizione analitica* che vedrà e mai l'insieme sintetico.

Collocando queste menti in posizioni ufficiali in politica e nel mondo accademico, le hanno circoncise l'8° giorno, sapendo bene che possono manipolarle "liberamente".

Fanno automaticamente quello che Warburg e Marx vogliono che facciano.

È questa incapacità di sintesi che ha dato origine alla frase suicida "non bisogna generalizzare". È ovvio che le menti analitiche (ipofisarie) non hanno questa capacità, quindi possono solo produrre false sintesi generalizzando a partire dalla mancanza di parametri fondamentali.

Solo le menti sintetiche (tiroidi più o meno interstiziali) possono generalizzare: santi, geni, grandi artisti, veri filosofi che non sono mai incastrati in un sistema o in un'ideologia e mirano solo all'oggettività.

Questa elaborazione psicologica ci permette di considerare una serie di stati e fenomeni e di selezionare i segni fondamentali e comuni: *attualmente siamo in fase di sintesi delle malattie mentali.*

La sintesi è per eccellenza l'elaborazione psicologica superiore che ci permetterà di capire l'uomo e di conoscere i fenomeni universali. Le persone affette da demenza sono incapaci di sintesi come di identità.

Ora conosciamo i difetti che caratterizzano le persone affette da demenza. *Possiamo anche identificare le funzioni fisiologiche a cui corrispondono queste carenze.*

Si parla molto della ghiandola genitale interna. In uno dei libri di filosofia di mio figlio, ho letto che si è scoperto che questa ghiandola *endocrina gioca un ruolo importante nel coraggio e nel senso morale.* Chi collegherà il lavoro di Gautier agli insegnanti dei licei? Di certo non la "diseducazione internazionale"...

Questa ghiandola è di fatto IL GEL UMANO.

Conferisce coraggio, generosità, senso della moralità, altruismo, spirito di sintesi, spirito di sacrificio, amore per Dio e per gli uomini, ideale disinteressato. Molto sviluppata, può potenziare le elaborazioni psicologiche superiori: *sintesi, nozione di identità.*

Poiché al paziente mancano tutte queste qualità, possiamo concludere che è affetto da INSUFFICIENZA DEL SISTEMA GENITALE INTERNO...

Questa atrofia può essere riscontrata nelle persone affette da demenza.

Va notato che il termine "pazzo" non si applica solo a persone internate per manifestazioni psicopatologiche spettacolari, ma anche a persone che parlano in televisione, predicando oscenità, a ideologi pervertiti, a sessuologi ignoranti, psichiatri che sostengono che "il termine pazzo non ha valore scientifico", agli statisti, ai membri dell'élite tecnocratica, dotati di grandi poteri tecnocratici, come i produttori di armi per il mondo intero, ai finanzieri che non si preoccupano minimamente del vero progresso dell'Umanità, ai consiglieri che predicano il diritto al suicidio e all'eutanasia, e così via.

ATTIVITÀ INTELLETTUALI IN CUI LE QUALITÀ DEL GENIO SONO TOTALMENTE ASSENTI.

A meno che non siate stati gabbati dall'ufficialità, a meno che non abbiate perso ogni personalità, e a meno che non siate stati irreversibilmente segnati dalla follia della situazione, che è il caso della maggioranza e in particolare di coloro che hanno subito la deformazione accademica freud-marxista, *ammetteremo che l'uomo di genio deve possedere ciò che manca al pazzo, e che in lui i genitali interni devono essere in perfette condizioni.*

Troviamo nelle scienze positive le qualità che caratterizzano l'uomo di genio? Se così non fosse, non dovremmo stupirci di vedere un aumento geometrico della putrefazione dell'ambiente, del collasso biologico e mentale degli esseri umani, delle malattie cardiovascolari, dei tumori, della delinquenza multiforme, della follia, della criminalità e dell'omosessualità (che, nel caso di quest'ultima, diventerà la norma).

Questa non può che essere una conseguenza logica, come abbiamo già detto: *la natura non perdona mai.*

Quando il superiore non è all'altezza del compito, l'inferiore distrugge il superiore, che distrugge se stesso. Nulla vive senza ordine, senza sintesi, senza *gerarchia.*

Fino al secolo scorso abbiamo vissuto nell'illusione, cantando le lodi della scienza. Questo secolo ha disilluso tutti coloro che non erano stati privati della loro intelligenza dal sistema stesso.

L'ambiente è andato a rotoli, l'uomo è collassato biologicamente e mentalmente, al punto che si stenta a credere a ciò che si vede se si osservano questi amalgami fisico-chimici in televisione, nella metropolitana o all'università, con indosso bluejeans di Lévis, sormontati da un'acconciatura a cavolfiore o a cresta di gallo di perfetta ambiguità sessuale.

La medicina chimica è patogena e teratogena (il dottor Pradal, esperto dell'OMS, ha vinto 17 cause contro i produttori di farmaci chimici). Provoca una proliferazione di disabilità mentali e motorie (cosa che il dottor Alexis Carrel non ha assolutamente accettato e per la quale ha fatto rinominare tutte le strade che portano il suo nome). Eppure, personaggi ufficiali come JEAN ROSTAND avevano denunciato questa medicina come "fornitrice di pazzi". Stiamo per creare una razza di animali intelligenti, perché il tempo dei subumani è finito. Il declino sta accelerando. L'uomo è stato privato della sua libertà ("la vera passione del XX secolo è la servitù", diceva Albert Camus). Lo abbiamo asservito spiritualmente, gli abbiamo chiuso la coscienza, abbiamo violato il suo libero arbitrio e lo abbiamo reso un servo della gleba, abbiamo distrutto il suo senso della morale, abbiamo pornografato il mondo intero e, per finire, anche l'infanzia stessa.

Le persone che stanno ancora pensando si sono svegliate da un incubo.

Si sono resi conto di essere stati ingannati, di essere stati letteralmente ipnotizzati, dalla prima e soprattutto dalla seconda guerra mondiale in poi.

Abbiamo assistito al seguente fenomeno: il concetto di scienza e le sue conquiste hanno talmente devastato le coscienze delle persone che queste chiedono a gran voce qualsiasi cosa che le distrugga. L'ipnosi è talmente riuscita che non si rendono conto del rapporto di causa-effetto tra questa scienza e la loro distruzione.

Non avendo più alcun criterio per sapere se una conquista è brillante o dannosa, l'uomo poteva solo aspettare i risultati di queste scoperte per vedere se erano perverse, dannose o mortali.

Il più delle volte, la perversione modella le psicologie tal punto che le masse non possono più essere consapevoli di nulla.

Dobbiamo quindi riconoscere con urgenza le opere geniali o affini e rifiutare le altre.

Questi dati fondamentali contengono la felicità dell'umanità.

La simbiosi tra sintesi e senso morale produce genialità. Bisogna quindi evitare di danneggiare chi propone idee perverse, anche e soprattutto con una dialettica che sembra logica e ragionata, e non basata su un allargamento della coscienza che comprenda il maggior numero possibile di fatti.

Allora avremo il vero liberalismo per i santi, i geni e i grandi artisti.

I MALI DELLA SCIENZA MODERNA

Questa scienza ha solo alcune verità scientifiche immediate che sono relativamente certe perché sono misurabili e materiali.

Per quanto riguarda l'interpretazione delle forze che studia, si riduce a ipotesi, cioè ad approssimazioni, a volte ad errori, poiché un'ipotesi viene sostituita da un'altra.

Quindi gli scienziati lavorano per errore.

Inoltre, mancando il senso della sintesi, è ipso facto inconsapevole delle conseguenze mortali delle sue scoperte.

Questa inferiorità deriva dalla natura esclusivamente *analitica* della scienza. Per un cervello analitico, l'errore si presenta come verità o come possibilità, e la verità gli è inaccessibile *perché richiede elaborazioni psicologiche superiori per essere percepita.*

Come possiamo vedere, l'umanità continuerà ad annaspare e a suicidarsi finché sarà priva di vere élite.

Se la scienza procedesse per nozioni di identità e di sintesi, arriverebbe a certezze su cui si baserebbero altre certezze sempre più complementari.

Un'idea comica degli scienziati moderni è quella di credere che gli organismi viventi funzionino fisicamente e chimicamente come nei nostri laboratori. L'idea è infantile e folle.

Questa assimilazione ci porta all'errore più grande. Il pesce siluro non produce elettricità come la dinamo e la luce organica è fredda. Il mimetismo del camaleonte non ha nulla a che vedere con le nostre cellule fotoelettriche. Quanto alle meravigliose combinazioni cellulari che permettono le più stupefacenti scomposizioni e ricostituzioni chimiche, come la distribuzione degli albuminoidi, dei grassi e degli zuccheri provenienti dagli alimenti, e la loro convergenza in una sorta di crocevia dove queste sostanze si presentano in forma simile, per essere poi distribuite in base alle future necessità vitali, come albuminoidi, grassi o zuccheri, *questo va ben oltre l'intelligenza e l'immaginazione del più fertile dei nostri chimici.*

Questo modo di vedere le cose corrisponde alla svolta analitica del pensiero attuale: è un'*assimilazione*, non una *verità*.

Se avessimo chiarito questo punto, non avremmo così tanti accademici che danno per scontato ciò che imparano all'università e credono, con un'ingenuità che ci lascia stupefatti, che i dati *analitici* riflettano accuratamente i processi organici, *il che non è vero.*

La vera filosofia ci insegna che la scoperta è qualitativa.

Ma dall'errore di Spinoza in poi, si è trattato proprio di un errore *quantitativo.*

Le organizzazioni tengono conto della qualità: poco alcol porta all'eccitazione, molto alcol porta al torpore, al sonno e alla morte.

Non ci sono interpretazioni chimiche in questo caso, perché non sarebbero sufficienti.

LA SCIENZA MODERNA È ANALITICA, QUANTITATIVA E MICROSCOPICA.

LA VERA SCIENZA È SINTETICA, QUALITATIVA E MACROSCOPICA.

Tutti gli studenti universitari che seguiranno il crollo giudeo-cartesiano conosceranno perfettamente questa realtà filosofica, che è la chiave della conoscenza.

Quindi le menti analitiche della scienza moderna non possono sapere se le loro scoperte (chimica, radiazioni, vaccini, ecc.) danneggeranno o meno l'*umanità*.

La vera intelligenza ha postulati che non possono essere dimostrati. La vera prova scientifica della follia è l'uso della chimica negli alimenti, nelle terapie, negli esperimenti genetici o atomici. *Tutto* questo dimostra che gli uomini sono pazzi. Ecco perché *non si considerano pazzi i pazzi!*

D'altra parte, trovano pazze le persone intelligenti: "nel 1984, i più intelligenti saranno i meno normali" diceva Orwell nel suo romanzo 1984.

Solo *dopo* Hiroshima e Nagasaki Einstein e Oppenheimer piansero lacrime amare per il "loro lavoro del diavolo".

Questo non ha impedito a Samuel T. Cohen di fare ancora meglio con la bomba al neutrone. Tutti questi pazzi *sono macro-criminali di lèse-humanité* che non sarebbero tollerati da nessun Paese con un regime basato su valori tradizionali elementari.

La follia continua: sappiamo che i rifiuti radioattivi possono essere stoccati e non neutralizzati. Sappiamo che i pericoli di tipo Chernobyl sono costanti. Sappiamo che i danni genetici possono essere incommensurabili. Ma i professori Girasole (di cui JACQUES BERGIER era un simbolo perfettamente azzeccato) continuano a portarci al peggio.

Quanto dobbiamo essere folli per usare la "crisi energetica" come scusa per suicidarci? Tutto questo significa che non ci può essere dialogo con una falsa élite se vogliamo salvare l'umanità.

Se un gruppo umano non si solleva *per neutralizzare tutti i parametri del suicidio globale, l'umanità è perduta.*

La scienza moderna è accessibile a quasi chiunque abbia una laurea, *perché le prospettive analitiche sono accessibili a tutti e ha un gran numero di dementi.*

Non molto tempo fa ho letto sul giornale che un inventore straordinario aveva sviluppato un aereo di grande valore. Quest'uomo, colonnello, aveva ucciso tutta la sua famiglia con un'ascia...

I criteri psichiatrici sono così deplorevoli che quest'uomo, esaminato con criteri analitici, sarebbe apparso perfettamente sano, come il gendarme che ha ucciso cinque persone negli anni Ottanta.

Tuttavia, la vera scienza è accessibile solo a coloro che sono in grado di praticare elaborazioni psicologiche superiori e di comprendere le scoperte che derivano da questo potenziale.

Il vero scienziato non è né materialista né spiritualista: è un *idealista-materialista*. Sarà in grado di abbracciare un problema anche nelle sue incidenze più remote nel tempo e nello spazio. Il vero scienziato si preoccupa costantemente di agire in modo altruistico e di proteggere l'uomo da tutto ciò che lo distrugge moralmente e fisicamente. *Il suo obiettivo finale è la conoscenza dell'uomo, l'unica prospettiva da cui il genio può manifestarsi.*

Le altre attività possono solo convergere verso la fama, che è fisiologicamente molto diversa. L'uomo di genio si preoccupa della verità e della correttezza. È distaccato da ogni considerazione di interesse personale, come il dottor ALEXIS CARREL; è imparziale e indipendente, mai demagogico, come un giudice supremo. Osserva i fatti in base all'importanza dei fenomeni. Attribuisce a ogni fenomeno il proprio valore e *discrimina* consapevolmente *i valori astratti.*

Queste considerazioni si applicano quindi alla scienza stessa.

La scienza deve essere la combinazione, la sintesi di tutti i grandi sforzi, di tutte le meravigliose scoperte che animano l'umanità *moralmente, spiritualmente e materialmente.*

La scienza deve quindi avere tutte le qualità del genio.

Il suo scopo è la conoscenza dell'uomo, la sua perfezione.

Dovrà quindi formare uomini di genio, dietro i quali ci sarà un'élite di uomini famosi dotati di senso morale.

La scienza si impegnerà con tutte le sue risorse per liberare l'umanità da tutti i difetti simili alla pazzia. Darà agli esseri umani il luogo in cui saranno più felici in base alle loro capacità, servendo una società degna di questo nome e non, mentre scrivo, giacendo in una putrescenza effervescente.

Le elaborazioni psicologiche superiori sono quindi qualcosa di molto diverso dalle pietose elaborazioni analitiche del nostro tempo, che convergono verso la distruzione in ogni campo.

Scomponendo, ritagliando e cercando le caratteristiche differenziate e diverse di ogni entità a diversi livelli di osservazione, quest'ultima non può che portare a una conoscenza frammentaria, adatta solo ad applicazioni industriali, alla fabbricazione di dispositivi, oggetti, razzi, ecc.

Queste prospettive non porteranno mai alla conoscenza intrinseca che sola è legata alla felicità umana.

Questo non è mai lo scopo dell'analisi.

Gli scienziati moderni hanno anche un'altra idea comica: credono che l'universo sia stato concepito da una mente *esclusivamente matematica.* Quindi la natura avrebbe tenuto conto solo del principio matematico per far funzionare l'universale.

Applicando calcoli a tutto ciò che lo circonda, lo scienziato moderno commette un'enormità. È esattamente come il paralitico generico che giudica ciò che è favorevole o sfavorevole in base al suo stato mentale.

La matematica corrisponde esattamente alla mentalità analitica, cioè alla suddivisione esagerata, alla compartimentazione eccessiva.

Se ci rimane un po' di sanità mentale, possiamo vedere che un unico pensiero, un'unica *concezione sintetica*, ha presieduto alla costruzione del mondo che ci circonda.

Abbiamo la prova di azioni ormonali che agiscono su più organi contemporaneamente per ottenere le funzioni più diverse, secondo un principio di caccia di qualità e non di quantità.

Gli scienziati moderni non sono quindi in grado di studiare la nostra personalità, anche se morbosa, perché utilizzano concetti che *vanno contro la nostra natura*.

Una conseguenza molto grave della "psicosi analitica" è l'*eccessiva specializzazione*. Ogni categoria di scienziati moderni lavora su questioni sempre più circoscritte e con scale di osservazione diverse.

I vari specialisti finiscono per non essere mai d'accordo tra loro e per non capirsi più.

Infine, gli stati sentimentali che sperimentano li spingono a creare neologismi che aumentano l'incomprensione reciproca. Questa tendenza all'uso di neologismi, che si trova in abbondanza nei libri di psichiatria, non è una prova di superiorità: è particolarmente sviluppata nelle demenze precoci.

LA SCIENZA MODERNA NON HA FRENI E NON HA UNA FINE IN VISTA

Avanza come un ubriaco alla guida di una 25CV. *È solo il prodotto della frenesia inventiva di tecnici che non hanno la minima idea del miglioramento morale e spirituale dell'umanità.*

Annegati nella fitta nebbia della redditività, cercano il nuovo, lo strano, lo spettacolarmente sconosciuto.

La capacità di attenzione dell'uomo di genio è eccezionale e gli permette di essere imparziale.

Rifiuta qualsiasi sentimento o idea preconcetta che possa oscurare la verità. Non è mai vittima di un'idea-sentimento che potrebbe portarlo a saltare a una conclusione affrettata dopo un semplice ragionamento analitico.

È in questo modo, e solo in questo modo, che possiamo accedere alla conoscenza.

Vediamo ora alcuni esempi lampanti della mancanza di attenzione da parte degli studiosi:

In molti trattati psichiatrici si dice che *i pazzi hanno un'atrofia dei genitali interni.*

Quindi è un fatto noto.

Si potrebbe pensare che qualche medico o fisiologo si sia preoccupato.

Non è affatto vero.

Gli autori si sono preoccupati solo *dei danni cerebrali* altamente incoerenti. Ma:

Queste lesioni si verificano in soggetti *sani.* Non sono specifiche della malattia mentale. Sono incerte.

Sono polimorfi.

La loro entità non corrisponde alla benignità o alla gravità del disturbo mentale. Si tratta quindi di *un doppio fallimento dell'attenzione.*

La psichiatria si è impegnata a trovare le cause della malattia mentale in lesioni cerebrali altamente false, *trascurando il segno costante dell'atrofia dei genitali interni.*

Le conseguenze sono semplici e tragiche: *gli psichiatri non hanno idea di cosa sia la malattia mentale.*[13]

Per "curarli" si ricorre quindi solo a metodi empirici: chimica, mutilazioni, ecc. Vengono utilizzati psicofarmaci patogeni e

---

[13] Questa è, ovviamente, la causa fisiologica. Le cause più profonde sono il mancato rispetto delle leggi della vita: cattiva alimentazione o carenze, mancato rispetto delle leggi psicologiche e morali, masturbazione, tabacco, alcol, caffè, abuso di amidi e carne, ecc. Tutte le violazioni delle leggi della vita possono essere generalizzate. La masturbazione precoce e l'alcol possono spazzare via interi gruppi umani.

teratogeni, lobotomie, elettroshock ("che sopprimono i sintomi e aggravano la malattia", dice il professor Baruk).

Non conoscono quindi le cause dell'aumento vertiginoso della follia.

Negli Stati Uniti, il gruppo di controllo degli psichiatri si suicida più spesso del gruppo di controllo dei pazienti!!!

Ecco un altro esempio della loro mancanza di attenzione: i biologi hanno scoperto che i nostri arti si muovono grazie a eccitazioni nervose molto facili da riprodurre con scintille elettriche. Hanno anche scoperto che tutte le nostre funzioni possono essere svolte per istigazione nervosa, *persino le nostre ghiandole endocrine.*

Hanno quindi concluso che il sistema nervoso è funzionalmente anteriore...

Ma si sono illusi.

Quando si trattava di spiegare fenomeni complessi come:

Sonno, pubertà, riproduzione, razze, ereditarietà, si resero conto che il concetto di predominanza del sistema nervoso *non forniva loro una spiegazione soddisfacente di tutto ciò che riguardava l'uomo.*

Se medici e fisiologi non si fossero lasciati ossessionare dalle loro conclusioni analitiche sull'onnipotenza del sistema nervoso, *avrebbero considerato l'evoluzione del feto con totale imparzialità.*

Avrebbero quindi notato che al terzo mese di vita intrauterina c'erano solo *tre* organi costituiti e in grado di funzionare:

Surrenali, ipofisi e tiroide.

Basta questo per far *capire* anche a un bambino *che il sistema ormonale controlla l'intero essere umano e, di conseguenza, il sistema nervoso.*

A questo punto, il sistema nervoso *non è nemmeno nella sua fase iniziale.*

Avrebbero potuto constatare, come è evidente a tutti, che è il sistema ormonale e *non* il sistema nervoso a funzionare *all'inizio della vita.*

Hanno anche notato che un mese dopo il cuore del feto ha iniziato a battere: *tuttavia, non si può parlare di innervazione definitiva di questo organo*. In effetti, i linfonodi sono a malapena visibili.

Eppure siamo stati così ingenui da affermare che è il sistema nervoso a garantire le minute pulsazioni del cuore fetale!

Non c'è bisogno di essere un medico, un fisiologo, un filosofo o uno psicologo *per capire che questo ci prende fisiologicamente in giro*.

Infatti, il cuore dell'adulto batte a 70-80 battiti al minuto... ed è *proprio nei casi di ipertiroidismo che raggiunge i 140 battiti al minuto!!*

Queste osservazioni di base *ci* avrebbero portato a capire *che il cuore del feto batte sotto l'impulso degli ormoni tiroidei...*

Sappiamo da tempo che l'uomo pianta di Rœsh e il mixedematoso non hanno tiroide per motivi operativi o congeniti. Tuttavia, tutti hanno la particolarità di non avere immagini verbali, sensibilità, emozioni, relazioni e intelligenza.

Un'attenta osservazione ci dice in modo inequivocabile che tutte queste qualità provengono dalla ghiandola tiroidea.

Un paziente sottoposto a un intervento chirurgico totale alla tiroide perde l'intelligenza, laffettività e immagini verbali.

Nonostante questa palese evidenza, e nonostante il fatto che il sistema nervoso non sia in alcun modo in grado di compensare queste carenze, gli autori non hanno mai avuto l'idea di affermare che è *la tiroide la ghiandola delle nostre emozioni, del nostro sentimentalismo e della nostra intelligenza*.

E FREUD?

È impossibile non citare FREUD se si affronta il tema della scarsa attenzione degli studiosi moderni.

L'accettazione a livello mondiale dei deliri di questo maniaco sessuale si spiega solo con la decadenza giudeo-cartesiana.

Non ci soffermeremo sulla spaventosa perversità di questo "lavoro", che è evidente a qualsiasi mente sana in questo momento, tanto più che gli effetti e le conseguenze del freudianesimo sono evidenti a tutti: suicidi dopo la psicoanalisi, aggravamenti, abulismo diffuso come risultato dei nuovi imperativi educativi freudiani, pornografia e masturbazione incoraggiate, ecc.

Osserviamo solo la mancanza di serietà con cui è stata costruita una teoria così delirante. Ci limiteremo alla *fisiologia, cosa impossibile da non fare* se si parla di *psicologia*.

Quando Freud era alla Salpêtrière, notò che i pazienti di cui non conosceva il sistema funzionale (si trattava di pazienti ipertiroidei, ma è impossibile fare una diagnosi *quantitativa*) avevano grandi preoccupazioni sessuali e tendenze mitomani portate all'estremo. Da qui sviluppò un concetto che estese gradualmente a tutta la psicologia. Il suo approccio è quello di certi maniaci e malinconici che cadono preda di una sistematizzazione delirante. Freud vide che la preoccupazione delle isteriche era spesso di natura sessuale. Sapendo che questa preoccupazione può essere riscontrata in alcuni bambini (chiaramente pazienti tiroidei, di cui Freud non era a conoscenza). Egli concluse che *il fattore fondamentale della vita psicologica era il sesso!*

È vero che nella sua pratica vide molti bambini circoncisi l'ottavo giorno che presentavano questa particolarità, così come gli adolescenti durante la pubertà.

Conclude affermando che i successi degli uomini famosi sono dovuti alla sublimazione dei loro istinti riproduttivi.

Freud ci ha detto che l'uomo possiede un *istinto* sessuale.

Non ha mai cercato di identificare cosa sia un istinto. Non ha mai cercato di scoprire se la pulsione sessuale umana *corrisponda all'identità fondamentale degli istinti* (incoercibilità, rigorosa periodicità, a seconda della specie). Non ha sottoposto a un esame analogo il solco degli animali.

Freud ci ha detto, gratuitamente, che fin dalla nascita il bambino ha già ereditato tutte le tendenze sessuali perverse dell'adulto.

Non cercò di scoprire le ragioni fisiologiche per cui il bambino allattava e quale organo, se rimosso, avrebbe abolito questo fenomeno (la tiroide).

Non ha approfondito le ragioni per cui si passava le mani sui genitali (corrosione dell'urina), perché le preoccupazioni sessuali erano molto forti in alcune persone (tiroide) e inesistenti in altre (equilibrio ormonale).

Non ha mai cercato di identificare l'organo che dà al bambino tutte queste tendenze: la tiroide. Parlando di bambini, Freud non si è mai preoccupato delle *predominanze ghiandolari*, che sono quattro, né delle evoluzioni ghiandolari attraverso cui passano, cioè i *tre periodi della pubertà*.

Questi stati ghiandolari hanno un effetto profondo sulla mentalità dei bambini. Freud non ha mai cercato di comprendere il sentimento femminile del pudore. Al contrario, la sua influenza ha praticamente distrutto questa caratteristica femminile fondamentale, così perfettamente in sintonia con la natura della vera donna.

Parla molto di omosessualità, ma *non ha mai avuto la curiosità di riconoscere le condizioni in cui si manifesta:* insufficienza interstiziale, masturbazione precoce, chemioterapia e vaccinazioni diffuse, carenze multiple, in particolare di vitamina E...

Non ci ha mai detto come si è ottenuto il godimento femminile, che non scompare con l'asportazione delle ovaie.

Non una parola nemmeno sul godimento maschile, che è fisiologicamente molto diverso.

Freud ci ha detto che il sonno è un ritorno alla vita fetale.

Non ha mai considerato attentamente il rallentamento funzionale di tutte le ghiandole. Non ha nemmeno visto che la posizione del cane da tiro è il modo migliore per rilassare i muscoli.

Il suo simbolismo onirico tradisce un'ossessione sessuale di natura marcatamente patologica.

A meno che non siate ossessionati dal sesso (a causa dell'influenza freudiana!), non verrebbe mai in mente a nessuno di interpretare un oggetto sollevato come un fallo e un oggetto cavo come una vagina! Per il clinico, una simile interpretazione tradisce *un grave squilibrio tiroideo.*

È il caso di Freud e di coloro che accettano acriticamente le sue farneticazioni. *Non riescono a meditare sui fatti scientifici che abbiamo appena citato.*

Va aggiunto che qualsiasi stato mentale di ossessione sessuale esacerbata vieta il pensiero astratto e la meditazione. Permette solo la prolissità immaginaria e la verbosità torrenziale dei nostri sessuologi e "filosofi" ufficiali, il che è diverso. Questa logorrea è ancora più sfrenata perché non è dal senso morale e dal buon senso.

Questo tipo di simbolismo non è necessario perché tutti noi abbiamo fatto sogni erotici *senza bisogno di un travestito*. Quindi non abbiamo bisogno di questo simbolismo per "fornire uno sfogo alla repressione sessuale".

Freud ha trascurato una serie di sogni curiosi e interessanti. Per esempio, quelli provocati da influenze esterne, i sogni di leggerezza, di correre una gara facile o difficile, di cadere nel vuoto, e così via.

La fabulazione di Freud ha abbassato l'uomo al livello della bestia, facendolo precipitare nel pozzo nero dell'inconscio inferiore.

Nelle parole di EMILE LUDWIG, un uomo circonciso con un senso di moralità, cosa rara tra le pseudo-élite:

"Ha un ruolo importante nella disgrazia dei nostri contemporanei, che sono privi del senso della moralità e della vera libertà"...

ATTENZIONE, FORZA DI VOLONTÀ E SENSO MORALE DEGLI SCIENZIATI MODERNI

Il capitolo della mancanza di attenzione da parte degli scienziati ufficiali è inesauribile. Il laboratorio ha avuto un grande sviluppo. Ha assunto un'importanza assoluta.

"Non ci sono più scoperte, solo esperimenti e conclusioni", ha detto un ingenuo professore in televisione.

L'ingenuità generale è quella di credere a ciò che viene detto sui giornali e in televisione, e soprattutto nelle scuole di ogni ordine e grado.

Pensano che senza il laboratorio non potremo scoprire nulla della nostra natura, il che non è vero.

Certo, il laboratorio può essere di grande utilità *nella pratica patologica*, ma credere che sia la conditio sine qua non della scoperta *è una notevole illusione.*

La razza umana richiede un lavoro pratico e sintetico da parte di menti sintetiche.

Carrel ci ha mostrato che i dati analitici di laboratorio possono condurci alla polvere dell'informazione solo allontanandoci sempre più dall'uomo.

Gli scienziati di laboratorio hanno abbandonato le scoperte fatte dall'uomo per migliaia di anni. Sono le più importanti per l'uomo perché sono state fatte sulla sua stessa scala di osservazione. Se vogliamo uscire dall'ipnosi collettiva, dobbiamo capire che: *tutte le interpretazioni e le concezioni che riescono a spiegarci un fenomeno umano e sono in contraddizione con i dati di laboratorio non perdono nulla del loro valore. D'altra parte, le più brillanti concezioni di laboratorio che contraddicono migliaia di anni di osservazioni umane sono necessariamente false.*

L'uomo deve essere osservato con l'occhio umano e con gli altri sensi.

Sappiamo che Pasteur scoprì che una coltura microbica attenuata poteva conferire una *certa* immunità (e non una certa immunità). Questo portò allo sviluppo di sieri e vaccini. Tuttavia, Pasteur morì dicendo: "Claude Bernard aveva ragione, *il microbo non è nulla, il terreno è tutto*".

Questa affermazione di Pasteur, che dà al pasteurismo una dimensione ragionevole, è stata ignorata dai pasteuriani che sono molto più pasteuriani di Pasteur stesso...

I vaccini ci vengono imposti senza alcuna preoccupazione per la nostra salute.

Tuttavia, sappiamo tutti che esistono ordini religiosi che conducono una vita sana dal punto di vista morale e alimentare e possono curare i pazienti affetti da peste e colera senza contrarre queste malattie.

La storia cita numerosi casi, soprattutto nel Medioevo.

Gli scienziati moderni non si chiedono quale influenza possa avere sulla nostra personalità l'abnorme e brutale penetrazione di una trentina di iniezioni di colture attenuate durante l'infanzia e l'adolescenza. *Questi prodotti putridi possono davvero essere innocui per il nostro organismo?*

Questo modo di rendere obbligatorie le vaccinazioni *manca di senso morale*. Non ha alcun rispetto per la personalità umana, l'indipendenza o il libero arbitrio.

È quindi una caratteristica della follia.

Tali iniezioni possono alterare il metabolismo, soprattutto nella mezza età, e facilitare l'insorgenza di disturbi funzionali.

Inoltre, sappiamo che i genitali interni sono molto sensibili alle influenze negative. Di conseguenza, diventa ipofunzionale.

Il suo ruolo nell'equilibrio funzionale e intellettuale dell'individuo è immenso. *Il suo indebolimento facilita i disturbi cellulari che portano alla degenerazione della razza, alla formazione di tumori e a cambiamenti funzionali che possono sfociare in malattie degli organi vegetativi. Infine, conosciamo il suo ruolo nelle carenze della personalità e dell'intelligenza, e quindi nell'insorgenza di disturbi mentali.*

La capacità di attenzione dello scienziato moderno è quindi estremamente limitata. E la sua forza di volontà?

Come abbiamo detto, vediamo studiosi specializzati.

Spesso approfondiscono una piccola questione, un problema minuscolo (la formazione delle zampe posteriori di alcuni crostacei).[14]

Di conseguenza, ingombrano la scienza con dati inutili, creando un enorme ingorgo che ostacola le menti personali e brillanti.

Quindi è ancora più difficile per loro fare la scoperta.

La mancanza di forza di volontà congela lo scienziato attuale nella mediocrità, nell'assenza di *conoscenza dell'Uomo*, nella compartimentazione, nei neologismi e soprattutto *nella confusione di ipotesi che si contraddicono tra loro.*

Il genio dovrà quindi mettersi al lavoro, liberarsi del pensiero robotico inflittogli dal sistema universitario occidentale, che è la radice stessa di questo declino globale, *poiché ignora tutti i criteri della conoscenza, sostituito da un cartesianesimo che Cartesio avrebbe rifiutato.*

Dovrà smettere di giocare nelle sale della memoria e dell'analisi, alla portata di ogni primitivo. Dovrà fissare la sua mente sulle idee principali e maggiori, sulle quali si innesteranno automaticamente le idee secondarie.

---

[14] Non mi sto inventando nulla

Dovrà rinunciare a tutti gli attuali concorsi ufficiali, *perché pagherà il comfort materiale che potrà ricavare da una irreversibile sclerosi intellettuale conformista.*

La vera attività intellettuale può essere realizzata solo dalla volontà, che fisiologicamente è la ghiandola genitale interna.

Può comandare a tutte le secrezioni di agire nel cervello.

Le surrenali per le idee pratiche, l'ipofisi per il ragionamento analitico e matematico, la tiroide per l'immaginazione, l'intuizione e il senso estetico.

Insomma, non è possibile dissociare l'uomo per scoprirlo: *va considerato nella sua interezza con una mente sintetica, non eclettica.*

La forza di volontà è essenziale per la meditazione che porta alla scoperta. Ci permette di lottare contro *le idee sbagliate* che ci sono care e di utilizzare nuove informazioni per mettere in discussione quelle che pensavamo di aver già stabilito nella nostra mente.

Va detto che le nuove idee hanno sempre sofferto di incomprensione e ostracismo. Il genio vive solo, incompreso. Sentimentale, soffre spesso di una crudele disillusione. L'unica cosa che ottengono dal loro lavoro sono le *difficoltà, le ingiustizie e il ridicolo*, quando non si giocano la vita.

Lo stesso non si può dire per gli autori di idee false, favolistiche e perverse, che non hanno alcuna difficoltà a imporsi in un mondo falsamente "democratico".

Che cosa si può dire ancora del *senso morale degli* scienziati moderni?

Abbiamo detto che nell'antico Egitto, quando uno scienziato faceva una scoperta che poteva danneggiare l'umanità nel tempo e nello spazio, la casta sacerdotale *lo costringeva a ingoiare simbolicamente la pergamena su cui era descritta.*

L'Egitto non ha fatto grandi progressi materiali, ma non ha inquinato il suo Paese o il suo continente. È stato in grado di sopravvivere per millenni, di sviluppare l'agricoltura e l'allevamento e di costruire monumenti come le piramidi, che hanno il compito di trasmetterci nozioni teoriche che non stiamo per acquisire.

In altre parole, né Rothschild, né Marx, né Freud, né Einstein, né Picasso e altri avrebbero potuto fare del male in Egitto. La finanza egemonica, il comunismo, la follia freudiana e le bombe atomiche e al neutrone non erano più comuni di Chernobyl.

Ciò che abbiamo conosciuto sono soprattutto le *persone famose*.

Avevano alcune caratteristiche interstiziali, poiché le loro opere erano belle, armoniose e creativamente fantasiose.

Oppure aveva una grande attitudine all'analisi scientifica.

Non possono rivendicare il titolo di genio perché il genio deve la sua mentalità alla ghiandola genitale interna.

Nei giovani, questa ghiandola regola il rapporto tra il sistema ghiandolare e il sistema nervoso. *Da qui l'immensa importanza di una buona educazione, che oggi viene distrutta in nome dell'ideale pseudo-secolare che permette la produzione di massa di delinquenti, criminali, teppisti, terroristi, tossicodipendenti e suicidi.*

I genitali interni stabiliscono la precisione e la sincerità delle immagini verbali. Condiziona la proporzione emotiva e sentimentale che entra in ogni immagine verbale e ne assicura la corrispondenza con la realtà e le idee. Contribuisce quindi alla verità del linguaggio e alla rettitudine della mente. Nell'adolescenza, ci permette di controllare i nostri sentimenti e la nostra sessualità.

Agisce su tutti gli endocrini per ridurne la stravaganza funzionale.

Stabilizza quindi il carattere, dandogli coraggio e forza di volontà. In età adulta, può condizionare l'attività di altre ghiandole del cervello. Costringe ogni ormone ad agire sulle cellule nervose del cervello. Può fornire tutte le qualità intellettuali della mente umana. Può svilupparsi notevolmente durante la menopausa e produrre qualità intellettuali eccezionali: *questo spiega la venerazione degli anziani in tutte le civiltà.*

In conclusione, i genitali interni o interstiziali, nel loro massimo sviluppo, portano in sé le qualità fondamentali del genio: *senso morale ed elaborazioni psicologiche superiori.*

La tiroide-interstiziale presenterà quindi lo sviluppo umano nelle sue massime qualità. (Pio XII)

Ruolo psicologico delle cosiddette endocrine organiche

Vediamo brevemente gli uomini famosi e ricordiamo il ruolo psicologico delle cosiddette endocrine organiche:

SURRENALI:

forza d'attacco, obiettività, materialismo, compilazione, praticità e concretezza. Stalin, i lottatori sul ring.

GHIANDOLA PITUITARIA:

forza, resistenza, analisi, matematica, logica, compostezza morale. de Gaulletirocinanti dell'ospedale, agrégés, scienziati moderni

TIROIDE:

intelligenza pura, intuizione, immaginazione, senso del bello, sensibilità, emozioni, sentimenti. Chopin, i grandi artisti lunghi, i grandi mistici (Francesco d'Assisi).

GENITALI INTERNI:

sintesi, senso morale, nozione di identità, amore per Dio, nobiltà d'animo, coraggio fisico e morale, grandi sentimenti altruistici e umani. Alexis Carrel, la civiltà greca antica in generale.

***

Potremmo definire il genio fisiologicamente dicendo che *è l'applicazione volontaria da parte degli organi genitali interni dell'ormone tiroideo all'attività cerebrale.* (Anche altri ormoni, ma la tiroide è l'endocrina dell'intelligenza, dell'intuizione, dell'immaginazione e dei sentimenti).

Le surrenali hanno reso famosi diversi compositori, tra cui *Beethoven.* Ci danno anche un'intelligenza pratica, una tendenza alle applicazioni industriali e militari, nonché alla ricerca chimica. Hanno anche la tendenza a compilare.

Poiché la tiroide è la ghiandola dell'immaginazione e delle immagini verbali, poeti, romanzieri, storici e scrittori le devono molto. Anche gli artisti plastici.

Tra gli intellettuali della tiroide, c'erano i classici che sintetizzavano le particolarità presenti in molti uomini. I loro interstiziali attivi controllavano la loro tiroide. È il caso di *La Fontaine.*

Coloro che avevano una tiroide vivace con un interstizio che agiva più sulla forma letteraria che sull'immaginazione erano i romantici.

Coloro la cui tiroide non obbediva ai genitali interni erano indipendenti, simbolisti, impressionisti e talvolta mistici isterici.

L'inadeguatezza dei genitali interni può portare all'omosessualità, come nel caso di Oscar Wilde.

L'ipofisi è la ghiandola delle *scienze positive*.

È questo che guida gli scienziati di oggi. Tende alla stima, al confronto, all'analisi quantitativa e al calcolo.

È questo che attualmente guida il tragico sviluppo della scienza moderna, secondo gli interessi e le fantasie degli scienziati.

Non gli dobbiamo molti ringraziamenti. *La sua indipendenza fisiologica dai genitali interni crea la sua malafede.* Abbiamo parlato del progettista di un aereo straordinario che ha ucciso tutta la sua famiglia con un'ascia.

Si può essere perfettamente atei e creare comunque bombe atomiche e al neutrone, perché tutto dipende dalla ghiandola pituitaria.

Un brillante progettista ipofisario può essere un pazzo furioso, incapace di collegare le sue analisi a *qualsiasi concetto o sintesi superiore.*

Fisiologicamente, l'ipofisi eccita soprattutto i genitali *riproduttivi* (l'organo della riproduzione), in opposizione ai genitali interni. Ecco perché oggi c'è un'esplosione di menti analitiche e nessuna mente di sintesi.

L'uomo famoso è quindi fondamentalmente guidato da *un* sistema endocrino predominante.

Questo conferisce loro un'attitudine speciale. Purtroppo, questa capacità può essere *un eccesso della mente a scapito dei concetti umani fondamentali.*

L'intelligenza *speculativa* è quindi *l'antitesi dell'intelligenza pura.*

È facile capire perché *la finanza non pensa e la scienza nemmeno.*

Il genio è uno spirito completo. È *universale* nell'espressione sintetica della sua creazione.

Tutto il suo lavoro tiene conto di tutte le realtà che compongono la realtà.

Il suo sentimentalismo è diretto verso i problemi umani, dove converge la sua finalità. L'uomo famoso si allontana dall'entità umana. Questa è la categoria di intellettuali che regna ufficialmente.

L'assenza di una struttura spirituale fa sì che essi lavorino inevitabilmente come apprendisti stregoni contro l'uomo. Di conseguenza, la fisica, la chimica, la tecnologia, l'alimentazione chimica e la medicina chimica convergono per distruggere l'uomo e il suo ambiente.

È ovvio che dobbiamo includere in quest'ultima categoria i progettisti di piani sociali che concepiscono per lo statalismo e l'uomo-massa, senza preoccuparsi minimamente del loro attacco alla libertà e al rispetto della persona umana, che tradiscono costantemente in nome dei diritti umani.

La concezione scientifica moderna è quindi suicida.

La storia contemporanea mostra chiaramente che l'ignoranza dell'ordine gerarchico basato sulla supremazia dell'autorità spirituale su quella temporale, porta *necessariamente* allo squilibrio, all'anarchia sociale, alla confusione dei valori, al *dominio dell'inferiore sul superiore*, alla degenerazione biologica, intellettuale, morale ed estetica, all'oblio dei principi trascendenti *e quindi alla negazione della vera conoscenza* che proviene dalla mente che penetra le nozioni di identità e di sintesi, e non dalla mente che viene erroneamente chiamata 'scientifica'...

Rimane solo un'alternativa: il regno suicida di Wall-street e Marx o le dittature tradizionali che mettono al loro posto uomini, donne, bambini, alimentazione, moralità e ambiente.

Tutto il resto, come disse Hitler nel Mein Kampf, *può solo portare alla distruzione totale.*

COSA SIGNIFICA ESSERE FASCISTI?

> *"La dittatura è la normale reazione di un popolo che non vuole morire".*
>
> *"I grandi criminali non sono in prigione, ma all'apice della società liberale.*
>
> *"Il borghese liberale è il fratello maggiore del bolscevico.*
>
> Dottor Alexis Carrel.

Se significa avere una religione che insegna il bene e il male, a non mangiare qualsiasi cosa, a praticare la respirazione controllata e la vera preghiera,

Se significa rispettare la famiglia, amare i propri figli, dare loro un'educazione che li renda veri uomini e donne,

Se questo significa avere la propria moglie a casa, in modo che sia la regina della casa, che si occupi della casa, del marito e dei figli, che non diventino clienti di discoteche, tossicodipendenti, disoccupati, delinquenti o suicidi,

Se significa rifiutare la violenza sistematica della televisione e del cinema, se significa rifiutare la "musica che uccide", criminogena attraverso la stimolazione fisiologica esagerata dell'adrenalina, "tossicogena" attraverso la stimolazione fisiologica esagerata delle endorfine,

Se questo significa rifiutare la pornografia degradante e sporca,

Se questo significa rifiutare l'energia nucleare con le sue scorie non immagazzinabili e non neutralizzabili,

Se questo significa rifiutarsi di scherzare con i genomi e con tutte le forme di manipolazione genetica mostruosa,

Se questo significa rifiutare i WARBURG che finanziarono contemporaneamente la Germania, gli Alleati e la rivoluzione bolscevica, per venire in Europa nel 1919 come negoziatori di pace (per il Trattato di Versailles!),

Se questo significa rifiutarsi di vendere armi nascoste a tutto ciò che viene sterminato sul pianeta,

Se significa dare il diritto di parola a coloro che hanno qualcosa da dire (Faurisson, Zundel, Notin, Roques ecc.), senza costringerli a tacere attraverso leggi staliniste e orwelliane, antidemocratiche e anticostituzionali,

Se questo significa rifiutare la distruzione globale della foresta, in particolare per le schede del Niagara, essenziale per l'equilibrio ecologico,

Se significa rifiutarsi di accettare la scomparsa di specie animali e vegetali,

Se significa rifiutarsi di spazzare via i contadini, ridotti al disagio economico da vergognosi speculatori e politici venduti, quando i contadini, come gli artigiani distrutti, costituiscono il primo corpo sociale vitale di una nazione,

Se significa rifiutare che la chimica di sintesi uccida la Terra,

Se significa rifiutare le vaccinazioni sistematiche che distruggono il sistema immunitario, causando degenerazioni, tumori, malattie cardiovascolari e mentali,

Se questo significa rifiutare la chimica patogena come principio di salute, anche se colpisce l'uomo a livello cromosomico, causa gravi malattie ed è teratogena,

Se questo significa rifiutare la dittatura demonizzante di Soros e di tutti i finanzieri circoncisi l'$^{8°}$ giorno, che possiedono poteri giganteschi di cui nessun sovrano ha mai goduto nella storia,

Se questo significa rifiutare il marxismo (come il freudismo pornografico), che ha sterminato 200 milioni di vittime in tutto il mondo e continua, in Africa, Asia e Sud America, a massacrare le popolazioni e a ridurle alla fame,

Se questo rifiuta la mostruosa e tentacolare MAFFIA,

Se questo significa negare la vita a stupratori e assassini di bambine, così come a qualsiasi pazzo eredoalcolico o sifilitico, idiota o profondamente idiota,

Se questo significa rifiutare l'espansione normativa della pedofilia, dell'omosessualità, del lassismo sessuale e dell'AIDS...,

Se questo significa dire no alla miscegenazione istituzionalizzata, che genera automaticamente libanizzazione e razzismo sanguinoso, oltre a disordini sociali incoercibili,

Se questo significa dire no ai politici straccioni, incondizionatamente asserviti alla finanza, che ridurranno l'intera Europa alla disoccupazione con i loro trattati globalisti e che sono privi di una vera disciplina spirituale o morale,

Se questo significa rifiutarsi di indossare l'uniforme delle stronzate internazionali che sono i blue jeans LEVIS,

Quindi sì, sono un fascista e ne vado fiero...

IL MONDO DI DOMANI

Siamo impantanati in uno *pseudo-progresso*.

L'impoverimento del suolo porta a un declino fisiologico e psicologico collettivo, in particolare attraverso l'ipotrofia delle ghiandole endocrine, che non sono sufficientemente rifornite di sostanze vitali come lo iodio, il *magnesio*, ecc.

Da queste carenze vitali derivano tutte le aberrazioni del comportamento, tutte le follie collettive e individuali, tutte le vittorie delle idee e delle ideologie più folli. *Siamo tutti coinvolti nel materialismo speculativo ateo.* Non possiamo improvvisamente uscirne.

Occorre tendere una mano a coloro che sono bloccati nella palude abissale *del marxismo rothschildiano* e che sognano di uscirne in modo impercettibile e indolore.

I nostri piedi resteranno ancora a lungo nel pantano chimico del materialismo, ma le nostre teste devono raggiungere l'azzurro del cielo e rifiutarsi di dialogare con un mondo sempre più inconsapevole e sempre più folle.

Dopodomani, ogni gruppo etnico vivrà nel Paese che lo ha formato. Produrrà gli elementi di base necessari alla sua sussistenza e starà lontano da tutto ciò che è patogeno, cancerogeno, teratogeno o *artificiale*.

Niente più nitrati che uccidono la terra e l'umanità, niente più antibiotici di massa che fanno crescere in progressione geometrica popolazioni quantitative anziché qualitative, i cui Paesi sono stati svuotati delle loro risorse naturali dal colonialismo in tutte le sue forme e dalla menzogna del progresso. L'uomo sarà allora un artigiano, libero di creare con il cuore e con la mente, che sia un falegname, un poeta o un filosofo.

Basta con la produzione di massa di oggetti senz'anima che non servono alla felicità, che è un equilibrio neuro-endocrino-psichico.

L'uomo eliminerà radicalmente le mutilazioni sessuali che distorcono la mente nel primo mese di nascita. L'uomo si libererà dai condizionamenti di tutti i dogmatismi sclerotici, dallo spirito dottrinario delle religioni decadenti e dalle ideologie degenerate che hanno più o meno organizzato. Né la semplice fede nell'Eucaristia né la frenesia economica marxista renderanno un uomo organicamente e mentalmente sano, un uomo FELICE.

Fin dalla più tenera età, il bambino imparerà un'alimentazione adeguata che tende a cibi crudi e vegetali, l'igiene, la salute naturale e la respirazione controllata, perché il respiro è l'agente divino della preghiera e dell'autocontrollo.

Imparerà la meditazione.

L'uomo tornerà a un'alimentazione semplice, dalla quale saranno bandite le sostanze tossiche come l'alcol, il caffè, il tabacco, lo zucchero bianco, il pane bianco, la Coca-Cola, ecc. e si concentrerà su frutta e verdura, soprattutto cruda, e su un po' di formaggio fresco e uova, finché non si sarà rigenerato.

Evita le miscele di alimenti.

L'uomo rafforzerà la sua immunità naturale grazie alla presenza costante della madre in casa, epicentro *insostituibile* dell'equilibrio familiare. Utilizzerà, ad esempio, il germe di grano, il polline e il magnesio naturale contenuto nella frutta secca.

Il carattere del bambino si formerà con l'applicazione delle leggi della vita, il coraggio, la nobiltà di sentimenti, gli ideali spirituali, la tolleranza per tutto ciò che è grande, bello e vero, e in nessun modo per tutte le forme di putrescenza che predicano una tolleranza intollerabile.

Saranno quindi questi mezzi naturali a presidiare la soglia della salute, piuttosto che i processi fisico-chimici, radicalmente estranei al concetto di salute.

L'uomo rifiuterà il clamore dei media e cercherà la verità essendo un revisionista permanente al di là di tutti i processi subliminali e ipnotici di ottundimento della stampa, della radio, della televisione, dell'editoria e dell'insegnamento perverso e condizionante.

Dopodomani l'uomo non perderà più di vista i concetti di *sintesi e senso morale* che generano felicità.

Saprà che solo uno spirito intellettuale disinteressato è soggetto alla rettitudine e non alla convenienza e alle forme elementari di profitto.

Abbandonerà una scienza involutiva, *microscopica, analitica e quantitativa* per una scienza evolutiva, *macroscopica, sintetica e qualitativa.*

L'uomo saprà *che non ci può essere libertà senza autorità.*

Si sottometterà all'autorità del trascendente, alle leggi divine volte a preservare la salute del suo corpo e della sua mente, perché saprà che se ci abbassiamo servilmente a una pseudo-libertà siamo soggetti al totalitarismo schiacciante dei nostri istinti più bassi, del materialismo con la sua pornografia, le sue droghe, i suoi gulag e la sua polverizzazione della psiche...

IMPERATORE UBU

Un insegnante ebreo in pensione, molto malato e molto anziano, colpito da un ictus, è stato accusato di antisemitismo e multato di 500 euro.

Questo professore appartiene alla famiglia internazionale de Menasce, che all'inizio del secolo scorso possedeva centocinquanta miliardi di franchi (cotone, banca egiziana).

Il professore aveva scritto una lettera al figlio di un amico concertista. Il figlio detenuto, malato di ormoni (pedofilo), gli aveva scritto una lettera geopoliticamente lucida a cui lui aveva risposto.

La lettera conteneva la frase: *"I goyim hanno scelto i miei compagni come padroni, e moriranno per questo"*. Legittimamente, il direttore della prigione aprì la lettera e, contrariato dalla frase, la inviò al pubblico ministero di Châteauroux, che fece denunciare l'insegnante. Il risultato è stato una multa per antisemitismo. Per di più, questo insegnante ha una figlia adottiva invalida a vita a causa di una vaccinazione, per la quale è l'unico a provvedere, e che non gode nemmeno dello status di vittima di un incidente sul lavoro!

L'impunito professore si fece prestare la multa da amici e la pagò da solo.

Ma non si tratta di religione o di razza.

Tutti i suoi colleghi dell'alta borghesia sono agnostici o atei. Lui stesso è agnostico.

Razza? Non esiste una razza, a parte il bianco, il nero, il giallo e il rosso.

Esistono solo gruppi etnici che sono il risultato di un adattamento ormonale millenario a un ambiente geografico fisso. Ora, gli "ebrei" - termine usato per comodità e che verrà chiarito in seguito - sono sparsi su tutto il pianeta e non hanno mai vissuto in un luogo geografico fisso: nemmeno in Palestina, dove non vivono da più di tre secoli. Assumono l'aspetto fisico del Paese in cui si trovano.

Il loro costante particolarismo nel tempo e nello spazio, i loro tratti a volte caricaturali, le loro enormi capacità speculative prive di senso morale e di spirito di sintesi, derivano essenzialmente da un'operazione ormonale mal compresa: la **circoncisione all'ottavo giorno dalla nascita,** cioè al primo giorno della prima pubertà che dura 21 giorni. La circoncisione nel primo giorno di pubertà ipotrofizza la ghiandola **interstiziale** (ghiandola del senso morale, dello spirito di sintesi, dell'altruismo), ma a causa della sua incapacità di armonizzare l'insieme equilibrato del sistema ghiandolare, sovrastimola la ghiandola pituitaria.

È questa iperattività ipofisaria che fomenta finanzieri e ideologi: bisogna essere circoncisi l'ottavo giorno per estorcere 50 miliardi di dollari senza scrupoli, per non parlare della scienza, delle bombe atomiche, all'idrogeno e al neutrone e della medicina specializzata. La tiroide è anche la ghiandola dell'immaginazione e dell'automatismo: bisogna essere circoncisi l'8° giorno per essere un pianista straordinario come Horowitz o un violinista di ineguagliabile virtuosismo come Yehudi Menuhin.

Dobbiamo quindi dire, escludendo tutti i concetti razziali e religiosi: **la setta di coloro che sono stati circoncisi l'8° giorno governa il mondo.**

È stata questa particolare circoncisione a renderli un gruppo di predatori, perseguitati e cacciati da ogni Paese in cui si trovavano, **senza eccezioni, molto prima dell'avvento del cristianesimo.** (Si veda il libro di Bernard Lazare: *L'antisémitisme*).

Contemporaneamente a questa grottesca vicenda di un Menasce accusato di antisemitismo, è scoppiato il crollo economico. Lo scrittore israeliano Shamir ha stigmatizzato i miliardari ebrei americani, che ha accusato di aver fatto crollare la piramide, in un articolo pubblicato su Internet e intitolato inequivocabilmente *"uccelli da forca"*[15]...

Madoff si è poi unito agli altri finanzieri miliardari circoncisi, estorcendo 50 miliardi di dollari: un fenomeno unico al mondo, che ha battuto tutti i record di usura ebraica della storia.

---

[15] I circoncisi dell'8° giorno sono colpevoli, ma non responsabili: il loro determinismo ormonale e secolare è assoluto.

Solo una persona circoncisa l'8° giorno può essere capace di un'impresa così spaventosa. **I circoncisi dell'8° giorno sono quindi predatori**, come storicamente inteso da *Benjamin Franklin*.

Così il signor Madoff pagherà la sua cauzione e la sua multa con il denaro rubato, e lo Stato sarà suo complice appoggiandolo!

Nel frattempo, Zundel è stato rapito con la forza dalla casa della moglie negli Stati Uniti e condannato a sei anni di reclusione per aver dimostrato l'impostura dell'Olocausto.

La legge è diventata la caricatura gonfia e l'antitesi della giustizia.

Per la sua stessa esistenza, *la Legge Fabius* (un circonciso l'ottavo giorno) prova per eccellenza dell'impostura. Quando si controllano la televisione e i media, non servono *leggi orwelliane* per svelare la verità: bastano le prove e gli argomenti.

La legge Fabius Gayssot (un comunista che ha solo 200 milioni di cadaveri alle spalle, vittime del marxismo) è la legge più revisionista che ci sia, perché è un'ammissione di impostura...!

Questa legge è stata dichiarata incostituzionale, contraria ai diritti umani e antidemocratica da molti giuristi e il signor Toubon, divenuto ministro della Giustizia, ha dichiarato che si trattava di un passo indietro per il diritto e la storia e che non sarebbe mai stata applicata!

È applicata da robot che si preoccupano più delle loro mangiatoie che della verità e dell'onore.

Se Madoff avesse mai avuto la miracolosa idea di denunciare la sua ebraicità, sarebbe stato accusato di antisemitismo!

È tutto molto ben confezionato dalla dittatura *demoniaca* servita dalle larve edoniste del mondo. Ma un fantasista può convincere migliaia di spettatori a ripetere: *"Il Papa è un succhiacazzi"*... Più volte di seguito, naturalmente...

I polpastrelli di tutti i procuratori in Francia non si muovono!!!! Non c'è protezione per la religione!

Decisamente, questo mondo di larve, complici del loro stesso suicidio come il professore si è reso conto durante l'interrogatorio della polizia - la cui ignoranza e incoscienza ha superato ogni limite - merita di scomparire, per semplici ragioni di asepsi...

La legge Fabius-Gayssot è radicalmente dittatoriale, categoricamente antidemocratica e quindi non ha alcuna esistenza costituzionale. Non è in grado di resistere argomenti e alle prove magistralmente presentati dal revisionismo internazionale...

È la prova del nove di un'assoluta falsità.

La giustizia stessa finirà per crollare prima del suo castello di carte[16]...

---

[16] I professori e gli intellettuali revisionisti hanno gli stessi diritti della pornografia che si sta diffondendo nel mondo e dei miliardari in dollari che sono i maggiori truffatori della circoncisocrazia dell'8° giorno.

HAI DETTO ANTISEMITA? NO?

> *"Gli ebrei, quel manipolo di sradicati, hanno causato lo sradicamento dell'intero globo".* - Simone Weil
>
> *"La menzogna del progresso è Israele".* - Simone Weil
>
> *"Per quanto riguarda la circoncisione l'$8°$ giorno, non preoccuparti: è al di là della comprensione".* - Il Talmud
>
> *"Chi avrebbe mai pensato che un rito potesse spingersi così lontano e rischiare di distruggere tutto ciò che si trova alla frontiera tra le nazioni". - Dominique Aubier (a proposito del suo libro sulla circoncisione dell'$8°$ giorno, rivolto esclusivamente agli ebrei)*[17]

Tutto ciò che segue è stato sottoposto al vaglio della più assoluta accuratezza della storia e dell'attualità. Solo una diseducazione internazionale totalitaria può far sprofondare il mondo nell'ignoranza più radicale.

L'ULTIMA SINTESI DELLA GEOPOLITICA DEGLI ULTIMI MILLENNI

Per migliaia di anni prima del cristianesimo, **gli ebrei furono espulsi** da tutti i Paesi in cui si trovavano, a causa del **vampirismo** e dell'**usura esorbitante che praticavano**. Quando Cristo, non venivano incolpati della crocifissione. Quando, durante il Medioevo, furono ancora esclusi da tutti i Paesi in cui si trovavano, non fu la crocifissione la causa della loro estromissione generale, ma solo la ciliegina sulla torta. Le stesse cause. Gli stessi effetti: **vampirismo e usura erano la radice perenne del male**. È

---

[17] Questo libro porta agli stessi risultati dell'endocrinologia per quanto riguarda la giudeopatia.

perfettamente chiaro che non tutti i Paesi, in lingue diverse, in tempi diversi, in luoghi diversiusato la parola per espellere gli ebrei: la radice dell'antisemitismo è quindi **nell'**ebreo e non nell'antisemita.

Quali sono le cause di questa espulsione universale degli ebrei, nell'antichità che nell'era cristiana?

Una panoramica della storia ce lo dice.

Non solo gli ebrei monopolizzarono l'attività di cambio valuta, ma la vera fonte della loro ricchezza fu l'usura o il, che portò loro grandi vantaggi. A poco a poco divennero i veri banchieri dell'epoca e prestatori di denaro a classi sociali. Prestando all'imperatore come a semplici artigiani e contadini, sfruttavano grandi e piccoli **senza il minimo scrupolo**. Possiamo avere un'idea approssimativa delle proporzioni raggiunte dal loro traffico esaminando il tasso di interesse autorizzato dalla legge nel XIV e XV secolo.

Nel 1338, l'imperatore Ludovico di Baviera concesse ai cittadini di Francoforte un privilegio speciale *"al fine di proteggere gli ebrei della città e di prendersi cura della loro sicurezza con tutto il cuore"*, grazie al quale potevano ottenere prestiti dagli ebrei al 32,5% annuo, mentre gli stranieri erano autorizzati a prestare fino al 43%. Il consiglio di Magonza ottenne un prestito di mille fiorini e fu autorizzato a chiedere il 52%.

A Ratisbona, Augusta, Vienna e in altre località, il tasso di interesse legale spesso all'86%. Ma gli interessi più vessatori erano quelli richiesti dagli ebrei per piccoli prestiti, che i piccoli commercianti e i contadini erano costretti a sottoscrivere.

Gli ebrei saccheggiano e depredano il povero", dice il filastrocca Erasmem d'Erbach (1487); *"questo sta diventando davvero intollerabile, che Dio abbia pietà di noi". Al giorno d'oggi, gli usurai ebrei stabiliscono sedi fisse nelle città più piccole; quando anticipano cinque fiorini, prendono pegni pari a sei volte la somma prestata.*

Poi pretendono gli interessi sugli interessi, e di nuovo sui nuovi interessi. In questo modo, il povero viene espropriato di possedeva".

Allo stesso tempo, Tritème disse: *"È facile capire che tra i giovani e gli anziani, tra i colti e ignoranti, tra i principi e i contadini, c'è una radicata avversione per gli ebrei usurai..."*.

Questo è un fatto storico innegabile, e Cristo non c'entra nulla. Durante l'era cristiana, il fenomeno continuò e tutti i Paesi della cristianità finirono per essere espulsi dagli ebrei per le stesse ragioni: monopolizzazione, vampirismo, grande e spietata usura.

Nel 1789, Benjamin Franklin, democratico e massone, nel suo discorso preliminare per la stesura della Costituzione americana, chiarì di voler fare la seguente affermazione:

"In ogni Paese in cui gli ebrei si sono insediati in gran numero, senza eccezioni, ne hanno svilito la grandezza morale, deprezzato l'integrità commerciale, ridicolizzato le istituzioni, non si sono mai assimilati, hanno costruito uno Stato nello Stato, ridicolizzato la religione e l'hanno minata. Quando hanno cercato di ostacolare i loro piani, hanno strangolato finanziariamente il Paese, come hanno fatto in Spagna e Portogallo.

Se concedete la cittadinanza agli ebrei, i vostri figli vi malediranno nella tomba. Se non escludete gli ebrei dalla Costituzione degli Stati Uniti, in meno di due secoli essi sciamano, dominano il vostro Paese e cambiano la forma di governo...

"Se il mondo civilizzato volesse restituire loro la Palestina, troverebbero un motivo pressante per non tornare, perché vampiri e i vampiri non possono vivere sulle spalle di altri vampiri...".

Israele, l'unico Paese dove non ci sono ebrei! Vivono in tutte banche del mondo, in particolare negli Stati Uniti, e non hanno alcun desiderio di andare in Israele, che per loro non è altro che una testa di ponte per dominare il Medio Oriente e prenderne il petrolio.

Tutto ciò che disse Benjamin Franklin si è avverato in pieno.

Ventidue (22) ministri di Bush erano ebrei come l'attuale governo.

Il crollo generale dell'economia è stato denunciato da un ebreo, Isaac Shamir, un ebreo onesto, che ha condannato *"crollo della piramide"* da parte dei miliardari ebrei degli Stati Uniti. L'articolo su questi miliardari ebrei aveva un titolo inequivocabile: *"Gallows"*. Tra coloro che vengono stigmatizzati: Tom Friedman, Henri Paulson, Ben Bernanke, Alan Grennsberg, Maurice Grennsberg,

Lehman Brothers[18] Merrill Linch, Goldman Sachs, Marc Rich, Michael Milen, Andrew Fastow, George Soros e altri...

La ciliegina sulla torta fu che Maddof, un truffatore ebreo, rubò 50 miliardi di dollari: fu solo uno sfortunato incidente - i depositanti volevano indietro i loro soldi. Se così non fosse stato, Maddof starebbe ancora operando in modo subdolo in un silenzio internazionale.

La *Federal Reserve* **è un organismo privato** di gigantesco potere (che comprende alcuni dei miliardari sopra citati) che ha condotto ogni guerra, dalla Prima Guerra Mondiale del 1914-1918 all'invasione Iraq meno di 100 anni dopo. L'intera finanza internazionale è coinvolta nella guerra moderna. I membri sono sempre cooptati: nel 1913 i loro nomi erano Rothschild, Lazard, Israel Moses, Warburg, Lehman Brothers, Kuhn Loeb, Chase Manhattan Bank, Goldman Sachs...

Tutti gli ebrei. Queste persone pretendono che paghiamo interessi su prestiti fittizi e possono confiscarci tutto.

La rivoluzione bolscevica fu interamente ebraica: ne morirono decine di milioni. Tutto era ebraico: i banchieri ebrei americani, i politici ebrei, gli amministratori ebrei, i boia delle prigioni e dei campi di concentramento come Frankel, Yagoda, Firine, Appeter, Jejoff, Abramovici e altri cinquanta guidati da Kaganovitch.

Un ebreo, Laurent Fabius, ha fatto promulgare la legge che porta il suo nome. La legge vieta di parlare di *"camere a gas e sei milioni"* a causa dellassolutezza del Tribunale di Norimberga, che era fallibile perché il massacro di Katyn, che era stato imputato ai tedeschi, era sovietico, come denunciò un presidente russo revisionista! (Gorbaciov).

Un futuro ministro della Giustizia ha detto che se questa legge fosse stata approvata sarebbe stata incostituzionale, contraria ai diritti umani, antidemocratica e che la magistratura non l'avrebbe mai applicata. È stata promulgata e applicata dalle larve tremanti dei

---

[18] Il crollo finanziario dei fratelli Lehmann e i 28.000 disoccupati sono stati menzionati nei notiziari televisivi, così come i crimini di guerra e i crimini contro l'umanità di Israele contro i palestinesi. (Settembre 2009)

magistrati che sono in panciolle di fronte a questa Giustizia alla rovescia e ai totalitari che l'hanno democraticamente promulgata.

Ciò che seguì fu ancora più devastante: Ernst Zündel, che era convinto che la Shoah fosse una messinscena e aveva partecipato a diversi processi in Canada, aveva sposato una donna americana negli Stati Uniti.

Con il falso pretesto che i suoi documenti di immigrazione non erano aggiornati (era americano per matrimonio), fu rapito, imprigionato in Canada, inviato Germania senza la minima procedura legale ufficiale (e quindi illegalmente) e condannato a 5 anni di reclusione per aver cercato di dimostrare l'impostura dell'Olocausto.

Un centinaio di scrittori, ingegneri, avvocati, professori e storici sono stati imprigionati senza la minima possibilità di difendersi o di fornire prove inconfutabili delle loro affermazioni:

Questo è ciò che chiamiamo **libertà di espressione democratica**.

Tra questi Mahler, Sylvie Stolz, Wolfgang Fröhlich, Gerd Honsik, Walter Lüftl, Vincent Reynouard, il professor Faurisson, German Rudolf, Dirk Zimmerman, Kevin Kälter, Fredrick Töben, Arman Amaudruz, René Louis Berclaz, Jürgen Graf e altri.

Un libro intitolato *La mafia ebraica* dimostra che le mafie russa e americana sono ebraiche. Tra i mafiosi ebrei, ce n'è uno che da solo possiede 170 miliardi di dollari.

Tutti i proprietari del petrolio russo sono ebrei. Uno dei più importanti, Kodorkovski, è stato mandato in Siberia da Putin.

Tutti gli scrittori più famosi hanno denunciato gli ebrei, persino Napoleone I, incaricato dalla Rivoluzione e da Rothschild di liquidare le monarchie d'Europa, si riferiva agli ebrei come *a "quella nuvola di corvi"*. (Per inciso, un libro sull'imperatore si intitola *Napoléon antisémite*).

Tra i grandi scrittori che hanno denunciato gli ebrei ci sono:

Karl Marx *("Sopprimete il traffico e sopprimete l'ebreo")*, Jaurès, Ronsard, Voltaire, Kant, Malesherbes, Erasmo, Lutero, Schopenhauer, Vigny, Balzac, Proudhon, Michelet, Renan, Dostoevskij, Hugo, Drumont, Wagner, Maupassant, Jules Vernes, Simenon, Jean Giraudoux, Marcel Aymé, Céline, Montherlant,

Léon Bloy, Mauriac, Proust, Musset, Chateaubriand, Mme de Sévigné, Racine, Molière, Shakespeare, Dickens, Walter Scott, ecc.

A difesa di Israele, va detto che la situazione economica e tecnica ultimi secoli ha favorito le atrocità ebraiche, di cui i goyim, vere e proprie larve edonistiche, **hanno una grande responsabilità**.

Gli ebrei ne fanno un uso eccessivo a causa **delle enormi possibilità speculative**, prive di senso morale e spirito di sintesi, conferite loro dalla circoncisione dell'ottavo giorno.

Tutta la patologia ebraica deriva da questo, ed è facile da capire se si conosce la grande scoperta dell'**anteriorità funzionale del sistema ormonale rispetto al sistema nervoso e lesistenza della prima pubertà, che inizia l'8° giorno e dura 21 giorni.**

Dopo tutto, se si conosce
questi parametri di base
storia e attualità,
perché mai,
sei antisemita????

* * *

"Se gli ebrei, con la loro professione di fede marxista, prenderanno in mano le redini dell'umanità, allora l'uomo scomparirà dal pianeta, che riprenderà a girare nell'etere come milioni di anni fa".

- Adolphe Hitler

Ecco dove siamo ora, e al top del nostro gioco.
orrore, le leggi ebraiche (Fabius) condannano in
giustizia alle vere élite che cercano vanamente di
per proclamare la verità (Faurisson, Zundel, ecc.).

Genrikh Yagoda

Frenkel

Ouritski Moisséi Salomonovitch

Paul Warburg

Armand Hammer

Edgar Bronfman

Mayer Carl von Rothschild

Sir Zacharias Basileios

Carl Djerassi

Simone Veil

Bernard Maddoff

Thomas Friedman

Pablo Picasso

Sigmund Freud

Albert Einstein e Oppenheimer

Adolf Hitler   *Karl Marx*

ALTRI TITOLI

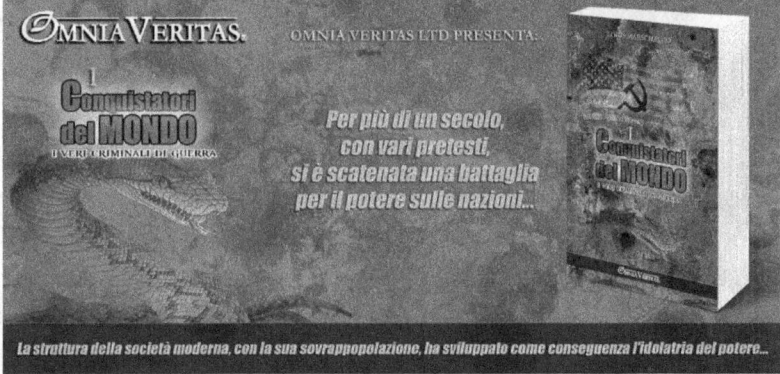

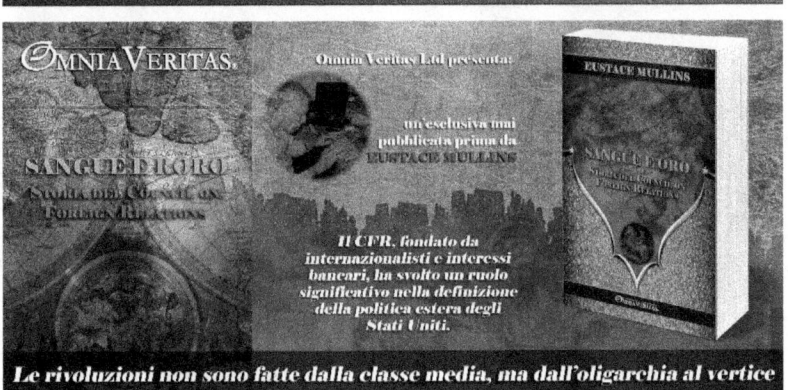

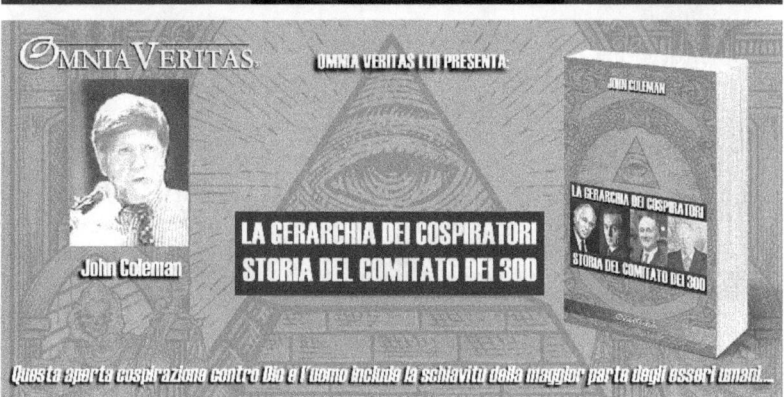